玛格丽特·阿特伍德
加拿大文学女王

袁霞 ———— 著

华中科技大学出版社
http://www.hustp.com
中国·武汉

图书在版编目(CIP)数据

玛格丽特·阿特伍德：加拿大文学女王/袁霞著.—武汉：华中科技大学出版社，2020.9(2022.11重印)
（女性天才．生命、思想与言词系列）
ISBN 978-7-5680-6474-3

Ⅰ.①玛… Ⅱ.①袁… Ⅲ.①玛格丽特·阿特伍德-传记
Ⅳ.①K837.115.6

中国版本图书馆 CIP 数据核字(2020)第 149825 号

玛格丽特·阿特伍德：加拿大文学女王 袁霞 著
Margaret Atwood: Jianada Wenxue Nüwang

策划编辑：薛 蒂		封面设计：三形三色	
责任编辑：薛 蒂		责任校对：李 弋	
责任监印：朱 玢			
出版发行：华中科技大学出版社（中国·武汉）		电话：(027)81321913	
武汉市东湖新技术开发区华工科技园		邮编：430223	
录　　排：华中科技大学惠友文印中心			
印　　刷：武汉精一佳印刷有限公司			
开　　本：880mm×1230mm　1/32			
印　　张：10.625			
字　　数：236 千字			
版　　次：2022 年 11 月第 1 版第 2 次印刷			
定　　价：52.00 元			

本书在编著过程中使用了部分图片，在此向图片的版权所有者表示谢意！由于客观原因我们无法联系到您。如您能与我们取得联系，我们将在第一时间更正任何错误与疏漏。
本书若有印装质量问题，请向出版社营销中心调换
全国免费服务热线：400-6679-118　竭诚为您服务
版权所有　侵权必究

丛书总序

2020年秋,华中科技大学出版社的薛蒂女士来邮,告知"女性天才:生命、思想与言词"系列第一批四种即将面世的消息,我十分高兴,不由回想起当初她和我商谈此套丛书的情形。2018年初,薛蒂联系上我,交流了自己关于这套丛书的构想。作为学哲学出身的、年轻有为的女编辑,她很期待推出一套由中国学者自行撰著、面向广大人文、哲学与社会科学爱好者的西方著名女性哲学家、思想家与文学家的传记。不久我有事到武汉,于是我们相约在武汉大学图书馆见面详商。

那天恰逢暴雪,从未来过武汉的我先是兴奋地和先生一步一滑地在武大校园内寻觅那条著名的樱花路,然后好不容易才找到图书馆。和薛蒂见面,我们相谈甚欢,丛书的定位、框架设计与作者队伍也眉目清晰起来。之后我们保持着联络,邀请的各位专家也开始撰稿。2019年夏我在武汉开会,再有机缘探访美丽的东湖和珞珈山,并和学生相约来年樱花盛开的时节三赴武大,前往学校档案馆寻访当年英国"布鲁姆斯伯里团体"的二代成员、剑桥才俊、弗吉尼亚·伍尔夫的外甥、曾任国立武汉大学英国文学教师的朱利安·贝尔的相关史料。遗憾的是,突然爆发的疫情阻挡了我们前往武汉的脚步。好在丛书的各位作者的书稿已陆续到位,华中科技大学出版社的编辑们亦在前所未有的艰难处境中坚守岗位,终于在云开雾散的日子里推出了这套来之不易的丛书。因此,丛书的出版,可说伴随与见证了英雄的城市武汉和坚韧不屈的武汉人民奋勇抗疫的全过程,凝聚了出版人的职业操守、精品意识和人文情怀,有着特殊的纪念意义。

丛书第一批四种,分别是《弗吉尼亚·伍尔夫:永恒的英伦百合》《苏珊·桑塔格:大西洋两侧最智慧的人》《艾丽丝·沃克:妇女主义者的传奇》和《玛格丽特·阿特伍德:加拿大文学女王》,是20世纪英国、美国、加拿大最具影响的女性作家、评论家与思想家弗吉尼亚·伍尔夫、苏珊·桑塔格、艾丽丝·沃克与玛格丽特·阿特伍德的思想与文学传记,出版后受到了读者的欢迎,多家新闻媒体也报道了这套由女性编辑策划与推动,由中国女性学者撰写的国内首套西方女性思想家、文学家系列传记面世的消息。丛书第二批四种也将于今年陆续与读者见面,分别是《玛格丽特·杜拉斯:写作的暗房》、《西蒙娜·德·波伏瓦:书写与存在》、《西蒙娜·薇依:为万般沉默放行》和《汉娜·阿伦特:爱、思考和行动》。上述传主均为在思想文化史上拥有崇高地位与深远影响的西方女性思想家、文学家与批评家,在当代中国亦拥有广泛的读者与文化影响力,如弗吉尼亚·伍尔夫对"一间自己的房间"和"双性同体"的憧憬、西蒙娜·德·波伏瓦对女性"第二性"的社会性别身份的揭露、艾丽丝·沃克对"寻找我们母亲的花园"和"姐妹情谊"的畅想,玛格丽特·阿特伍德的"使女"系列小说对"基列国"女性作为"行走的子宫"的悲惨命运的呈现等,均激发了读者对男权中心的思想与文化传统的反思和建构两性平等协作的性别关系理想的探索。再比如苏珊·桑塔格关于疾病被视作修辞手法或隐喻加以使用的振聋发聩的分析,启迪我们从历史与文化、道德与心理深层去理解诸多社会现象与问题,而作为自我书写的典范与文本表演大师的玛格丽特·杜拉斯,其极具个性的作品亦在不少中国作家的作品中留下了深深的印痕。

这套丛书的作者的阵容也很强大,均为国内在各自的研究领域有精深造诣的中青年专家,尤其是女性学者,体现出她们对女性作家与思想家的天然深情、深刻领悟与独到阐释,以及强烈的使命担当。这种使命担当,自然源出于她们自觉的性别意识和可贵的人文情怀。因而,这套系列传记,既可以被看作伍尔夫所向往的、在"一间自己的房间"中所书写的"她们自己的文学"的一部分,亦是当代知识女性以东方视角解读西方女性思想与文学成果的结晶,体现出中西文化-文学交流的开阔视野与积极意义。

如果从18世纪欧洲的启蒙时代算起,西方妇女解放运动迄今已有两百余年,中国的妇女平权运动也走过了风风雨雨的百年历程。从鲁迅先生的"娜拉走后怎样"之问,到女性如何在个人幸福与社会担当之间抉择的两难与痛苦,再到女性对自我实现的求索与私密欲望的正视,以及女性在拥有了"自己的房间"

之后又如何不一味地浅唱低吟，而是打开视野以拥抱整个世界等方面，中国的女性思想者和文学家们始终在探索如何践行伍尔夫所构想的"双性同体"的两性包容、沟通、理解与合作的理念，如何摒弃西蒙娜·德·波伏瓦所批判的主体与他者二元对立的思维定式，以及反思所谓的男性气质与女性气质的社会建构本质，推进中国社会的两性平等。在此过程中，西方众多女性思想家、哲学家与文学大师不仅以自己坚韧的担当、卓越的才智和出色的文化-文学实践反思与批判着长期以来男权中心的历史文化传统，推进着社会的进步与文明的发展，亦为20世纪中国的思想文化发展提供了丰厚的精神资源和异域滋养。

这些在人类文明史上熠熠生辉的名字，即包括英国的弗吉尼亚·伍尔夫、多丽丝·莱辛、A. S. 拜厄特、爱丽丝·默多克，法国的西蒙娜·薇依、西蒙娜·德·波伏瓦、玛格丽特·杜拉斯，美国的苏珊·桑塔格、托妮·莫里森、艾丽丝·沃克，加拿大的玛格丽特·阿特伍德、艾丽丝·门罗，等等。她们从西方波澜壮阔的女权运动和女性主义文化思潮中汲取了滋养，又以激越的思想能量与艺术才华，成为这些运动与思潮中的中坚力量与精神旗帜。如伍尔夫在延续自英国维多利亚时代、女性尚未获得接受正规教育权利的20世纪初年的情境中，虚构了莎士比亚的妹妹"朱迪丝"被扼杀了戏剧创作潜能的悲剧故事，强调了一定的经济基础和独立的精神空间之于女性实现创造力的关键意义，提出了"双性同体"作为男女两性和谐互补的人际关系理想，以及理性与情感交融共通的完美艺术创造标准，对后代的作家创作与性别文化观念的发展，均产生了重大的影响，成为西方女性主义文化与文学运动的先驱;再如艾丽丝·沃克从黑人女作家佐拉·尼尔·赫斯顿、琼·图默等那里获得启发与激励,强调了尊重黑人民间文化,回溯黑人女性的生活历史与精神线索以"寻找我们母亲的花园"的构想,提出了凝聚黑人女性的姐妹情谊、释放黑人女性的艺术创造力的"妇女主义"观念;玛格丽特·阿特伍德以其在诗歌、小说、戏剧、评论等多文类、多领域的造诣,成为当之无愧的加拿大文学女王,代表了加拿大女性文学与女性主义文学批评最出色的成就……她们不仅在根深蒂固的男权中心思想文化传统中开拓出了一片片崭新的天地,亦以丰硕多姿的思想文化与文学成果,给中国的读者带来了美好的艺术享受。其中不少思想家与文学家已在中国拥有了广泛的读者群,并与20世纪的中国女性文化与文学发展有着深厚的精神联系。

因之,华中科技大学出版社推出的这套女性传记系列,相信会给广大的读者带来心灵的共振。丛书的作者均为长期从事欧美女性文学翻译与研究的专家,这就使得丛书首先建立在作者对于传主人生历程、思想探索、学术造诣和文学成就的全面而深入的把握基础上,令人信服地呈现出了传主精神成长的内在逻辑与完整过程,揭示出了人物的个性风采和心灵世界;同时,传记亦体现出对传主思想、文化与文学成就的细腻把握与精到阐释,较之一般意义上的传记作品而言,其更展现出文学与学术评传的鲜明特色,能够满足读者通览全书,即可对作家与思想家的生平经历、人生探索、思想风貌、文学与学术成就有较为全面了解的需要,使读者接受思想的洗礼与美的熏陶。

伍尔夫在《一间自己的房间》的最后,曾满怀期待地鼓励了在场听讲的剑桥大学女学生,说莎士比亚的妹妹"朱迪丝"还"活着":"伟大的诗人不死;他们是不灭的魂灵;一有机会,就会活生生地出现在我们面前。这个机会,我想,目前就在你们的掌握中。"表达了对女性书写的无限期待。从某种意义上说,列入和未列入这套丛书之中的女性思想家、文学家与艺术家们,就是一个个的"朱迪丝",她们拥有着和莎士比亚同样的艺术天分与创造才情,并冲破了历史与现实的重重阻碍,为社会的进步和全人类的发展做出了自己卓越的贡献。而我们通过阅读她们的故事,走近她们的人生,将有可能传承她们的高贵精神和"不灭的魂灵",将美好的未来努力掌握在自己的手中。

杨莉馨[①]
2021 年 3 月于南京滨江

[①] 杨莉馨,南京大学文学博士,南京师范大学文学院教授、博士生导师。主要从事英美文学、女性文学与中英文学关系研究。先后主持"弗吉尼亚·伍尔夫小说与视觉艺术关系研究"、国家社科基金项目"'布鲁姆斯伯里团体'现代主义运动中的中国文化元素研究"、教育部人文社科规划项目"弗吉尼亚·伍尔夫汉译与接受史研究"等五项国家社科基金项目。在国内外重要刊物上发表学术论文近百篇;出版学术专著 7 部,翻译文学与学术译著 6 部。

推荐序

2014年6月至2016年12月，袁霞在南京大学外国语言文学博士后流动站工作，我作为她的联系导师，与她有了较多的接触。我特别欣赏她身上那种为了学术研究甘坐冷板凳的精神，尤其是她对加拿大文学的执着和热情每每让我赞叹不已。如今，她又有专著问世，我打心眼里替她高兴，也很高兴为她的新书作序。

玛格丽特·阿特伍德是当今世界最高产的作家之一，其作品多样，包括长篇小说、短篇小说、儿童文学、诗歌、论著、散文、剧本以及绘本等。阿特伍德蜚声世界文坛，她的文学创作一直是国内学术界的研究热点，相关学术专著和论文已有不少，但国内迄今为止还未有过阿特伍德的传记，袁霞的《玛格丽特·阿特伍德：加拿大文学女王》填补了这方面的空白。

写作家人物传记不是件易事，我认为写好这类传记要把握两个方面，即真实性与文学性相交融。传记写作必须尊重事实，不能胡编乱造，这是最起码的一点，这就需要传记作者下苦功夫阅读大量第一手原文资料，充分挖掘史料，认真对待每一个细枝末节。不过，仅仅抓住史料是不够的，如何在兼顾史实的同时使作家其人、其事、其作意趣盎然，令读者喜欢，传记作者就必须在传记的结构和文字上下足功夫，做到叙述鲜活，描写生动。

令人欣慰的是，袁霞在这两方面把握得相当不错。《玛格丽特·阿特伍德：加拿大文学女王》有详细的注解，有些资料（比如阿特伍德儿时写的诗歌和小小说）是袁霞从多伦多大学的托玛斯·费什善本图书馆查阅来的，十分珍贵。袁霞的这本书由十个部分组成，几乎每一部分都代表了阿特伍德生命中的某个成长阶段，标题也极其吸引人，例如"林中珍珠""梦想开始的地方""跨界女王"等，让人一看就萌生阅读的冲动。以作家为主角写作人物传记，必定要走进作家的文本世界，由文本反映作家的人格。袁霞用深入浅出的语言、明白晓畅的文字记录了阿特伍德从童年、青少年直至耄耋之年的人生经历，以生平故事、理论研究、主要作品为线索完整呈现其思想面貌。在袁霞的笔下，一个有梦想、有才情、有抱负、有洞见、有良知的"多面"女作家形象跃然纸上。

除了真实性与文学性之外，袁霞还在书里进行了适度的延伸。在写到阿特伍德初露锋芒，在波希米亚使馆读诗时，袁霞结合当时的社会风气，充分审视"垮掉派"诗人普遍存在的性别歧视，并探讨了这种环境对女作家群体的影响。在谈到阿特伍德初入文学圈的情景时，袁霞将作家个体置于20世纪加拿大广阔的社会、政治和文化语境下,以"变化中的人文景观"为题,书写与加拿大生活特点息息相关的时代精神。《玛格丽特·阿特伍德:加拿大文学女王》对于英语文学爱好者和加拿大文学研究者来说,不失为一部不可多得的好书。

杨金才[①]
2020 年 6 月于南京大学和园

---

① 杨金才,南京大学教授、博士生导师,现任南京大学外国文学研究所所长,《当代外国文学》主编,教育部长江学者特聘教授、国家社科基金重大项目首席专家。承担国家社科基金重大项目、重点项目、一般项目和教育部人文社科规划项目等多项,主要从事现当代西方文论、英美文学、比较文学和英语国家社会与文化等领域的教学与研究。享受国务院特殊津贴,曾获宝钢优秀教师奖和国家教学成果一等奖等。学术成果曾获教育部中国高校人文社会科学研究优秀成果奖(2006、2013、2019)和江苏省哲学社会科学优秀成果奖(2003、2011、2018)等。兼任中国外国文学学会副会长、全国美国文学研究会副会长、英语文学研究分会副会长、英国文学分会副会长、中国英汉语比较研究会外语界面研究专业委员会副会长、中美比较文化研究会副会长、中国高等教育学会外国文学专业委员会副会长、江苏省外国文学学会会长等。

目录 *Contents*

第一章　林中珍珠

1　一、家族渊源
5　二、丛林生活
10　三、城里的冬季
14　四、童年肖像

第二章　梦想开始的地方

19　一、周六清晨俱乐部
23　二、小荷才露尖尖角
27　三、博览群书的日子
31　四、少女艺术家的烦恼

Contents

第三章　维院之花

36　一、小试锋芒

42　二、遇见弗莱

46　三、大自然佩吉

51　四、波希米亚使馆读诗

55　五、缪斯及双面冥后

第四章　哈佛异乡客

60　一、克利夫人

65　二、追寻祖先

68　三、加拿大俱乐部

Contents

第五章　爱情与婚姻

- 75　一、生活没有如果
- 79　二、爱如一场圆圈游戏
- 85　三、爱情与权力
- 94　四、你很幸福

第六章　文学界的弄潮儿

- 100　一、变化中的人文景观
- 106　二、女人不是消费品
- 116　三、一本聪明的书
- 125　四、浮出水面
- 135　五、会变形的女子
- 143　六、何处是吾"家"
- 153　七、我讲·故你在
- 164　八、公众眼里的"她"

Contents

第七章　历史的编纂者
- 170　一、强烈的历史意识
- 180　二、大历史与微历史
- 192　三、真实与虚构
- 202　四、左手写成的书

第八章　帐篷里的书写者
- 213　一、"启示录"话语
- 219　二、最后的地球人
- 229　三、无水的洪水
- 238　四、后人类的未来
- 247　五、技术乌托邦

Contents

第九章　跨界女王

- 257　一、漫画创作
- 271　二、科技发明
- 276　三、网络多面手
- 285　四、影视合作

Contents

295	尾声:没有结束的故事
300	玛格丽特·阿特伍德著作年表
307	后记

"你作为作家的自信在很大程度上与你作为一个人的自信有关……"

第一章

林 中 珍 珠

一、家 族 渊 源

1939年11月18日,加拿大一年一度的体育盛会"格雷杯"足球赛之后不久,一个小婴儿在首都渥太华总医院呱呱坠地,她就是玛格丽特·阿特伍德。为了同母亲的名字玛格丽特·基兰区分开来,家人称她佩吉。阿特伍德在家中排行老二,哥哥哈罗德比她年长两岁半,妹妹露丝1951年才来到世上。"阿特伍德"是一个古老的英国名字,可以追溯到14世纪甚至更早,有"林中珍珠"之意,仿佛预示了她与森林和大自然的不解之缘。

阿特伍德虽然出生在首都,但她家族的根却在新斯科舍省。阿特伍德家族和基兰家族最早都是从欧洲移民到美国,并在美国独立战争前夕移居加拿大的。阿特伍德家族略早一些,于1760年来到新斯科舍省,六年之后,基兰家族也到达这里。当时的新斯科舍省刚刚驱逐了一批来自法国的定居者阿卡迪亚人,有大片的空地，两个家族便在此定居下来。

基兰家族对新斯科舍省的历史产生了重要影响。第一代祖先约翰·基兰共有十个孩子，儿子小约翰成为雅茅斯当地的商人和船主，成立了海上保险公司。当小约翰的儿子托马斯加入家族企业时，他们开始从北美和大英帝国之间的危险贸易中发家致富。到19世纪中叶，托马斯·基兰拥有大约六十艘轮船，尽管其中二十五艘在海上遭遇沉船，但家族生意并未受到重创。托马斯的儿子弗兰克进入地方立法机关，其他基兰家族的兄弟们都是显赫的船主。小约翰的曾孙阿尔伯特是一位颇有名望的法官，后来搬到温尼伯，曾在曼尼托巴省的审判法庭审理梅蒂人政治领袖路易斯·瑞尔上诉案。阿尔伯特下一代中还出过女中豪杰——莫德·基兰·尼夫，她考入纽约医院附属女子医学院，并于1896年获得医务部执照，被加拿大卫理公会传教士协会派往中国成都，成了一名医学传教士。

基兰家族中最有传奇色彩的人物当属托马斯的孙子伊萨克，他十二三岁时便预见到了报刊业的辉煌前景。那时雅茅斯有三四家周刊，但日报得由火车从哈利法克斯和圣约翰运来。伊萨克通过努力获得了特许经销权，到十五岁时已经垄断市场。十六岁那年，他改行在哈利法克斯联合银行的雅茅斯分部当了一名小职员，把辉煌的过去抛在身后，仿佛那些事从未在他身上发生过。二十九岁时，他成为加拿大最有影响力的投资机构皇家证券公司总裁，开启了又一段辉煌人生。

阿特伍德家族虽然不如基兰家族有影响力，但其中一位祖先康华里·莫罗是新殖民地哈利法克斯诞生的第一个白人孩子，他父亲让·莫罗是法国的修道士，由于对天主教教义不满，受到迫害，逃往英国，娶了康华里勋爵家的姑娘，并在 1749 年与勋爵一家移民加拿大。之后，莫罗神父在这块新的土地上传播福音，很受当地人尊敬。一战时，哈利法克斯港口军火爆炸，城市遭到毁灭性破坏，圣保罗教堂走廊窗户碎裂，显出一个头部轮廓，大家纷纷传言，这个轮廓像极了莫罗神父。

到阿特伍德父母这一代时，两个家族已经在新斯科舍省深深地扎下根来。阿特伍德家族定居在南岸，而基兰家族则定居在位于安那波里斯河谷的北岸。阿特伍德的父亲卡尔·阿特伍德自小勤奋好学，在母亲的鼓励下，完成了函授高中课程。他一开始想当一名教师，便上了特鲁罗师范学校，在那里获得了阿卡迪亚大学的奖学金。对于一个农家少年来说，这简直是了不起的成绩，但他并没有止步于此，而是又接连得到了麦吉尔大学和多伦多大学的奖学金，于 1933 年拿到多伦多大学硕士学位，后来又获得博士学位。大学期间，他一边学习，一边工作，在联邦农业部担任初级昆虫学家，主要研究昆虫对树木的影响。由于工作关系，他每年夏天都要回到安那波里斯河谷调查蜜蜂对苹果授粉的情况，正是在那里，他与玛格丽特·基兰坠入爱河。两人其实在师范学校时便已相识，但那时只是互有好感，一个佩服对方的博学多才，另一个则喜欢对方的美丽活泼。

玛格丽特·基兰不仅漂亮，也很有头脑。她父亲基兰医生是个传统的家长，在三个女儿中，他最看好凯瑟琳，支持她上了大学。他觉得玛格丽特生性浮躁，爱玩闹，不适合念书。但玛格丽特·基兰自有主张，她到特鲁罗师范学校念了个学位，然后去了一所只有一间房子的校舍教书。她住在镇上,每天骑马上班。两年后,她攒下一笔钱,完成了新不伦瑞克省蒙特爱立森大学的家政课,获得了多伦多大学奖学金,最后顺利拿到学位,并且很快在多伦多总医院找到工作,成为一名营养师。

20世纪30年代初是加拿大经济最不景气的时候,两人一直等到1935年才结婚,这时玛格丽特·基兰已经二十六岁,卡尔·阿特伍德即将步入而立之年。每个月领到薪水后,玛格丽特·基兰会把微薄的收入分成四份,装入四个信封:房租、食物、其他支出和用作娱乐的钱。哈罗德出生之后,卡尔·阿特伍德在渥太华的联邦土地和森林部得到一份全职工作,家里的经济状况才渐渐好转。

阿特伍德六岁时,一家人回到了新斯科舍省。在那里,阿特伍德第一次见到了好多以前只能在照片上见到以及在信里听到的亲人,这些人是那样熟悉,仿佛她一直生活在他们身边,从未离开过。

在新斯科舍省探亲的日子,阿特伍德和家人住在外祖母的小屋里。屋子依悬崖而建,俯瞰芬迪湾和一座突入海湾的木船坞。一家人沿着母亲小时候的足迹,从安那波里斯河谷前往芬迪湾的海岸度暑假,只不过母亲那时坐的是马车,而他们是开的汽车。阿特伍德在回忆这段轶事时写道,因为有了他们这几位远道而来的客人,外祖母家总是很热闹,表兄妹们都过来了。阿特伍德跟着他们乐翻了天:"我们乘涨潮时在海湾游泳,浸泡在亚北极区芬迪湾的水中,直到浑身紫得透亮。退潮时,我们在无尽伸展的滑溜溜的岩石海滩上探索……我们爬进悬崖上的洞里,寻找紫水晶,把别人的警告抛到九霄云外,忘了曾有孩子困在里面,被汹涌的潮汐阻断营救,冲进海里的事……"① 而住在南岸的祖父母家是另一番光景。岸边是锯齿状的海湾,内陆不像河谷里那样郁郁葱葱,而是黑压压的针叶树林和蔓越莓沼泽地。祖父母的农场地处偏僻,屋子里以煤油灯照明,一切劳作都是手工完成:水用手动泵压上来,奶酪在木制搅乳器里做成,被子一针一线缝制……时光似乎在这里停止了脚步,如一杯甘醇的老酒,缠绵悠长。

一个人的性格在多大程度上受到基因影响?这个问题恐怕谁也说不清。但阿特伍德的聪明能干和坚韧执着都可以追溯到她在新斯科舍省的祖先身上。这种精神一代一代相传,成为家族传承的支柱,也在阿特伍德心中树立起一种信念,这一信念支撑着她,在未来的人生道路上一步一个脚印,取得举世瞩目的辉煌成就。

二、丛 林 生 活

阿特伍德出生那年,恰逢德国闪击波兰,在英国对德宣战七天后,加拿大作为英联邦成员国也宣布参战。由于战争需要大量木材和纸张,森林显示出其战略意义,卡尔·阿特伍德的工作也变得重要起来。为了更好地监测大片森林,防止害虫侵袭,他每年春天便会带着家人前往魁北克北部偏僻的丛林,一住就是

---

① Margaret Atwood, "Landfall: Nova Scotia", *New York Times Magazine* (18 March 1984): 100.

好几个月。阿特伍德在回忆时说道:"当虫灾爆发时,会有成千上万树木死去。这时,你必须马上把它们砍掉,反正它们已经没用了,否则枯死的树木会成为火灾隐患。"①

阿特伍德一家每次前往北方都会途经鳟鱼溪的木材加工厂,一堆堆刚砍下的树木标志着通向北方的真正大门。在它的北面是诺斯贝,穿过诺斯贝是一望无际的树林,一直延伸到渥太华河边的魁北克边境。有的时候,一家人会前去西南角的特米斯卡姆镇,阿特伍德对这里印象最深的是堆成小山一样的锯末:"我心心念念想要滑下锯末山,最后真的这么做了,却发现它不像沙子那么干爽滑溜,而是又湿又黏,黏了一身。这是大自然给我上的关于错觉的第一课。"另一些时候,他们会前去东南角的矿业城市萨德伯里,一路过去,树木越来越小,最后消失不见。这是阿特伍德孩提时代另一个神奇的地方,她觉得就像是星际旅行,"遍地的炉渣堆和荒凉的石头山肩使这里看起来像月球。"②

每次,父亲驾驶的汽车靠近地面突起的粉色花岗岩时,大家便喊了起来:"我们快到家啦。"丛林便是家,尽管是临时的家,却在阿特伍德心中留下了关于童年时代的永恒记忆,那是帆布帐篷的焦油味,是篝火的烟味,是船舱底部的腐鱼味,是克林牌奶粉味……记忆中最清晰的是父亲和母亲。

---

① "Margaret Atwood's Wild Childhood; The novelist's family lived in homes built by her father in the wilds of Canada; a special winter stay in Ontario", *The Wall Street Journal* (9 August 2016).

② Margaret Atwood, "True North", *Saturday Night* (January 1987): 143-144.

一家人进入森林后,第一件事便是扎起帐篷,父亲则着手搭建木屋,等他们搬进木屋,他又开始盖更大的屋子,大屋竣工后,木屋就被用来存储做饭和供暖用的木料。父亲为了让家人出行更方便,会用炸药清除树桩,将树干并排横铺在湿软的地面上,在沼泽地上修起木排路。每天,父亲天一亮便驾着摩托艇去研究站考察昆虫。有时实地考察需要好几天时间,甚至更久,父亲曾多次遭遇危险。阿特伍德在短篇故事《黑兹尔飓风》中写下了这段时间的记忆:"他乘着丛林飞机进入陡峭的山谷,飞行员必须关闭发动机才能降落,有时他跋涉在两条水路间的陆地运输线上,两边是露出地表的巨大岩石,有时他差点摔进激流。有两个礼拜他被森林大火困住了,火从四面八方包围着他,这期间他坐在帐篷里,对着火烘干携带的袜子,像在烤法兰克福香肠,最后是暴雨救了他。我们是在他回来之后听到这些故事的。"[1]

玛格丽特·基兰并非传统式的母亲。她和丈夫一样,骨子里是个"游牧民",不爱刻意追求物质上的舒适,反而喜欢远离文明、无拘无束的丛林生活。砍柴、取水、生火、洗衣、做饭,这一切都难不倒她。丈夫出远门时,她便独当一面,照管孩子。在那些没有电话、没水没电的日子里,她或许曾感受过焦虑:万一遭遇紧急事件,她该如何与外界联系?但她从未表现出来,在孩子们面前,她永远是一副积极乐观、敢作敢当的女汉子形象。

他们有一次真的遇到了紧急情况:父亲像往常一样外出考察了,母亲和两个孩子住在小木屋内,食物则摆放在附近的帐篷

---

[1] Margaret Atwood, *Bluebeard's Egg and Other Stories*. Boston: Houghton Mifflin Company, 1986: 33.

里。一天,母亲听到外面有声响,探头往窗外一看,发现一头熊正偷偷摸摸地往帐篷方向走。帐篷的门只用一根绳子和一颗钉子束住,根本挡不住大笨熊。母亲大喝一声:"滚开!"熊居然被吓跑了,但逃跑前把他们储存的食物糟蹋了一番。后来,母亲派两个孩子去林子里搜寻,看是否可以捡回一些食物,第二天早饭时,他们收集了足够的土豆,平静地吃了饭。后来熊又出现过一次,母亲追着它,嘴里喊着"滚开",熊又逃走了。母亲勇敢无畏赶熊的画面一直留在阿特伍德的记忆深处,是她津津乐道的话题之一,她常说,要不是母亲手里没枪,熊哪能那么幸运地逃脱呢,"她的枪法可不赖。"[1]

阿特伍德在森林里的生活可以说是无忧无虑的。母亲每天给她和哥哥上一会儿课,虽然不是正规的学校课程,但她通过这种方式学会了自我调节:做完必须的功课,然后才可以自由自在地做自己想做的事。由于父亲不需要去办公室上班,有大量时间和孩子们在一起,他也会对他们进行非正式的教学:让孩子们戴上他经常戴的防虫帽,吹着贝多芬的曲子在林中漫步,学习大自然知识。他会在树下铺上橡胶布,用斧背敲击树木,毛虫和其他昆虫便纷纷掉落,大家再把它们捡起来。阿特伍德不像其他女孩那样,看到鼠蛇虫蚁便尖声大叫,她能平静地分辨它们的属类和物种。父亲还教他们辨别植物类别,其间穿插一些有意思的小故事,让学习不那么枯燥乏味,比如他会指着毒芹说道:"就是这玩意儿,苏格拉底是吃它自杀的。"父亲似乎认识每一种鸟

---

[1] Margaret Atwood,"My Mother, My Friend", *Chatelaine* (May 1985):93.

儿和大多数动物,还能模仿它们的叫声。这种对动植物的辨认、识别和模仿对于阿特伍德的作家生涯来说是一笔宝贵的财富。

  阿特伍德是哥哥哈罗德的小影子。每天上完母亲的课之后,两人便去林子里探险。他们翻开地上的木块和岩石,观看蚂蚁惊恐万状地藏起椭圆形的卵,蛇蠕动着向黑暗中滑去;他们捉来青蛙、蛇、龙虾和松鸦作为宠物,还用桦树皮为它们搭起圆锥形帐篷;他们画森林地图,为一些无名湖泊和河流命名;他们游泳、划船、捕鱼、搭弓射箭……加拿大的北部荒野成了阿特伍德和哥哥的游乐场,漫漫长夏中的林地生活因为有了哥哥的陪伴变得生机盎然。为了在各个方面赶上哥哥,阿特伍德非常卖力地学习,她的潜意识里从来没有女孩不如男孩的概念。

  在阿特伍德眼里,哈罗德是个业余博物学家。他把蠕虫带到床上,在枕头底下藏蛇。一次,姨妈来看望他们,他放在床上的蛇爬走了,爬进了温暖的木炉。清晨,母亲打开炉子点火,发现了里面的蛇。她随口说道:"我觉得蛇在外面会更快乐。"哈罗德这才把蛇放走。多年后,阿特伍德跟姨妈合作了一本童书《安娜的宠物》,便是以这件趣事为依据。

  丛林生活对阿特伍德的影响无疑是巨大的,覆盖着大片森林的北方成为她生命中不可或缺的元素,它是家,是港湾,是她精神的归宿,也是她创作的源泉。它出现在她的梦境里,出现在她的文字中。它深深地凿进脑海,每一次出现,便会引发灵魂深处的阵阵心悸。在诗集《苏珊娜·穆迪的日记》(又译《苏珊娜·莫迪的日记》)中,我们看到了穆迪夫人对北部荒野又爱又恨的复杂心态;在小说《浮现》里,女主人公怀着愧疚之情踏上回家

(北方)的征途,在那里获得了心灵的皈依;在半自传体小说《猫眼》中,北方之行是女主人公治疗心灵创伤的良药……通过她们,我们仿佛能看到阿特伍德从丛林里一路走来的身影。

三、城里的冬季

父亲的工作决定了阿特伍德童年的节奏。秋风乍起时,一家人便回南部的城里过冬,父亲也可以在此期间写下研究成果。在1936年到1948年间,卡尔·阿特伍德带着家人总共在丛林和城市间往返了不下二十次。

阿特伍德一家在城里的住处并不固定,一开始他们住在渥太华。20世纪40年代初的渥太华仍是个小城市,以木材加工业为主。阿特伍德关于城市的最早记忆是新砍伐树木的木屑味。由于战争影响,一切经济发展均为满足军事需求。住房市场尚未从大萧条中恢复,住宅条件低下。汽油实行配给制,有汽车的人家每年供应一百二十加仑油。坐公共汽车旅行限制在往返五十英里以内。政府明令禁止人们搬家,如果要搬,必须证明是和战争有关。糖、黄油、咖啡、茶和肉等食物都限量供应。

渥太华的冬季漫长而寒冷。对阿特伍德来说,这是一个有着高高雪堆的城市,孩子们可以在里面挖出一条条隧道。隧道并不安全,它们有时会坍塌,偶尔会有孩子窒息身亡,但每个加拿大儿童都知道,爬进这些白色隧道能给人带来不可思议的感受,好似又回到了温暖的母体。他们还可以在运河上滑冰,用有两个刀片的滑板绑住靴子,裹在厚厚的防雪服里,看上去像一个个充气轮胎。

阿特伍德印象最深的是1944年,他们住在安大略省苏圣玛丽市皮姆街上的一栋房屋里。屋子由旧砖砌成,共两层,外加一层阁楼。屋边是一大块地,直通山上,邻居们在此开辟了"胜利菜园"①,种些卷心菜,以解决食物短缺问题。屋内有一个小小的起居室,一家人经常聚在一起听收音机,这在当时可是了不起的享受,也培养了阿特伍德对热点问题的关注。白天,当哥哥去学校时,她就边听收音机边给毛绒熊"比格利"缝衣服。这只毛绒熊后来一直跟随着阿特伍德,多年后它身上穿的还是阿特伍德五岁时缝制的人造丝紫色印花连体衣。

阿特伍德最喜欢的房间是阁楼。她可以把正在玩耍的东西全部铺开,不用担心把家里搞得一团糟。每天清晨,阿特伍德一起床便走到阁楼上,接着玩前一天晚上没完成的游戏。父亲为她做了一套积木,各种颜色都有,她常常一摆弄就是好几个小时,完全沉浸在自己的世界里。

小时候的阿特伍德也很调皮。这一年冬天,父母送她去皮克林小姐那里上舞蹈课,学习像秀兰·邓波儿那样跳踢踏舞,同时学习初级芭蕾。在表演会时,她要站在舞蹈者中间,和着乐曲《起锚出发》在一只木制奶酪盒上敲击,她兴奋极了,根本安静不下来。直到皮克林小姐威胁说不让她上台了,她才肯罢休。《预

---

① "胜利菜园"也称"战争菜园",一战和二战期间在美国、英国、加拿大、澳大利亚和德国流行开来,以解决食物紧缺的问题。在加拿大,从1917年开始,农业部号召"每家每户一个蔬菜园",老百姓利用后院空间种植蔬菜,供应自家或满足战时需求。

言夫人》里的琼童年时曾在母亲诱逼下学跳舞,在表演会上,因为肥胖,老师让她扮演樟脑球,为了表示对老师和母亲的不满,她乱跳一气,反而造成了喜剧效果,赢得阵阵掌声。这里面应该也有阿特伍德童年学舞蹈的影子。

1946年冬天,阿特伍德的父亲调到多伦多大学动物学系工作,他们一家在城里定居下来。这是阿特伍德第一次来到多伦多,这个城市却给了她一个下马威,她患了流行性腮腺炎,不停感冒,还吐得天翻地覆,过惯丛林生活的她对城市完全没有免疫力。因着这份记忆,阿特伍德孩提时代非常讨厌多伦多,讨厌"站在烂泥地里,潮湿渗进靴子"①的感觉。

阿特伍德家的房子在多伦多的利赛德区。往北一个街区开外是方圆两百英亩的芒特普莱森特墓地,多伦多的精英大多安葬在此。屋后不远处有一座人行桥,阿特伍德可以随家人走下桥,穿过浓密的灌木丛,进入穆尔公园峡谷。他们有时会沿着蜿蜒曲折的溪流往前,一直走到另一个山谷,在唐瓦利砖瓦厂和古老的托德莫顿磨坊逗留片刻。六七岁的阿特伍德走过城市的边边角角,城市的风景一层又一层堆叠在她脑海里,等待着有一天她将那些影像抽丝剥茧,为她的作品增添丰富灵动的气韵。

总体而言,孩童时代的阿特伍德对城市的印象大多与阴郁寒冷有关。和生机勃勃的丛林相比,城市的线条是冷硬的,色彩是灰暗的。它被划分成了一个个特定的区域:家、学校、峡谷、教堂和父亲所在大学的动物学系大楼等。这样的城市让阿特伍德

---

① Margaret Atwood,"Toronto, the City Rediscovered", *New York Times* (8 August 1982): 14.

觉得陌生,迥然不同的生活方式也令她在很长一段时间里颇不适应。城市在她眼里是个可怕的地方,她必须学习对其他人而言理所当然的行为准则。很多时候,城市如同戴了假面,虚伪、造作、缺乏亲切感,这种感觉在《猫眼》里有着大量细致入微的描写。女主人公伊莱恩离开生活了八年的丛林,走入城市学习和生活,她却在回忆时说道:"我一直过得很开心,直到我们搬来多伦多。"①父母及家人与众不同的价值观念使她在女友眼中成了"异类"。她们视她为来自蛮荒地带的"野人",需要进行教化。为了把伊莱恩驯化成"城里人",她们如幽灵般跟着她,随时指出她身上的缺点:"我吃什么饭,三明治怎么拿,东西在嘴里怎么嚼,她们都要评头论足一番。放学回家的路上,我要么得走在她们前面,要么得走在她们后面。走在前面更糟糕,因为她们会在那儿议论我走路的样子,议论我从后面看上去好不好。"②在热闹的人群里,挥之不去的却是深入骨髓的孤独感,这恐怕是城市文明最早教给小阿特伍德的一堂课。

  城市与丛林,两种生活的强烈反差促使她成长,教会她思考。在以后的人生中,她总在找寻属于自己的位置,也在努力为他人找寻位置。她说:"我对边缘、下层逆流和置换排列感兴趣,我喜欢带走那些可能被视为古怪的或非主流的事物,并将它们拉到中心位置。"③说这话时,她仿佛又回到了儿时,站在城市与

---

① 玛格丽特·阿特伍德:《猫眼》,杨昊成译,南京:译林出版社,2002年版,第18页。
② 同上,第121页。
③ Le Ann Schreiber,"Interview",*Vogue* (January 1986):209.

丛林的分界线,回望过去,在忐忑中期待未来。

四、童年肖像

俗话说"三岁看老",一个人的个性其实在幼年时期已经悄然成形。阿特伍德是家中老二,一般来说,老二往往会生活在老大的阴影中,但阿特伍德完全不是这样,她独立、有主见、意志坚强。阿特伍德的母亲在接受媒体采访时说道:"没人指导佩吉。我觉得没人能指导佩吉。"①

母亲讲述了她小时候的几件轶事,勾勒出她性格的雏形。有一次,阿特伍德扭动着身子边穿睡衣边说道:"快一点儿,妈妈。我在给自己讲故事,我等不及故事的结局啦。"哥哥哈罗德到了上幼儿园的年龄,母亲担心阿特伍德一人留在家里会觉得孤独。她们送哈罗德去幼儿园回来后,阿特伍德哼着曲子在家忙里忙外,像只心满意足的小母鸡。母亲逗她:"佩吉,你唱得挺开心。"她答道:"哦,是啊,我脑袋里好多这样的小曲儿在跑来跑去呢。"还有一回,母亲作为公务员家属受邀去渥太华参加政府组织的茶话会,因为请不起临时保姆,便带上了两个孩子。茶话会为孩子们提供了芭妮兔饼干,饼干上饰有小男孩的短裤和小女孩的裙子。阿特伍德挑了一块,独自走到角落里。一位太太发现后走过去问:"你怎么不吃饼干呢?"阿特伍德回答说:"哦,不,我就坐在这里跟它说话。"

---

① Valerie Miner, "The Many Facets of Margaret Atwood", *Chatelaine* (June 1975): 68.

母亲所讲的这些趣事描绘出一位艺术家童年的肖像,阿特伍德小小年纪便具有丰富的想象力和自制力,她的内心世界绚烂多彩。然而,和大多数艺术家的童年一样,她也有着孤独的一面,喜欢独自一人构筑幻想的世界。

阿特伍德最大的爱好是躲在阁楼里,在无人打扰的环境下如饥似渴地阅读。她几乎什么书都看,涉略广泛:戴尔的口袋书推理小说、童话、加拿大动物故事和连环漫画册……阿特伍德六岁那年,父母通过邮购目录订阅了一套《格林童话》,书送到时,他们惊愕地发现这是套未经删节的版本,里面充斥着哥特式插图:骷髅、刽子手、女巫、食人恶魔等,风格怪诞狂放。他们担心书里面的恐怖情节会吓坏孩子,却不知道这个年龄的孩子就喜欢猎奇。《格林童话》是阿特伍德翻阅次数最多的书籍,其中《桧树》和《费切尔的怪鸟》是她的最爱。《桧树》讲了一个小女孩的哥哥被邪恶的继母杀死,做成羹汤,被父亲吃下肚子的故事,最后,男孩变成一只美丽的鸟儿,向继母复仇。阿特伍德显然把自己当成了那个深爱哥哥的小女孩。《费切尔的怪鸟》讲的是一个聪明的姑娘在两位姐姐被巫师骗去杀掉后,用智慧解救她们并惩罚巫师的故事。在未删节版的《格林童话》里,女孩们拥有神奇的力量,公主会和王子一样利用聪明、智慧和毅力解救别人。"她们可不像净化版中的女人一样毫无生气。"阿特伍德这样评价道。由于《格林童话》的影响,孩提时代的阿特伍德理所当然地认为女孩也可以活得很强大。

这些充满奇特想象的哥特式神话故事深深地吸引了阿特伍德,它们描述的世界和她所生活的丛林如此相似,都能激发起人体内原始的恐惧。神秘的树林、迷宫般的小路、林中动物……它们沉淀在她的记忆深处,假以时日便逐渐显现,成为她日后作品中反复出现的意象。

阿特伍德读书上了瘾。她常常半夜躲在被子下打着手电筒阅读。其中有适合女孩子看的书,如《樱桃艾姆斯》《年轻护士》《鲍勃西双胞胎》,也有适合男孩子读的书,如《金银岛》和《格列佛游记》等,它们为她打开了一扇扇通往神奇世界的大门。

除了书本之外,家族故事对阿特伍德影响也很大,而她的母亲是一位讲故事的高手。在母亲惟妙惟肖外加手舞足蹈的叙述中,阿特伍德仿佛看到了母亲生长的白色大农庄,农庄里有谷仓、马车房,还有一个带食品贮藏室的厨房。那个时候,面粉是用桶装的,所有的烘焙都在家进行。她还听到了严厉的外祖父以及母亲三个姐妹的故事,由于那时妹妹尚未出生,那些关于姐妹情谊的讲述在她听来充满了神秘色彩。根据母亲的描述,三姐妹里边的头头和策划者通常是凯瑟琳,"她是最聪明的一个"。1930年,她才十九岁,便在多伦多大学获得了历史学硕士学位,但当父亲提出资助她前往牛津大学进修时,她拒绝了,此后结了婚,生了六个孩子。阿特伍德听着关于凯瑟琳姨妈的故事,小小的脑袋里却满是困惑:姨妈为什么不能生孩子和上牛津两不误呢?

在母亲的故事里,有一种是"厨房故事",这是些只在厨房里对着女人们讲述的故事。这当口儿大伙儿有的洗碗碟,有的剥豌豆,有的摘菜豆,有的剥玉米,她则用低低的声音说着些"浪漫背叛、意外怀孕、可怕的疾病、婚姻不忠、精神崩溃、悲情自杀、漫长而痛苦的死亡"①之类的话题。周围的女人们忙着手里的活儿,严肃地点着头。童年的阿特伍德倾听着成人世界充满诱惑力的声音,偷听着令人兴奋的家族秘密,从这些故事里汲取养分。有一次,母亲正双眼圆睁、绘声绘色地讲述一段破裂的婚姻故事:"她挖掉了屋子周围所有的灌木。""她唯一留给他的是浴帘。"其他女人倾身向前,发出一声声惊叹,这时,父亲走进厨房,想看看茶什么时候能喝,所有的女人都转向他,装出一副茫然的笑脸。不久,母亲端着茶壶走出厨房,按老规矩把它摆放在桌上。这些老一代的趣事都成了阿特伍德作品的素材,而她的小说里总有一位叙述者,把握着故事的整体脉络,这和她那位爱讲故事的母亲是分不开的。

阿特伍德曾说道:"你作为作家的自信在很大程度上与你作为一个人的自信有关……而这来自你的童年时代。"②她在一个和谐、民主和宽容的家庭氛围中慢慢长大,家人给了她足够的鼓励和尊重,允许她按照自己的心愿探索世界。五岁那年,阿特伍德迷上了编书。她从练习本上剪下纸张,缝在一起,将背诵的诗歌抄录上去,再添加上自己的诗句,她记忆中的这本书"令人满意极了"。六岁时,阿特伍德写了第一本小说,描述了一只蚂蚁由卵变成幼虫后乘着木筏漂流的经历。她还和哥哥编写剧本,

---

① Margaret Atwood,"Significant Moments in the Life of My Mother",*Bluebeard's Egg*,Toronto: McClelland and Stewart,1983: 11.
② Barbara Wade,"Margaret Atwood: Interview",*Maclean's* In-Class Program,1981. Atwood Papers,Box 56,File 58,p.2.

在简易的木偶剧场表演。二年级时,阿特伍德写了第一部诗集《押韵猫》,自己配上插图,诗词文笔稚嫩,却采用了对句的手法,表现出她对诗歌的粗浅理解……这一切都在昭示着一位伟大文学家的诞生。

第二章

梦想开始的地方

一、周六清晨俱乐部

1946年,阿特伍德进入全日制学校读书。刚开始时,她在多伦多北部的约克公爵学校上学,那块地方尚未开发,周边是一望无际的农田。接着,一家人搬到利赛德区,阿特伍德先进了惠特尼公立小学,然后上了本宁顿高地小学。

当时的学校无论是在教学方法还是在教学态度上都视自己为大英帝国的殖民地前哨。教室墙壁上挂着英国国王和女王的画像,学生们要学会背诵所有国王和女王的名字,要会画英国国旗,会唱英国海军军歌《统治吧!不列颠尼亚!》。学校课本里深藏着大英帝国自鸣得意的种族主义,例如校园读本上有这样的诗句:"小小印第安人,苏族或克里族,难道你们不希望成为我。"就连爱国歌曲《永恒的枫叶》里都被注入了对英国的忠诚:"在很久以前,从不列颠海岸,无畏的英雄沃尔夫扬帆而来,牢牢插上英国国旗,在加拿大美丽的国土。"①加拿大学校非常重视与英国的联系,会倡议孩子们为深受大战影响的英国贫苦家庭捐献衣物。

然而,此时的加拿大已经开始感受到来自另一个地方的吸引,那就是北纬四十九度国境线南部的美国。孩子们阅读的漫画书描绘的是像"美国队长"这样的超级英雄。在这些漫画里,坏人是德国人和日本人,好人则是美国佬。阿特伍德在回顾往事时开玩笑说:"我们知道所有日本人临死前都会大叫'啊噫',德国人则会喊'阿尔格'。"②此外,孩子们还看诸如蝙蝠侠、黑鹰、霹雳火、塑胶侠和惊奇队长之类的漫画。在与阿特伍德同龄的孩子眼中,漫画书里有着关于宇宙的真理。他们看完一本便相互交换,因为交换频繁,封皮都快掉了下来。对于边境线外正在进行的各种活动,孩子们充满羡慕和向往,同时也有一丝自卑,因为他们"只能观看而无法参与"③。

阿特伍德的父母非常清楚地意识到女儿天资聪慧,光靠学校教育无法满足她那旺盛的求知欲,于是,他们想方设法让她参与到各种活动中去。阿特伍德九岁时,父母安排她报名参加了安大略皇家博物馆的周六清晨俱乐部。同时报名的还有她的好友梅格,她的父亲是希腊考古学系主任。

---

① 转引自 Rosemary Sullivan, *The Red Shoes*: *Margaret Atwood Starting Out*, Toronto: HarperCollins Publishers Ltd., 1998: 47. 阿特伍德在"Canadian-American Relations: Surviving The Eighties"一文中也提到了这些。

② 同上。

③ Margaret Atwood, "Nationalism, Limbo and the Canadian Club", *Second Words: Selected Critical Prose*, Toronto: Anansi, 1982: 85.

安大略皇家博物馆位于布洛尔大街和皇后公园拐角,当时还是一栋古老的哥特式建筑。它在 1914 年由查尔斯·特里克·克瑞利创建,克瑞利担任负责人期间,在埃及、克利特岛和小亚细亚半岛野外考察时收集了大量藏品。

周六清晨俱乐部的成员聚集在博物馆地下室的指定位置,各人分派一张木折凳。负责的大人将他们带到楼上的一个展品部,等大家坐下后,便开始讲解尘封在玻璃柜里的展览品:有时候是仪式使用的面具,有时候是盔甲,有时候是埃及神灵的石像。听完讲解,他们再折回地下室,用颜料、胶水、纽扣、羽毛外加想象力创造他们心目中的模型。

这个时候的博物馆尚未开始对文物展开修复工作,也还没有引入特技照明和视频等现代技术,里面的东西都杂乱地摆放着,却并不让人反感,反而能在孩子心目中造成戏剧性效果,仿佛钻进了一个时光胶囊,扑面而来的是遥远年代的气息,令人惊叹和流连。"例如,走下地窖,那里有一大组由塑料制成的印第安人,蹲在绉纸做的火堆旁,走上几段楼梯,有一个埃及木乃伊盒,盒盖开着,里面是具风干的尸体,用膏布裹着。那里还有许多武器——剑、铳和弩弓,最令人兴奋的是,那里有整整一间屋子的恐龙,那时它们是我最喜欢的野生物种,还有一群剑齿虎被困在沥青坑里的全景图。"①

年少的阿特伍德徜徉在博物馆,安静地、耐心地观察里边的藏品。她最喜欢上完艺术课,和梅格一起,躲开博物馆管理人

---

① Margaret Atwood, "My First Museum Love", *The Globe and Mail* (9 May 1987).

员,自个儿在里面探索:"(博物馆里的)空间似乎没有尽头,像迷宫,空无一人,只有雕塑、神像和看不见的人穿的衣服,散布着各种我只能在探险故事里才能遇见的物品——弩弓、吹箭筒、墓地掘出的项链、穴熊、颅骨。我们最喜欢的当然是埃及木乃伊,我们靠近它们,心里充斥着一种有点恶心又有点期盼的恐惧——它们会不会动起来?"①

阿特伍德把安大略皇家博物馆称作她的"博物馆初恋"。父母让她参加周六清晨俱乐部的初衷或许只是希望她拓展视野、结交朋友,阿特伍德得到的却远远不止这些。博物馆丰富了她的精神世界,培养了她的艺术欣赏能力。她从中了解了自然世界的更迭变迁、人类文明的演变过程,也认识到属于加拿大的历史更替。她不止一次在短文、诗歌和小说中再现安大略皇家博物馆的形象,与少年时代参加周六清晨俱乐部的这段经历密不可分。在小说《人类以前的生活》(笔者认为译为"人类之前的生命"更切合语境)里,安大略皇家博物馆仿佛被赋予了生命,在向读者娓娓述说它的历史。女主人公莱西娅作为博物馆的一名工作人员,对它的依恋似乎刻进了骨血,每当穿行在馆内,看着史前动物的巨型骨架,心情比在外面的大千世界更加轻松愉悦。在莱西娅还很小的时候,"她总是相信,或者说努力相信,到了晚上博物馆关闭之后,里面的东西全都会以自己的方式开始它们

---

① 转引自 Rosemary Sullivan, *The Red Shoes: Margaret Atwood Starting Out*: 44.

隐秘的生活。只要她能够走进博物馆,就可以看见这一切。"①这些内心的想法应该也是阿特伍德曾经的感受。博物馆展示的自然世界和文化世界是一扇窗口,阿特伍德从中窥探到了强大的自然法则、脆弱的人类文明以及亘古繁衍的生命奥秘。

二、小荷才露尖尖角

阿特伍德的学校每周都会有一位"宗教知识"老师前来上课,同学们先是大声阅读《圣经》段落,然后练习合唱赞美诗。为了能融入朋友们的圈子,阿特伍德坚持要去上主日学校,父母拗不过她便同意了。她就读的长老会卫理公会主日学校要求孩子们读《圣经》、写小论文,她写的关于戒酒的论文还获了奖。

青春年少的孩子无论对什么都怀有一种天然的好奇心,宗教形成的小圈子让阿特伍德产生了暂时的归属感,但她对宗教观念并非抱着被动接受的态度,她曾在学校就宗教中的一个问题向朋友提出挑战:"如果天堂是好地方,如果它比地狱好,为什么谋杀好人是件坏事?难道你不是在施恩于他们,因为那样的话他们会更早到达天堂?只有谋杀坏人才是坏事,因为反正他们不会上天堂。可是假如他们很坏的话,他们当然该杀。因此考虑到各个方面,谋杀好人和坏人其实都是好事;对好人来说你

---

① 玛格丽特·阿特伍德:《人类以前的生活》,郑小倩译,南京:南京大学出版社,2011年版,第370页。

是在帮忙,对坏人来说是他们活该。"①小小年纪的阿特伍德伶牙俐齿,无论在逻辑思维能力还是在表达能力方面都首屈一指,她那个时候便敏锐地觉察到:一旦处理不当,宗教会有失去控制的可能性。《浮现》中的女主人公描述她第一次遭遇宗教时,是在砾石水泥砌成的校园里,有孩子吓唬她说天上有个死人在看着她所做的一切,她报以反击,向他们解释婴儿是从哪里来的,妈妈们纷纷打电话向她母亲抱怨。女主人公对待宗教的态度活脱脱就有着阿特伍德的影子。

阿特伍德在小学阶段表现出色,她从六年级直接跳到了八年级,于1952年进入利赛德中学。当时有个流行的说法:见过世面的孩子上贾维斯中学,有钱人家的孩子上森林山中学。总之,两个学校的学生都有些瞧不起定位于中产阶级的利赛德中学。

利赛德中学的学生在校必须穿校服,女生是穿黑色方领束腰外衣、白衬衫,春秋季着过膝袜、冬季着黑色长筒袜。因为女孩们总是想方设法用腰带把衣服往上束,抬高下摆,校方规定,束腰外衣在膝盖上方不得短于七英寸。阿特伍德没有这些女孩子的小心机,她严格遵循校规,穿得中规中矩。

阿特伍德所在的八年级班只有八个学生,她是其中年纪最小的一个,"长得干巴巴的,其貌不扬"。她花了很长一段时间才适应学校生活。当时的加拿大公立中学仍效仿大英帝国,学生们学习古希腊、古罗马、古埃及、中世纪欧洲、英国和美国历史。

---

① Margaret Atwood, "Theology", *Now* (26 September-2 October 1985): 29.

加拿大历史得等到十三年级才开始学习,而那时已有不少学生辍学。阿特伍德一直记得中学里的加拿大历史课本——《当今世界的加拿大》,封面上画了一架飞机,内容不外乎麦子是谁种的、大家对议会体系有多满意之类。至于文学,则只有莎士比亚以降的英国文学,学生们依然要等到十三年级才能选修加拿大文学。唯一造访过利赛德中学的加拿大诗人是年迈的威尔逊·麦克唐纳德,他每年会到学校朗诵《滑雪之歌》和《红枫树》。对中学里加拿大历史和文化的缺失,大伙儿泰然处之,相信真正的历史和文学都在国外。

阿特伍德是个全面发展的学生。她学习成绩优异,代数总得满分,植物学相当出色,还选修了法语。利赛德中学年鉴的九年级集体照下有一首诙谐打油诗:"玛丽喜欢黑眼睛男生。佩吉爱学习。约翰·B专业抓苍蝇。"[①]可见阿特伍德学习好是出了名的。她的校园生活丰富多彩,加入了校篮球队,是校"联合国俱乐部"成员,《宗族召唤》年鉴编辑,还是"三重奏"歌唱小组的一员。在十二和十三年级时,阿特伍德开始为校报《家校新闻》撰写专栏文章,她的栏目"新闻提要"旨在让同学们了解最新发生的事件:学校例会、启蒙仪式、校园选举、各个俱乐部的活动以及即将举办的舞会和体育活动。阿特伍德利用专栏报道了一些优秀女生的事迹:吉恩·马修斯和凯伦·怀特托克在《多伦多每日星报》主办的植物学竞赛中获胜;埃利诺·科布尔迪克获得了帝国石油奖学金……阿特伍德在报道时或许已暗下决心,她终

---

① *The Clan Call*, Vol. 1, No. 4 (1952-53): 87.

有一日也将成为一名品学兼优的女生,进入梦寐以求的大学深造。

阿特伍德在中学阶段就显露出导演的天赋。十二岁时,她和朋友上了一门课,学习制作牵线木偶。很快,她们便开办起"木偶生意",为孩子生日聚会演木偶剧。有一次,一位邻居的小女儿心心念念想要一场木偶戏作为生日礼物,女孩的妈妈找不到专业表演者,便来跟阿特伍德商量。阿特伍德觉得这个想法棒极了,便摩拳擦掌准备起来。她和朋友将面粉和水调成糊状,把报纸撕成条,做成木偶脑袋,刷上糨糊,然后晾干,用蛋彩画颜料着色,做出来的木偶"绿脸,模样可怕"。她们制作了一个摇摇欲坠的舞台,用一只长筒黑袜罩住后台的灯泡,模拟夜间照明。阿特伍德写的剧本通常基于童话故事,如《三只小猪》《糖果屋历险记》和《睡美人》,但她们造出的声像效果令人毛骨悚然。两个女孩的木偶戏声名大噪,甚至有公司圣诞聚会邀请她们前去表演。

十六岁时,阿特伍德在家政课上自编自导了一出关于合成纤维织物的轻歌剧,剧名为《合成织物:独幕轻歌剧》,在学校礼堂上演。她将歌剧背景设置在合成纤维织物王宫内,国王煤炭、王后和他们的三个孩子——腈纶、尼龙和涤纶——围坐在桌边喝茶。父母讨论着卓夫特和汰渍牌洗衣液的优点,孩子们则互相拌着嘴,抢着标榜自己最成熟,抱怨父母把他们当成孩子。这时,白马王子威廉·羊毛爵士来了。他有个致命缺陷:一洗就缩水。大家建议他和腈纶结婚。他们俩结合能产生华达呢。整部歌剧以讽刺幽默的基调,嘲弄了当时社会的庸俗和奢侈。

少年时代的阿特伍德多才多艺,会唱会跳会导会玩耍。她是张扬的,一旦拥有自己的立场,便会据理力争;她又是沉静内敛的,有着独特的内心世界。学校年鉴的两段描述可以概括她这一时期的个性。在十二年级照片下面,编辑以观鸟者的视角,用讽刺的手法描述一个个同窗好友,对阿特伍德的描写是这样的:"佩吉·阿特伍德,全身羽毛——波纹头羽。叫声——让我们做点有独创性的事!"①阿特伍德毕业那年,《宗族召唤》上关于她的介绍是:"佩吉的不算太秘密的抱负是写出加拿大人的小说——有那样的英语成绩,谁又能怀疑她的抱负?她的万圣节舞会通知众所周知。她写的广告歌曲《驯鹿嬉闹》是对自我的超越。"②而此时,属于阿特伍德的人生剧幕才刚刚拉开。

三、博览群书的日子

阿特伍德的父母热情好客,家里经常会有客人到访,他们的到来使阿特伍德眼界大开。访客中有父亲的朋友保罗·普罗文彻和西格德·奥尔森,他们都是科学爱好者,常和卡尔·阿特伍德一起划着独木舟出去旅行。普罗文彻是森林学家和艺术家,1853年出版了《我生活在树林里》,这是一本个人回忆录和林地知识方面的作品。阿特伍德特别喜欢普罗文彻,因为他学识渊博、幽默风趣。他在饭桌上讲述自己在北部荒野的历险,能把人逗得差点从椅子上滑下去。奥尔森出生于美国,是个环保主义

---

① *The Clan Call*, Vol. 1, No. 7 (1955-56): 28.

② *The Clan Call*, Vol. 1, No. 4 (1956-57): 87.

者,提倡保护荒野。他大部分时间都在明尼苏达北部和安大略西北部的湖泊和森林里担当荒野向导,闲暇时著书立说,主要撰写自然史、生态和户外生活方面的文章。阿特伍德十七岁时,奥尔森出版了第一部作品《低吟的荒野》,书中体现出的对荒野的热爱使阿特伍德产生了诸多共鸣,让她感受到荒野和自然在文字中的魅力。阿特伍德从这些人身上学习到的不仅仅是对科学的激情和对知识的无限追求,还有那种为了热爱的事业一往无前的精神。

少年阿特伍德最爱的是读书。只有沉浸在书本世界时,她才最怡然自得。她如同一头杂食动物,什么内容都可以"吃"下肚。在学校图书馆,她爱读埃德加·爱伦·坡的恐怖小说。在家时,她偷偷溜到地下室,对父亲的书架"扫荡"一通。父亲是个历史迷,地下室到处堆满了历史书。于是,阿特伍德在十二岁时读了纳粹德国陆军元帅隆美尔的传记,在十四五岁时读了丘吉尔关于战争的五卷本著作。

父亲的书架上还有一类书,是关于森林知识的,有些由父亲认识的人撰写而成。或许是因为这些书与阿特伍德童年时代的生活非常贴近,能让她产生自然而然的亲切感,她总是百读不厌。它们和奥尔森以及普罗文彻的书一起,充实了阿特伍德的课外生活。

阿特伍德对两位作家的作品特别痴迷。其中一位是埃尔斯沃思·耶格,他的著作《原始林知识》是一本丛林生活指南,里面附有精美的插图。耶格对历史有着精准的描写,他深入研究了19世纪的生活,以优美的笔触描绘了那个时候的人们处理日常危险的手段以及依赖双手和智慧赢得的生存技巧。他在《原始林知识》中指导读者利用自己的技能和创造力在野外求生,其中包括如何生火,如何划独木舟,如何使用刀斧,以及如何利用手头的材料搭建窝棚。

《原始林知识》对青少年有着特殊的吸引力。耶格在书中教育小读者们千万不要在大树下搭建营地,因为闪电极其危险。他解释了冬夏季节在丛林里扎营的方法:冬天的营地最好要面对悬崖,因为悬崖能将热量反射进帐篷。他教孩子们几种生火的方式,像弓钻打火棒、泵式火钻和火锯等都非常实用;他教孩子们辨别鸟兽的"声音",描述该怎样呼唤驼鹿、麝鼠和河狸等。书中有一章标题是"迷路",开头写道:"记住,你没有迷路。你只是无法找到营地而已。"①给野外探险的人树立信心。

书中最吸引阿特伍德的是一长串对丛林食物的描写,包括坚果、可食根和菌菇。搬到城里后,她依然有机会每年夏天随父母去丛林生活一段时间。她常常对照耶格的作品,兴趣盎然地辨认、采挖、烹煮和品尝各种天然食品。她还和哥哥试着用狼尾草的花粉做烙饼,用河泥制作陶罐。对阿特伍德而言,书本描述的世界是一回事,对知识的试验和实践是另一回事,由此可见她严谨的科学精神。这些知识在她日后的写作生涯中得到了充分的展现。《浮现》里的无名女主人公擅长林地生活,她是划独木舟的一把好手,能够不靠地图观察丛林状况,懂得天气变化形势,还能辨别各种类型的动植物。

---

① 转引自 Rosemary Sullivan, *The Red Shoes*: *Margaret Atwood Starting Out*: 51.

阿特伍德迷恋的另一位作家是19世纪的欧尼斯特·汤普森·西顿。西顿是个造诣深厚的博物学家，爱好神话传说，他曾写过不少游记，但最出名的还是动物小说，他将神话元素和科学知识融入动物小说，这使他的作品充满魔力，各个年龄层次的读者都爱阅读，尤其吸引孩子。

阿特伍德对西顿的第一部小说《我所知道的野生动物》爱不释手，这是一本从动物视角讲述的动物们自己的故事，向读者打开了通向动物世界的神秘大门：这些动物有理智、有感情，甚至有着悲剧英雄般的气质，彰显了生命的尊严。西顿在前言中写道："既然动物拥有想法和感情，只不过在程度上与我们的不同，它们肯定拥有自己的权利。"[1]这句话深深镌刻在阿特伍德脑海里，对她的创作具有很大影响。她喜欢描写动物，她笔下的动物大多有着悲剧式的命运，在人类文明的匆匆脚步下走向消亡，比如《浮现》里受残害的动物：加油站油泵平台上陈列的被剥了皮的驼鹿，它们披着人的外衣，后腿用金属丝固定，以招揽顾客；森林里被杀戮的苍鹭，脚被蓝色尼龙绳缚住，头朝下吊在一根树枝上，翅膀张开，垂落下来，被捣碎的眼睛注视着过往的行人。比如《彼国动物》中的悲情动物："在这个国家动物/具有动物的/脸/它们的眼睛/在汽车前灯的光照中闪现一下/便消失不见/它们死得并不优雅/它们的脸/不属于任何人。"[2]阿特伍德对动物

---

[1] Ernest Thompson Seton, *Wild Animals I Have Known*, 1898, Toronto: McClelland & Stewart, 1991:iv.

[2] Margaret Atwood, *The Animals in That Country*, Toronto: Oxford University Press, 1968:3.

有着无法割舍的同情和关爱,这与她早年的丛林生活有关,但也不可否认西顿作品对她的熏染。

有书相伴的日子总是过得充实而愉快,阿特伍德在知识的海洋里遨游,一点一滴地汲取书中的营养。这些书籍在潜移默化中融入她的骨血,让她的内心变得坚韧而丰盈,铸就了今天独一无二的作家阿特伍德。

四、少女艺术家的烦恼

阿特伍德十岁左右时去参加同学的生日会,同学家长请小朋友们看了场电影《红菱艳》。阿特伍德一直记得自己在电影院的感受,她的心情随着电影情节的发展而跌宕起伏。《红菱艳》讲述了女艺人维多利亚·佩姬的故事,她凭着努力和天分成为著名芭蕾舞演员,与作曲家朱利安相恋,陷入事业与爱情的两难抉择。阿特伍德为佩姬的翩翩舞姿所倾倒,同时又为她的悲剧命运沮丧不已:她冲出剧院追赶丈夫时被迎面而来的火车轧死。这部电影令阿特伍德幼小的心灵饱受冲击,她隐约从影片中得到了这样的信息:如果你是女孩,就不能既成为妻子,又成为艺术家。

在20世纪50年代中期的北美大陆,女孩子们从十五岁起便开始考虑嫁人生子的事。当时的社会学家、心理学家和时尚巨擘纷纷鼓吹婚姻的重要性,有些美国大学甚至设立了婚姻系,开设婚姻课程,婚姻指导类手册在市场上卖得相当火爆。据统计,在二战后十年里,北美大约发行了一千多册此类书籍。① 根据书中的说法,女人的成功就是拥有成功的婚姻,她们最好在二十至二十四岁之间把自己嫁出去,生儿育女,否则就成了没人要的老姑娘。深受加拿大女性喜爱的《淑女之家杂志》和《城堡女主人》主推优雅生活类文章,里面刊登的故事大多以婚姻作为美满结局。一些妈妈对受过教育的女儿们的传统建议是:找个有稳定收入的男人,不要指望太多;任何职业都是权宜之计;既然只有美貌才是最有用的婚姻赌注,如果不是大美人,最好不要太野心勃勃……

对于自己的人生之路,阿特伍德也时常感到迷茫。她觉得自己应该有一份职业,起初,她想做画家,想当植物学家。进了中学后,她觉得应该自己养活自己。当时的指导类书籍列出了五种面向女孩的职业:护士、教师、空姐、秘书和家政。阿特伍德决定主攻家政,因为这份职业收入相较其他几种要可观些。为此,她选修了家政课,凭着自己的独创性和想象力取得了不俗的成绩。比如,她会拆掉所有的拉链,设计出自己的裙子;比如,当别的女生在织物上使用花纹时,她则大胆采用橘色和绿色,画上类人猿和蝾螈等动物形象……如果阿特伍德朝着这条路走下去,没准世上就多了位著名时装设计师。

然而,在内心深处,她总觉得这样的职业选择缺少了点什么。她的世界属于书,也只有书能充实她的灵魂。十二年级时,学校来了位英文老师比林斯小姐,她的文学课生动有趣,颇具特

---

① 转引自 Rosemary Sullivan, *The Red Shoes: Margaret Atwood Starting Out*:70.

色,阿特伍德完全被吸引了,她第一次觉得自己或许可以追求一种文学生活,在这一想法的推动下,她渐渐远离了家政课。根据阿特伍德自己的描述,1956年的一天,阳光灿烂,毫无任何预兆,她"成了一名诗人"。那一天,她正走在足球场上,"不是因为我想去运动,也不是想去更衣室后面抽烟……而是因为这是我正常放学回家的路。我像往常一样悄无声息地快步走着,没有任何杂念,这时一根隐形的拇指从天而降,按在我头顶心。一首诗歌形成了。这是首相当忧郁的诗;年轻人的诗歌大体如此。这首诗是礼物——匿名人士馈赠的礼物,也因此既令人兴奋又邪恶不祥。"阿特伍德在这个意义重大的日子创作的诗歌虽然没什么价值,却具备诗歌的特征:有韵律,有格律,与拜伦和艾伦·坡的诗相似,又有点雪莱和济慈的味道。事实上,那时候的阿特伍德对20世纪的诗歌知之甚少,她几乎没有听说过现代主义和自由诗。而她不知道的事情还远不止这些,她接下去写道:"例如,我不知道自己正要跨入一整套与诗人有关的成见和社会角色之中,他们是什么样子的,他们该如何表现……我十六岁时,世界很简单。诗歌存在,因此可以将它写下来。没有人告诉过我——尚未有人告诉我——那许许多多不能由我来写诗的原因。"[①]

当她在学校自助餐厅向几位女友宣布自己想当作家的消息时,朋友们一下子安静下来,谁也不说话。一位朋友在多年后告诉她,大家都很震惊,倒不是因为阿特伍德说了什么,而是因为

---

① Margaret Atwood, "Under the Thumb: How I Became a Poet", *Utne Reader* (September-October 1996): 79.

她有勇气大声说出来。

阿特伍德的父母非常开明,他们觉得当时的婚姻市场完全没有道理,女孩子应该接受良好的教育,拥有自己的事业。但阿特伍德的抉择也让父母感到惊愕:她如何靠写作来谋生呢?作为经历过大萧条的一代,他们深知人需要一份正式职业,以防万一。但是,即便他们认为她的抉择从经济角度来说不明智,却并未阻止她去追求梦想。她母亲还是那句话:"没人指导佩吉。我觉得没人能指导佩吉。"

周围的其他大人却不这么想,他们无法理解阿特伍德写作的愿望,认为这只是成长阶段的怪念头,到了一定年龄自然就消失了。她母亲的一位朋友说道:"嗯,很好,亲爱的,因为你可以在家做这件事,是吧?"阿特伍德无法忍受这样的看法,她感觉到了孤立:"你觉得别人都不同意你的想法。(你被视为)疯狂、奇怪、古怪、乖僻、脑瓜子太灵光。"①那个时候,她是多么希望除了父母之外,能有人支持她的写作梦啊。

少女艺术家陷入了前所未有的烦恼之中:"当我开始写诗时,我没有读者,也想象不出有哪个人会成为读者……那是1956年,女孩们的正确姿态是收集些瓷器等着嫁人,尽管我身边的朋友打破了这一成规——一个想当医生,一个想当心理学家,一个想当演员——但没有人想成为诗人……我有个模糊的念头,我想写作,但不知道会不会有人愿意读……起步时没有资质是件

---

① Jim Davidson, "Where Were You When I Really Needed You", Earl Ingersoll, ed. *Margaret Atwood: Conversations*, London: Virago Press Limited, 1992:96.

可怕的事。"①阿特伍德隐隐明白,写作对她就像一场赌注,因为她无法证明自己是否拥有这方面的能力;此外,《红菱艳》所渲染的结局深深影响了她,电影中的佩姬命运多舛,而现实生活中有许许多多这样的佩姬,她们是一群既不健康也不快乐的女人:"古怪(如乔治·艾略特和柯蕾特)、未婚(如简·奥斯汀和艾米莉·狄金森)、孤独(如克里斯蒂娜·罗塞蒂),或者患有临床忧郁症,到了要自杀的地步(如弗吉尼亚·伍尔芙、西尔维娅·普拉斯和安妮·塞克斯顿)。"②阿特伍德在潜意识里认定,作家和结婚生子无法两全:"你不可能既为人妻母又做艺术家,因为任何一种身份都需要全身心投入。"③然而,在那样一个崇尚婚姻的年代,十六七岁的她觉得自己仍无法免俗,毕竟,放弃婚姻代价太大。

到底该怎么办?阿特伍德站在了人生的十字路口,一条路通向作家,充满了不确定因素;一条路通向婚姻,相夫教子,平淡地走完一生。阿特伍德选择了前者,她不希望自己早早被困在婚姻里,与尿布奶瓶斗争。自打那根从天而降的拇指按在她头顶起,写作便成了"一切事情的答案,感觉棒极了"④,因此,哪怕撞得头破血流,她也要努力实现梦想,写出"加拿大人的小说"。实现梦想的第一站便是大学,她要在大学里丰富自己的心灵,磨砺自己的心志,提升自己的修养。

---

① "Poetry and Audience", Atwood Papers, Box 56, File 2.
② Margaret Atwood, "The Curse of Eve or What I Learned in School", *Second Words: Selected Critical Prose*:224.
③ Margaret Atwood, *Negotiating with the Dead: A Writer on Writing*, Cambridge: Cambridge University Press, 2002:85.
④ 同上。

第三章

维 院 之 花

一、小 试 锋 芒

1957年,阿特伍德不负众望,获得奖学金,前往多伦多大学维多利亚学院学习。维多利亚学院前身是上加拿大学院,创立于1836年。学院门楣上方用哥特式字体篆刻着院训"真理赐你自由",正门两侧的纪念匾上刻有一百五十四位在两次世界大战中阵亡的学生名单。维多利亚学院英语系阵容强大,其中最响当当的人物是批评家诺思洛普·弗莱,此外还有著名女作家杰·麦克弗森。

20世纪50年代末,"垮掉运动"之风正从美国刮向它的北方邻国。在不少加拿大校园里,一部分男生身穿夹克,打着领带,女生穿羊毛衫,涂红色唇膏,戴珍珠耳环,登高跟鞋,配有缝的尼龙长袜。他们要么在公共休息室喝咖啡打桥牌,要么在足球场上一边挥舞学生旗,一边大口喝着藏在校运动衫下的银色瓶子里的酒。

初进维多利亚学院的阿特伍德就像个"乡下妹",校园里几乎所有的一切都叫她生畏,"红色唇膏和珍珠耳环使我犯怵,还有黑色高领毛衣……我总是怀疑有什么东西,什么秘密,是别人知道而我却不知道的。"① 尽管如此,她并没有受"垮掉运动"影响,依然我行我素,穿深色衣服,黑色长筒袜,头发塞进圆发髻,素面朝天。桥牌什么的对她缺乏吸引力,除了课堂,她最常去的地方是图书馆。

对于像阿特伍德这样颇具潜力的学生来说,维多利亚学院再适合她不过了。学院里到处都是才华横溢的怪人,还聘请了女教授,这一点即便是以思想自由著称的大学学院都做不到。在 20 世纪 50 年代,女性外出工作的权利仍是加拿大媒体广泛争议的热点。1951 年之前的加拿大,法院陪审团没有一位女性成员。1958 年,众议院只有两个席位给了女人。直到 1967 年莱斯特·皮尔逊的自由党政府组建妇女地位皇家专门调查委员会,妇女的法律权益才被提上议程。在当时,多数大学里,人们承认女性接受教育有其合理性,因为这种方式"能够培养出更有智慧的妻子和见多识广的母亲"②;男教授们的普遍想法是:女大学生在拿到学位后还会回归家庭主妇的行列。在维多利亚学院英语系,阿特伍德接触到了一批思维活跃、思想前卫、自立自

---

① Margaret Atwood, "Fifties Vic", *CEA Critic* 42.1 (November 1979): 19.

② Margaret Atwood, "The Curse of Eve—Or, What I Learned in School", *Second Words: Selected Critical Prose*: 216.

足的女性,宽容的氛围滋养着她,如同一片肥沃的土壤,让她生根发芽,在日后盛开娇娆的花朵。这一切或许她当时感觉不到,但多年以后再回首,那种潜移默化的作用对她的一生具有何其重要的影响。

英语语言文学专业共七名新生,其中五个女生,两个男生其中包括后来的著名诗人丹尼斯·李。他们学习古英语、美国文学、莎士比亚戏剧……阿特伍德担心主修英文课程会使视野变得狭隘,便又修了哲学,因此,她的第一个学年过得异常忙碌,充满了令人兴奋的学术挑战。这一年,阿特伍德也正式实现了她的文学抱负。

1958年3月,阿特伍德向《维院风采》投去的一篇故事得以采用。《维院风采》是一本精心制作的高水平期刊,每年刊出两到三期,主要刊登教授和学生的论文和创作。阿特伍德的这个故事名为《水晶鞋》,共两页,是一篇非常有趣的小小说:一名年轻女子穿着双亮闪闪的高跟鞋站在公共汽车站台上,两位严肃的老妇不满地瞧着她。故事中有这样一段描写:"她慢慢地来回踱着步,微微转动闪闪发光的弓形双足,两个身陷在长凳里、高大肥胖、衣着朴素的老妇一下黯然失色。她们是实体的社会,她们的不赞同就像一顶王冠压在她头顶。"①阿特伍德利用轻松有趣的语言,发掘出具有想象力的细节,用高跟鞋象征战斗武器,对固若金汤的中产阶级行为规范进行抨击,使人为之一振。作为一名本科新生,阿特伍德已经具备了作家的批判本能。小小

---

① Margaret Atwood, "The Glass Slippers", *Acta Victoriana* 82.3 (March 1958): 16.

说发表后,阿特伍德兴奋不已:"故事在《维院风采》上登出后,我简直惊呆了……回想起来,没有哪篇作品的发表能比这更让我满意。"①这篇小小说应该可以算作阿特伍德的短篇故事处女作,它的刊登给了她足够的信心,去尝试写更多更好的作品。

从第二学年开始,阿特伍德参加了学院的各种活动,比如为时事讽刺剧修改脚本,编写短剧,在剧中唱歌表演。这一年,《维院风采》刊载了她的两则故事。1958 年 12 月,她发表短篇小说《朝圣》,一位女青年回母校看望小学老师,老师当年的冷漠摧毁了她孩提时代的信心,破坏了她的生活。如今,这位老师年近花甲,她身上散发出一种薰衣草香水的味道:"她那优雅的、年轻得令人惊讶的双手或许多年来一直交叠握放在凉爽的雪松抽屉底部。"②简简单单一句话洋溢出淡淡的讽刺,同时洋溢的还有作者潜藏的写作天赋。第三篇小小说是《一月的陈词滥调》,发表于 1959 年 2 月,讲述了一个年轻姑娘在公共汽车上偶遇邻居的经过,人物刻画老到,心理描写细致。这则故事沿袭了上两个故事中的冷嘲式幽默,这也是阿特伍德后来作品的一大特色。

自 1958 年秋季起,丹尼斯·李成为《维院风采》主编之一,阿特伍德开始了与他的合作。当年的 12 月刊,阿特伍德荣登刊头,并为这一期设计了封面,那是一幅具有哥特色彩的维多利亚学院画像,黑色的轮廓,煞白的树影,看起来相当邪恶,仿佛在召

---

① Margaret Atwood, "Fifties Vic", *CEA Critic* 42.1 (November 1979): 20.
② 转引自 Rosemary Sullivan, *The Red Shoes: Margaret Atwood Starting Out*: 94.

唤幽灵。李与阿特伍德的合作非常愉快,两人用各自的姓合起来,编了个假名"莎士比特·李特伍德",撰写讽刺作品。他俩在第一次合作时探讨了现代诗歌中的流行元素。阿特伍德称之为"疯狂的文学玩笑,源自二年级生的幽默感"。

到了第三学年,阿特伍德已成为校园名人,不仅因为她在文学期刊《维院风采》上发表了几则故事,而且她用丝网印刷出了令人赞叹的戏剧节目海报,在校园里风行开来。此外,她还参与了戏剧俱乐部的表演,在本·琼森的《沉默的女人》中扮演一个小角色,她的喜剧细胞给人留下了深刻印象。

此时,阿特伍德开始向外面投稿。她已经发现诗歌拥有读者市场,虽然读者群比较小,但还是值得一试。在当时全国发行的期刊里,仅有八家接收诗歌,其中包括米尔顿·威尔逊主编的《加拿大论坛》和乔治·伍德科克的《加拿大文学》。《加拿大论坛》于1959年9月和11月分别刊登了阿特伍德的两首诗《成果》和《小安魂曲》。威尔逊对后者的评价是"……它拥有相当残忍的魔力"[①]。童年时代的阅读已经开始在阿特伍德的文字中显露端倪,那些阴郁的气氛、灰暗的色调和诡谲的画面无不透露出《格林童话》等作品对她产生的影响,这也成为阿特伍德诗歌独特的魅力。

在《加拿大论坛》上发表诗歌之前,阿特伍德一直认为自己未来也就是在小杂志上刊发一些东西,"如果非常幸运的话,或许能出一本书"。她同时也是个理想主义者,从未想过靠写作谋

---

① Milton Wilson, "Letter to Margaret Atwood", Atwood Papers, Box 1, File 84.

生,她写作纯粹是为了写作,用她的话来说,"我想成为一名伟大的作家"。① 阿特伍德甚至有些幼稚地觉得,所有浪漫的天才诗人在三十岁前都会死去,就像济慈和艾米莉·勃朗特:"男人是得了结核病的天才,女人则不知怎的要么遭毁、要么变得乖戾、要么有自杀倾向。如果不是那样的话,他们就不是真正的作家。差不多就是这样,用死亡来证明自己。"②想当伟大作家的阿特伍德认为自己也不会例外,活不过三十岁,因此,她要抓紧时间多写东西,以免空留遗憾。

杰·麦克弗森与阿特伍德建立起了亦师亦友的关系,她的家中有很多加拿大诗歌方面的藏书,阿特伍德有一段时间住在她家中,把玛格丽特·艾维森、P.K.佩琦和詹姆斯·雷尼等诗人的作品几乎读了个遍。阿特伍德觉得自己很幸运,在二十刚出头时便发现了加拿大的文学传统:"这是件极其令人兴奋的事,因为它意味着这个国家的人在写作,不仅如此,他们还在出版作品。如果他们可以出版书籍,那么我也能。"③

麦克弗森印象中的阿特伍德经常穿一件棕色冬衣,很少脱下,走起路来微微弯腰,步速很快,"她本意是不想引人注目,结果反而更引人注目。"麦克弗森认为阿特伍德在写作方面极富天

---

① Beatrice Mendez-Egle, "Witness Is What You Must Bear", Earl Ingersoll, ed. *Margaret Atwood: Conversations*:165.
② 同上,226。
③ Graeme Gibson, *Margaret Atwood*, *Eleven Canadian Novelists*, Toronto: Anansi, 1973:11-12.

资,似乎拥有"神谕的触摸"。① 她一步步见证阿特伍德在四年的时光里,如同一颗冉冉升起的新星,即将散发耀眼的光芒。

二、遇见弗莱

诺思洛普·弗莱是20世纪屈指可数的大师级理论家和思想家,1951年入选加拿大皇家学会。在阿特伍德进入维多利亚学院的第一年,弗莱出版了《批评的剖析》,一跃成为世界级大师,并于1958年获得皇家学会颁发的皮尔斯奖章。

在走进维多利亚学院之前,阿特伍德根本不知道弗莱是何人。当年,利赛德中学的英文老师比林斯小姐建议她考虑维多利亚学院,因为"那里有个叫诺思洛普·弗莱的人",懵懵懂懂的阿特伍德虽然"从未听说过他",还是听从了比林斯小姐的建议。

在维多利亚学院,弗莱是个神一般的人物,大多数人见到他都会望而却步。他矮矮胖胖,总是身穿一套灰色西服。日常生活中的弗莱拘谨腼腆,不善言辞,据说如果有人不幸跟他同坐一台电梯,那会是件极其痛苦的事。但到了课上,他变得滔滔不绝,慷慨激昂。学生们在背后偷偷称他为"诺里"。

阿特伍德与弗莱的第一次相遇和大多数人一样,那是在一间课堂里,阿特伍德旁听他著名的《圣经》课,当时这门课被所有文学专业的学生奉为经典。阿特伍德不知道自己期待的是什么,"或许是雷鸣,或许是有传奇色彩的会说话的雕塑",而出现

---

① 转引自 Rosemary Sullivan, *The Red Shoes: Margaret Atwood Starting Out*: 93.

在大家面前的却是一个"谦逊的,微微发胖,有点衣冠不整的人,头发有些蓬乱,狄更斯式的眼镜后面是一双极其锐利的眼睛"。①

第三学年,阿特伍德选修了弗莱的米尔顿课程,开始真正近距离地接触大师。在她的记忆中,弗莱不是在"教"米尔顿,而是在表演:"他站在教室前面。他往前走一步,把左手放在桌上,再往前走一步,把右手放在桌上,后退一步,拿开左手,再后退一步,拿开右手,接着重复这个模式。他在这么做的过程中,美好的文字整句整句、整段整段地从他口中倾泻而出。他不像我们大多数人会说'嗯',不说半拉的句子,也不会更正自己的话。我从未听别人这么说过话。就像观看魔术师从帽子里变出鸟儿。你总是想从弗莱身后绕过去,或者朝桌子底下看,瞧瞧他是怎么做到的……"②

弗莱的授课方式属于非传统型,在面无表情的讲演中,他会略带顽皮地进行跳跃式教学,从《圣经》转到威廉·布莱克,然后突然转向连环漫画和流行歌曲。他的阅读面很广,上知天文,下知地理,一堂课下来,学生们会感觉在知识的海洋里遨游了一遍。他在课上不时提到《维院风采》,这份他在本科期间主编过的期刊。阿特伍德在得知弗莱读过她在《维院风采》上的作品后特别兴奋:"在一个省会城市里,写作要么是不道德的,要么是没价值的,(弗莱的肯定)的确是种保护。"③

---

① Margaret Atwood, "The Great Communicator", *Globe and Mail* 24 (1991): C1.

② Margaret Atwood, "Northrop Frye Observed", *Second Words: Selected Critical Prose*: 400.

③ 同上,401。

阿特伍德惊奇地发现，弗莱对加拿大文学和加拿大作家极为重视。他为《多伦多季刊》撰写《加拿大的文学作品》，在《加拿大论坛》上评论加拿大诗歌。他本可以离开多伦多这个偏于保守的城市，却还是选择留在了维多利亚学院，因为他相信对于一位教育家来说，最好的做法便是扎根于自己脚下的土地。

弗莱对艾米莉·狄金森的评论令阿特伍德尤为叹服。他既没有把她看作白衣女神，也没有视她为神经官能症患者，在他眼里，她是一位专业作家。至于正统派质疑她是因为精神疾病才躲进阁楼的说法，他建议人们从另一个角度来看待这件事："阁楼能让她写出诗歌，只有通过这种方式，她才能创建写作环境。"阿特伍德对此颇为赞同："他没有假定你是因为有问题才写作，他认为写作本身是件好事，如果你为了实现这个可能性必须重新安排生活，那就照你的想法去做。"①这对有志于写作的阿特伍德而言是极大的激励，她甚至开始想象自己毕业后找份工作，租个阁楼，躲在里面创作。

大学四年生活快结束时，阿特伍德和弗莱在校园里相遇，两人之间有了一场简短的对话。阿特伍德在回忆 20 世纪 50 年代的维多利亚学院时写下了那次会面的情景：

"你接下去想做些什么？"（弗莱）问，我们站在走廊里，都盯着脚下的地面。

我说我会去做一些适合那个时候的加拿大年轻作家做的事：比如去英国做女招待，这样的话，晚上就可以躲在阁楼里撰

---

① Margaret Atwood, "Northrop Frye Observed", *Second Words: Selected Critical Prose*:401.

写伟大作品。

他说他认为去研究生院会更有成效,因为我会有更多时间写作。

我问,那样做合乎道德吗?

他说他认为是的。不管怎么说,他觉得靠奖学金支撑写作或许不那么累人。①

弗莱给阿特伍德写了一封推荐信,举荐她前往哈佛大学继续深造。阿特伍德是幸运的,她在人生抉择的重要阶段遇见了一位导师,为她指明了目标和方向,使她未来的道路少了些坎坷。

有人说,是弗莱塑造了阿特伍德,阿特伍德却委婉地否认了这一点。的确,他们俩之间有不少相似之处。首先,他们几乎什么书都读,两人都读过《格林童话》,了解神奇女侠和蝙蝠侠这些文化偶像,熟知《圣经》语录;其次,他们的家族都来自滨海省份,阿特伍德知道那种"面无表情的讲演",那种带着讽刺意味的单调声音下其实掩藏着顽皮的、有时是枯燥的笑话,还有那种在社交礼节中的不安:这些也是她的家族传统。② 但他们之间又有着很多不同的观点,最大的不同是对自然的态度。弗莱在很大程度上是"反自然"的,他认为自然并非人们真正的家,"人们从自然中爬出来,是为了变得文明——因此,从根本上说,人们必

---

① Margaret Atwood, "Northrop Frye Observed", *Second Words*: *Selected Critical Prose*: 19.

② Margaret Atwood, "Fifties Vic", 21.

须离开花园"①;而阿特伍德是"亲自然"的,她长于自然,对自然有着刻骨铭心的热爱。也正因为如此,阿特伍德不止一次指出,弗莱对她的创作没有直接影响。在阿特伍德看来,弗莱不会"将自己的影响施加给他人",他最大的影响在于对艺术的态度,"在那个时候的加拿大,人们普遍没有认识到艺术的重要性,他认识到了,他拥有强有力的话语权,所以那些正在做艺术的人觉得自己还没有彻底疯狂"。② 他的存在便是对艺术家最大的支持。

弗莱和阿特伍德,这两个加拿大最著名的公共知识分子曾经在同一个时空熠熠发光,维多利亚学院留下了他们的声音和足迹。不管两人之间有多少相似和不同,弗莱永远是阿特伍德的老师,他们也曾为了一个共同的目标——"塑造加拿大身份"——而努力,为20世纪六七十年代的"加拿大文学繁荣"做出了杰出贡献。

三、大自然佩吉

上了大学之后,阿特伍德自食其力,为了供自己读书,她每年暑期都外出打工,多数时候是去夏令营。她曾为有生理缺陷的孩子担任领队,在乔治亚湾的胡安塔里奥营做过女招待。这些经历为短篇小说集《荒原警示录》提供了背景信息:女招待的

---

① Nick Mount & Margaret Atwood, "Interview: Elephants Are Not Giraffes: A Conversation with Margaret Atwood, More or Less about Northrop Frye", *University of Toronto Quarterly* 81.1 (Winter 2012): 66.
② 同上,64。

故事、通俗杂志、性爱与背叛、孩子溺水……

大二结束时,阿特伍德通过邻居克罗尼克牙医找到了一份工作。克罗尼克医生的哥哥在多伦多东北部哈利伯顿地区经营着一家招收犹太儿童的夏令营——白松营,其广告语是:"美丽的哈利伯顿,白松营时刻阳光普照。"营地包括工作人员在内至少有六百人,有四十二间为营员准备的小木屋。阿特伍德的职责是设计自然课程。

白松营是改革派犹太教夏令营,男女同营。当时,大部分夏令营着眼于培养营员在游泳、马拉松、徒步旅行和划独木舟方面的能力,白松营则更注重提升营员的社会意识。这是时代发展的产物,二战及二战直接后果给多伦多犹太社区造成的恐惧逐渐被20世纪50年代巨大的经济繁荣所调和。许多生长于市中心士巴丹拿街血汗工厂的人终于有能力迁居到北部艾灵顿大道上富足的犹太区。同化的氛围在社会上蔓延,犹太人正以前所未有的态势全面融入社会文化建设。

白松营的很多孩子都来自改革派犹太教家庭,其中一位是查理·帕彻尔,日后加拿大最杰出的视觉艺术家。当时他还不到十六岁,是营地的工艺美术主任助理。阿特伍德在那里与他相遇,随后与他建立起长达几十年的友谊与合作。

阿特伍德在营地被大伙儿称为"大自然佩吉"。她工作的地方是"大自然营房",一个阴湿的小窝棚,曾做过工具房,位于泥泞不堪的沼泽地边缘,蚊虫肆虐。帕彻尔记得他们第一次见面的场景:"她穿着橡胶靴,一件有点炫酷的衣服,裹了块头巾。她坐在那里,四边围了一圈孩子,想让他们摸她手里抓的一只蟾蜍。这节课的内容是——摸蟾蜍不会长瘊子。孩子们都在大叫'嗷,嗷,我可不想碰',她叫我过去。'来,你来摸。'她说道。"① 帕彻尔迟疑着答应了。他认为阿特伍德身上有一种不同于其他女孩的奇特力量,吸引着他不由自主地想靠近她。阿特伍德能回答关于森林和营地方面的几乎所有问题。他俩常常坐在码头,一边拍打蚊子一边谈天,他向她述说学校里发生的令人沮丧的事,比如艺术老师给了他不及格,她则安静地聆听,然后提供一些充满想象力的报复方式。在少年时代的帕彻尔看来,阿特伍德就像是他的缪斯,能激发自己的创造性,使自己的思维变得空前活跃。阿特伍德则经常被他逗得哈哈大笑,两人都能从对方身上获取灵感,这种感觉将他们维系在一起,使他们成为一辈子的朋友。多年以后,帕彻尔画了一幅"大自然佩吉"的肖像:双肩长出毛细血管状的粉色翅膀,戴着副昆虫眼的墨镜,伸出的双手里捧着一只毛虫,脸上是充满诱惑的、带着点邪恶的笑容。阿特伍德则创作了一首诗歌《猫头鹰和猫咪》,来纪念两人的长期合作。诗中那个"毛发渐渐脱落"的猫头鹰是帕彻尔,"患了关节炎"的猫咪是阿特伍德。

阿特伍德将自己在白松营的职责描述为"自然辅导员"。她大部分时间都在和蛇、蜗牛、蜥蜴、青蛙和蠕虫打交道。孩子们会大声嚷嚷着跑过来:"瞧我抓到什么了。"她会把紧紧攥在他们手心里的生物解救出来。为了留住孩子们的兴趣,她不时组织

---

① 转引自 Rosemary Sullivan, *The Red Shoes*: *Margaret Atwood Starting Out*: 82.

一些知识竞赛,奖品是她在营地厨房糕点师帮助下制作的有青蛙、蜘蛛和蝾螈形状装饰的蛋糕。

阿特伍德负责的是七岁和八岁的营员。一天晚上,她回到营房,发现地上有一堆粪便。她心里怀疑是某某人干的,但又没办法证明。她清理完粪便,向主管汇报了情况。主管走进营房,把孩子们排成一行,严肃地说道:"哥们儿,你们都知道我在说什么。赢得尊重是生活中顶顶要紧的事。我会下去一个个悄悄询问是谁干的,我会尊重那个说是自己干的人。我希望那个人坦白。"阿特伍德退到了走廊上,当主管出来时她问道:"呃,是爱德华吗?"主管看着她,满脸无奈:"他们都说是自己干的。他们都想赢得尊重。"

每一年,营地都会留出三天"非例行活动"时间,辅导员们在此期间组织全营范围的节目,通常是些令人兴奋的戏剧性事件,营地里一派狂欢气氛。有一年,他们决定来一场外星人入侵游戏,并派人去哈利伯顿消防局借来了防火套装。半夜时分,警报响起,营员们在睡梦中被叫醒,纷纷爬下床,穿着浴袍和拖鞋,跌跌撞撞来到主操场。辅导员们奔走宣告:"火星人来了。"两个身穿防火服的人从一堆烧得很旺的营火那里出现了,嘴里喊着:"我们来自某某星球,地球人坏事做绝,我们决定给你们七天时间讲和。"有个声音从扩音喇叭里传来,宣布多伦多已被占领,他们已经和哈利伯顿警察局联系上,大家不要担心,接下去几天只要和外星人和平共处就没问题。有些小营员吓得哭起来,但其中一个孩子大声叫道:"那是菲尔。"①

在轻松愉快的营地生活背后,阿特伍德接触到了它隐秘的一面。厨房里有一个专门削土豆的人,手臂上文着数字。人人都知道他在那里,但谁都不去谈论他。他是"被避讳的人"。战争和集中营依然是个疮疤,人们不愿去提起。围绕着这个人所产生的情感十分复杂:既敬畏又恐惧,敬畏他能在战争中幸存下来;恐惧战争,恐惧人性中的恶。

白松营也让阿特伍德窥探到一个微观的文化世界。营里有好几代犹太人:营地经营者、民粹主义的后代、辅导员,以及来自多伦多富人区的孩子。年长一些的人教孩子们唱西班牙内战歌曲。阿特伍德不懂得这背后的传统,觉得只是些歌曲而已。但它们产生的影响却在无形中刻入骨髓,培养了她的政治敏锐性。从犹太人到世界上的其他受害者,他们后来成了她作品关注的主要元素。

人的一生会经历很多事,遇到很多人,看见很多景,当时或许并不觉得有多重要,以为仅是似水流年里的浮光掠影,然而当你走着走着,某一刻偶然回首,却发现那些原本的细枝末节已成为生命中挥之不去的色彩。"大自然佩吉"是阿特伍德青涩年华里的一段插曲,那段打工经历是她观察社会、体察人心的窗口,是她写作生涯的前奏,是华丽篇章的序曲。

---

① 转引自 Rosemary Sullivan, *The Red Shoes: Margaret Atwood Starting Out*: 84-85.

四、波希米亚使馆读诗

阿特伍德成长的多伦多是个思想保守、带有清教色彩的城市：禁止开设路边咖啡馆，公共节日几乎为零，市政法甚至禁止人们在后院喝啤酒。20世纪50年代末，多伦多开始发生一些质的变化，一场文化革命有声有色地展开了。新的爵士乐俱乐部如雨后春笋般成立，民谣现象渐渐在一些地方抬头，贝街的汉堡之家和阿斯奎思街一间旧马车房里的一楼俱乐部中聚集了一批文化逃避者……在这种激情萌动的氛围下，1960年6月1日，在杨街西面的一间仓库里，波希米亚使馆开张了。

波希米亚使馆并非真正的使馆，尽管偶尔会有人写信咨询办理签证事宜，给这处地方增添了一丝神秘气息。波希米亚使馆创办人唐·卡伦年纪不到三十岁，是加拿大广播公司电视新闻部的一名文书，职责是撰写周日晚间国内新闻报道。当时广播公司员工午餐时间大都聚在贾维斯街的名人俱乐部，吃吃喝喝，谈天说地。卡伦的想法是创办一个可以替代名人俱乐部的无酒精夜间俱乐部。电视新闻部的五位员工每人出资一百加元，波希米亚使馆诞生了。卡伦在大学街的伊顿百货买了两套附带十四个杯子的铝制渗滤式咖啡壶和一个电炉，并印制了广告传单，前往大学体育场的足球比赛场地，一边分发传单一边宣传："您想来点颠覆式文学吗？"[①]

[①] 转引自 Rosemary Sullivan，*The Red Shoes*：*Margaret Atwood Starting Out*：101.

波希米亚使馆是一间私人俱乐部。由于警察不喜欢这种工作时间之外的聚会,他们试图关闭这地方,听众席里时不时会出现便衣警察,但波希米亚使馆从不售卖酒精饮料,也严禁在场人员吸毒,因此警民之间相处还算和谐,俱乐部在有惊无险中开办了下去。

俱乐部营业时间是晚上十点到第二天早晨六点,基本上每晚都有固定安排,其中周四是文学夜,周五是民谣夜,周六是爵士夜。波希米亚使馆定期上演时事讽刺剧和即兴喜剧,它的长处在于什么都涉足,而且大力扶持富有创造力的年轻人。让·热内的《女仆》在这里举行了北美首演,大卫·弗伦奇和大卫·弗里曼的首个剧本都是在这里上演的。

不久,波希米亚使馆便声名鹊起,很多人慕名前来,其中包括莱昂纳德·科恩①和亨瑞·贝拉方特②。丹尼斯·李在报纸上看到了关于俱乐部的报道,把那些消息读给阿特伍德听,阿特伍德对这种非多伦多特色的文化现象很感兴趣,两人结伴前往,听了爵士乐、民谣和诗歌。阿特伍德发现,里面的听众大多是些把音乐和诗歌看作逃避"没落资产阶级和体面工薪束缚"的青少年。③ 对于二十岁左右的年轻人来说,这是个令人陶醉之地。

---

① 加拿大多栖明星,早年以诗歌和小说闻名,小说《美丽失落者》被誉为20世纪60年代的经典之作。代表作包括电影《我是你的男人》、专辑《十首新歌》等。荣获第52届格莱美音乐奖终身成就奖,被《纽约时报》誉为"摇滚乐界的拜伦"。
② 美国歌手和演员,1953年在百老汇演出的《约翰·莫里·安迪森的年历》获戏剧托尼奖。2015年荣获第87届奥斯卡金像奖特别奖——琼赫尔肖特荣誉奖。
③ Margaret Atwood, "Isis in Darkness", *Wilderness Tips*, Toronto: McClelland & Stewart, 1991:101.

波希米亚使馆为多伦多作家提供了一个场所,大家第一次有了可以聚在一起畅谈文学的地方。由于当时大多数人写诗,写小说者寥寥无几,所以聚会时也多以读诗和谈诗为主。1960年11月,阿特伍德首次在俱乐部公开朗诵诗歌。在她的记忆中,这是场噩梦般的经历。虽然她在维多利亚学院有过多次舞台表演经验,从未怯过场,在这里,她却觉得自己像个新手,完全暴露在大家的视线里,"没有可以躲避的地方"。会场里,人们走来走去,有的去拿咖啡,有的在咖啡机上忙活,有的在说话。她在台上面色苍白,恶心反胃。她事后评论道:"如果你能在波希米亚使馆挺过来,你就能在任何地方朗诵。就在你读到(诗中)最哀伤之处时,肯定会有人在这时冲洗马桶或者开动咖啡机。"[1]但不管阿特伍德自己感觉有多糟糕,却有不少人开始关注这个戴着角质架眼镜的年轻女子,他们感到她身上有种不可忽视的力量,那是一种洞悉一切的智慧。

波希米亚使馆是个广阔的天地,是阿特伍德在校园之外最喜欢逗留的地方之一。她在此结识了很多人,他们在日后都成了她的挚友,使她受益匪浅。年长一代的人里有杰·麦克弗森、菲利斯·韦伯、艾尔·珀迪和玛格丽特·阿维森,年轻一代的人里有格温德琳·麦克尤恩和大卫·唐奈儿。他们的圈子不大,但思想开放,有才华者皆可加入。

然而,即使是在波希米亚使馆这样一个充满叛逆和颠覆精神的俱乐部里,阿特伍德依然能够嗅到一丝不那么令人愉快的

---

[1] "Tyson Concert", Atwood Papers, Box 2, File 13.

气息:针对女性的伪善态度。从俱乐部各种宣传中透露出的信息都在表明,创造力是男人的专属,女人在多数情况下只是陪衬。一个女人如果不想被打发到女粉丝的行列中去,就必须小心翼翼,并且得加倍努力。

阿特伍德第一次在俱乐部朗诵诗歌时,当时小有名气的爱尔文·莱顿就坐在听众席里,他用大家能听得见的声音诵读起自己的诗歌,读完立刻睡着了,大声打起呼噜。后来只要有阿特伍德在场的时候,他便会像只公鸡似的竖起羽毛,仿佛能感知危险。有一次,阿特伍德在晚宴上遇见莱顿,他宣称阿特伍德的好友、女作家玛格丽特·阿维森"看起来鬼鬼祟祟",因为她知道自己在侵犯男人的领地。阿特伍德心里明白,莱顿其实是在宣告,不是女人不能写诗,而是她们根本不应该写诗。

另一位患有严重厌女症的男子是被称作"人民诗人"的米尔顿·阿库恩。他总是身穿工作服、牛仔裤、球鞋或橡胶靴,雪茄烟头夹在粗短的手指间,大步迈进俱乐部,样子滑稽可笑,好像波希米亚使馆是专门为他开设的。阿特伍德虽然尊重他的才华,但对他的嚣张气焰不置可否:"他来自那种精力旺盛的卡车司机学校。'假如你想成为诗人,你不能上大学。你得成为卡车司机。'我听后会想,'他以为他在跟哪个性别的人说话?'他想说的是,你成不了诗人……好吧,我做过女招待。女招待能成为诗人吗?我过去会这么想。那时有很多诸如此类的逆向势利行为。"①

---

① 转引自 Rosemary Sullivan, *The Red Shoes: Margaret Atwood Starting Out*:104.

这是20世纪60年代初期,女性解放的号角尚未正式吹响。换个角度说,这一时期鼓吹的性解放和女性解放无关,所谓的波希米亚世界是男人的世界,他们追寻放荡不羁的生活,在视世俗准则如粪土的同时,也视世间女人如敝屣。阿特伍德希望自己成为艺术界的一分子,但她深深感受到性别政治已成为男性和女性之间的关键问题。阿特伍德有生以来第一次感到前路茫茫,任重道远。

五、缪斯及双面冥后

在波希米亚使馆,阿特伍德和格温德琳·麦克尤恩成了挚友。两人年纪相当,都满腹才情,酷爱写作,并且都想在一个本质上属于男性的世界里实现女性的价值。两人经常就"何为女性创造力"展开讨论,但她们探讨最多的还是关于缪斯的话题。

缪斯到底是男是女?世人大多认为缪斯是女人,尤其是男性作家,他们把能够赋予自己灵感的女性喻为女神缪斯,实质却将她们视为附属物,很多女性也愿意男人把她们当作缪斯,甚至以此为荣。20世纪关于缪斯话题方面的权威是罗伯特·格雷夫斯,他在《白色女神》中断言缪斯是女性,如果不是,就应当让她是:"女神是个可爱柔弱的女人,鹰钩鼻,苍白的脸,花楸果般的红唇,美得惊人的蓝眼睛和金色的长发。"当时的波希米亚使馆里,人人都痴迷于神话学,除了弗莱的影响之外,格雷夫斯在《白色女神》中的"诗学神话语言"也是大家争相讨论的焦点。他认为,古代地中海和北欧流行的诗学神话语言是一种神秘的语言,与向月亮女神(即缪斯)致敬的宗教仪式密切相关,从某种程度上说,诗学神话源自母系的月亮文化。但格雷夫斯笔下的缪斯在启发灵感的同时,却充满了破坏力,她会从美好的形象一下转化为"母猪、母马、母狗、泼妇、母驴……有无数的名字和称呼……白色女神、缪斯、众生之母、恐惧和肉欲的原始力量——母蜘蛛和蜂王,拥抱即为死亡"。① 在格雷夫斯看来,诗人的语言之所以能够激起读者无数的恐惧,正是因为缪斯身上的毁灭力量。

对于格雷夫斯的"缪斯观",阿特伍德和麦克尤恩颇不赞同,觉得这个观点充斥着现代男性社会普遍存在的厌女症。麦克尤恩是个特立独行的女性,在她的诗歌里,那位启发语言灵感和生成自然力量的缪斯是男性。阿特伍德对麦克尤恩的缪斯有过非常透彻的分析:"在麦克尤恩的神话里,缪斯存在于外部,超越感官,但周期性地以有翼男子的形象降临人间,一度成为魔术师、祭司王、爱人或所有这一切的化身,然后逝去或消失,直至被他自己的另一种形式替代。尽管这是个循环往复的过程,但他从未再以同一种形象出现。每一次他都带来不同的风景、不同的语言,结果是不同组合的灵感,虽然在这些形象的伪饰之下,他保留了同样的特征。"②

麦克尤恩常常把与自己约会的男子视作缪斯,这给她带来

---

① Robert Graves, *The White Goddess*, London: Faber & Faber, 1961: 24.
② Margaret Atwood, "MacEwen's Muse", *Second Words: Selected Critical Prose*: 76.

了很多困扰。因为男人往往不情愿女人将缪斯形象投射到他们身上,这在他们看来会分散自己从小就被告知对女人所拥有的权力。麦克尤恩经常向阿特伍德述说自己痛苦的两性关系,阿特伍德则静静地聆听,对性别政治领域的复杂性有了更感性的认识。

阿特伍德对缪斯的性别从未有过异议:"我自己常常认为缪斯是女性。"但是,与格雷夫斯"有无数名字和称呼"的缪斯不同,阿特伍德的缪斯是母亲/女性的传统,源远流长:"如果女诗人的缪斯是女人,跟性相关的联系就可以排除掉,除非那个诗人是同性恋。她就像第二个自我,双胞胎中的一个,一位母亲,一位睿智的老妇。她可以是其中的任意一种。我曾对人们的缪斯做过调查,非常发人深省,无论是男人还是女人,大多数人的缪斯都是女性。结果就是这样。假如你希望从心理角度来探讨,它是一种声音,是母亲的声音。那是我们学习说话的方式,通常来自我们的母亲。"①

如果说格雷夫斯在《白色女神》里的厌女症令人感到不舒服,它却激起了阿特伍德对性别政治的最初思考。1961年,阿特伍德毕业前夕,她在朋友帮忙下利用平台印刷机自己设计并印刷了小诗册《双面冥后》,这也是她的第一部诗集。诗集封面是油毡浮雕版的,用黑白两色渲染出基督教和希伯来神话中的女神形象。有意思的是,这个神是夏娃—蛇—树三位一体,与传统画面里的女神和树被蛇环抱截然不同。换句话说,女神的身体

---

① 转引自 Rosemary Sullivan, *The Red Shoes: Margaret Atwood Starting Out*: 108.

同时也是生命之树和蛇的结合,象征生命的神秘、永生和愈合。

诗集内包含七首诗歌:《礼仪花园》《田园诗》《符号景观》《冥后启程》《地府爱情》《她的歌》《双面冥后》,共七页,由于没有足够的字母"a",每一页都要重新排版文字,独立印刷。诗集总共印刷了二百五十册,发往书店销售,每册售价不足一加元。因为那个时候很少有诗集出版,《双面冥后》得到了一些关注,有人在报刊上对它进行评论,加拿大广播公司的艺术制作人罗伯特·麦克马克最终购买了版权,在电台播出,阿特伍德得到了四十五加元版税。

《双面冥后》是传统宫廷情诗的现代版本,阿特伍德在诗中采用了戏仿手法,一反以往那种"探险的骑士与柔顺的情人"之风格,将女主人公描写为一个"有着蛇发女怪特征的姑娘"。在第一首诗里,女主人公走在礼仪花园内,寻找"活的手腕和胳膊",找到的却只是"一列雕像",有着"大理石的肉体"。这位姑娘显然和蛇发女怪美杜莎一样,男人只消被她看一眼便会变成石头。阿特伍德将她刻画为一位双面女子,既邪恶又充满魅惑:

舞女是位干瘪丑老妪

但她魅惑的微笑

诱惑地上之生命,空中之雨水

她藏起了邪恶的镰;然则

观者却感到热血奔涌

她的目光，在等待时机……①

　　诗中的冥后是对格雷夫斯的"缪斯/母狗女神"的挪用，以此进行反讽，向"女人要么是天使，要么是魔鬼"的传统男权观念提出了挑战。阿特伍德笔下的冥后综合了天使和魔鬼两种特征，这种"双面性"是女性力量的象征，"双身同体"也成了阿特伍德后来作品中经常出现的意象。

　　《双面冥后》以其新颖的设计和独特的文字获得了多伦多大学最重要的诗歌奖"E.J.普莱特奖"。阿特伍德给普莱特寄去了一本诗集，作为对获奖的感谢。普莱特的妻子回信给她，信中表示普莱特觉得她大有前途。同一年，阿特伍德凭借大学四年出色的表现荣获维多利亚学院校友奖，从多伦多大学毕业。她怀揣伍德罗·威尔逊奖学金，即将于秋季奔赴哈佛大学拉德克利夫学院攻读硕士学位。

---

　　① Margaret Atwood, *Double Persephone*, Toronto: Hawkshead Press, 1961:4.

第四章

哈佛异乡客

一、克利夫人

1961年秋天,二十一岁的阿特伍德来到马萨诸塞州的剑桥,开始了她在哈佛大学的求学生涯。她住在拉德克利夫学院前面的研究生女子公寓创始人之家里,这是一栋规划有些凌乱的新英格兰式隔板屋。她的房间在阁楼,每天必须通过绳子做成的楼梯扶手回到屋内。

初到美国的阿特伍德对一切充满了好奇,她徜徉在剑桥的大街小巷,观察地理风貌,体味风土人情。剑桥公地、基督教堂、哈佛园……留下了她的很多足迹。哈佛的人文气息令她沉醉,威德纳图书馆雄伟的建筑和丰富的藏书让她惊叹。在这所享誉世界的高等学府里,阿特伍德准备好了迎接新的挑战。

20世纪60年代初的国际时局动荡不安。1961年8月12日,民主德国一夜之间在边境建起柏林墙,冷战激化。这一年,肯尼迪总统下令美军特种部队进驻越南，介入越南内战；这一年，逃亡美国的古巴反共分子在中央情报局协助下向古巴革命政府发动猪湾事件；这一年，尼加拉瓜爆发游击战，南非的非洲国民大会也开始了游击战，自此，游击战如同星火燎原般在世界各地蔓延，其中包括蒙特利尔……这是一个风起云涌的时代，动荡不安，冲突不断，相对平静的美国大学校园正处于风暴的前夜。

阿特伍德经历过维多利亚学院自由氛围和开明风气的滋养，在她的想象中，哈佛大学作为第一世界权力中心的著名学府，一定具有更深厚的人文精神和关怀意识。然而，阿特伍德却在这里感受到了作为一名女生的尴尬。成立于1638年的哈佛大学在两个半世纪里一直是一所非常男性化的大学，直到1878年拉德克利夫女子学院成立。总体而言，拉德克利夫学院是哈佛大学的附属物。女生们被称作"克利夫人"，是哈佛大学的"流放者"。早些年的时候，校方要求她们前往哈佛广场时必须戴帽子和手套，避免"不得体的交叉感染"①。哈佛教授们在给男生上完课后会穿过剑桥广场，给女生重复上同样的课程。威德纳图书馆则通常禁止女生逗留。拉德克利夫学院的女生被告知，她们之所以被称作先锋，仅仅是因为她们上了哈佛大学。女舍监忠告女生们要懂得感恩。1947年从这里毕业的作家艾莉森·卢里曾将这些"克利夫人"的情形比作大宅门外的穷亲戚："我们生

---

① Marian Cannon Schlesinger, "Across the Common", Diana Dubois, ed. *My Harvard*, *My Yale*, New York: Random House, 1982:18.

活中的几乎每个细节都在宣告二等公民的身份。"①另一位毕业生声称:"我在哈佛上本科和研究生的九年时间里,只有一位女性教过我。"②1962年,哈佛大学的学生电台没有一个女播音员,因为据说女人的声音会分散注意力。那个时候,没有人关注哈佛大学中女性的地位,她们仅仅是大千世界的一部分,如同纵横交错的织网中的一根丝线,毫不起眼。

作为研究生,阿特伍德受到的限制比本科女生们要少,至少她可以在哈佛主校园内和男生一起上课,但她还是在其他方面感受到了针对"克利夫人"的偏见。阿特伍德在英语系如鱼得水,但图书馆的规定却让她大伤脑筋。所有的现代诗歌都被锁在拉蒙特图书馆,那里只对男生开放。传说是托马斯·拉蒙特在遗嘱附录中规定严禁女生进入该图书馆的,实际情况却是许多人仍然认为女性在场会分散男性的注意力。阿特伍德这样评论:"在某种程度上讲,从拉蒙特借一本现代诗集所需的程序等同于从威德纳图书馆的×部门借一本黄色书,因为生性孤僻,我不想有人看到我做前者却得出我在做后者的错误印象。"③阿特伍德指出,自己对美国现代诗歌知之甚少,这是一个主要原因。

哈佛大学的性别歧视还体现在员工的男女比例上面。整个大学只有两名女教授,且都不教英语文学。阿特伍德在拉德克

---

① Alison Lurie, "Their Harvard", Diana Dubois, ed. *My Harvard, My Yale*:35.
② Heather Dubrow, "On First Looking into Sandy's Ovid", David Aloian, ed. *College in a Yard Ⅱ*,Cambridge, MA: Harvard University Press, 1985:188.
③ Margaret Atwood, "Witches", *Second Words: Selected Critical Prose*: 329.

利夫学院第一次听说了"楷模"一词。学院打算招聘一位女系主任,很多人都在议论谁最终能获得这一职位。一位朋友告诉阿特伍德,候选人必须是个楷模,不仅有高学历以及跟学生沟通的能力,还得已婚、有孩子、长相好看、衣着品位高雅、积极参与社会活动等。朋友一席话使阿特伍德后来对"楷模"一词一直敬而远之。

拉德克利夫学院的教授对女生的态度是屈尊俯就式的。大家普遍认为,教授们对女学生比对男学生更加平易近人,因为女性几乎不会到哈佛大学来竞争教师岗位。女研究生们承担着课间休息分发茶点的服务工作,这使阿特伍德感到厌烦:"我一直觉得自己有点像长在男性学术皮肤上的一只疣子或疖子。我感觉自己在那里不受欢迎。"①

因为弗莱的推荐,阿特伍德在哈佛大学师从知名学者杰罗姆·巴克利教授,他是加拿大人,本科毕业于维多利亚学院,是弗莱最早的学生之一。在巴克利教授的印象中,阿特伍德观察敏锐,却羞涩内向,在研讨课上寡言少语。由于她是弗莱介绍的,他对她比较关照,会邀请她和其他几个学生去家中过感恩节。但巴克利教授发现,阿特伍德外表腼腆,骨子里既大胆又古怪。他记得她曾走进英语系所在的拥有百年历史的隔板建筑,向秘书展示在打折店购买的桌布,打算用它来做一条紧身连衣裙。但在阿特伍德的记忆中,自己在哈佛大学时低调沉默。对于一个志在写作的人而言,哈佛大学是个相当危险的地方。所

---

① Joyce Carol Oates, "Dancing on the Edge of the Precipice", Earl Ingersoll, ed. *Margaret Atwood: Conversations*:77.

有的东西都已被人研究过,被人谈起过,任何个人领悟到的原创性观点似乎都有可能是极为平庸的看法。因此,她需要潜下心来,去观察、去学习、去倾听、去思考、去沉淀。

然而在当时的美国,女性写作却并不被看好。至少学术圈的人认为,真正的写作通常是男人涉足的领域。像玛丽·麦卡锡和凯瑟琳·安妮·波特等畅销女作家根本排不上号,因为她们不是严肃作家。而弗兰纳里·奥康纳和格特鲁德·斯泰因等少数女作家之所以能进入高雅文学殿堂的行列,是因为她们得到了男子般的待遇。因此,当阿特伍德向研究生院的几位女同学宣告自己想成为作家时,大家都倒吸了口气。她后来在惠顿学院的讲演中对此评论道:"这就像是在说你打算去男洗手间小便一样——要么胆子贼大,要么品位奇差。""想成为诗人"这种念头是"打死也不能承认的"。①

在女作家被视为怪胎的年代,阿特伍德并没有放弃梦想。在学习之外的时间,她几乎全部用于创作,积累了至少上千页的诗歌草稿。她尝试各种各样的格式:押韵诗、民谣、田园诗、寓言体,时而被中世纪和古希腊神话激发联想。身边的一切皆可以成为诗歌的潜在话题,从清晨在剑桥广场溜冰到当地发生的谋杀案,不一而足。阿特伍德还随时在练字本上记下一些想法、一件轶事、一段对话,这一切都将在未来成为她的写作素材。她在蛰伏,在等待时机一飞冲天。

---

① "Growing Up Lucky under the Union Jack", Speech at Wheaton College, November 1984, Atwood Papers, Box 90, File 20.

二、追寻祖先

阿特伍德的父系祖先和母系祖先都曾在 17 世纪 30 年代先后到达新英格兰,虽然后来两个家族都各有一支前往加拿大发展,但马萨诸塞州是她祖先的故土,因此,她在哈佛大学学习期间,会出去探寻祖先的足迹。阿特伍德对墓地非常感兴趣,刚到哈佛大学的日子,她有时会专门前往"老墓地"(亦称"上帝之耕地"),这里的墓碑可以追溯到久远的 17 世纪。在墓碑前流连驻足时,阿特伍德常常会陷入沉思,历史是多么奇妙,如果自己的那一支祖先没有在独立战争前离开美国,那么她或许就不是加拿大人了。

在所有的祖先中,阿特伍德最喜欢的是玛丽·韦伯斯特,这是她母系家族的一位祖先。1670 年,她嫁给了哈德利的威廉·韦伯斯特,开始的几年里,生活相当富足,但不知何故,后来他们变得一贫如洗,到了需要公众接济的地步。由于贫穷在当时被视为耻辱,当地市民有权利指导贫民过上有秩序的生活,因此玛丽·韦伯斯特就被划归到菲利普·史密斯的照管和监督之下。

史密斯身份尊贵,他是法院成员、教会执事、军队中尉、哈德利行政委员。据记载,玛丽似乎对史密斯的公正照管并不满意,常出言不逊,史密斯声称自己担心会遭到玛丽危害。很快,针对玛丽的指控被一项项收集起来,称她是女巫,是悍妇。谣言四起,说她仅仅因为看了邻家小孩几眼,就让他升到空中三次;说有一回一只母鸡跳下烟囱被烧死,此时人们发现玛丽被烫伤了;

说一担干草在她家门口翻了,挑担的男人进屋找她算账时,却有一只无形的手把干草担子扶正了……

玛丽被送上法庭,进行身体检查时,人们发现她拥有"魔鬼的乳头",其实这或许只是颗色素痣或是跳蚤咬后的红肿,但欲加之罪何患无辞。两年后,史密斯去世,玛丽被指控利用巫术谋杀,判以绞刑,罪名是"致使一位老人变得极端体弱多病"。

人们用绳子把玛丽吊死在一棵大树上,第二天清晨,在放下尸体时,却发现她并没有死透。根据法律规定,一个人不能为同一项罪名遭受两次绞刑,因此,玛丽成了幸存者。

对于这样一位祖先,阿特伍德充满了钦佩。在她眼里,玛丽是一个敢于对抗权威的女性,以非凡的复原力挺过了暴虐行径。在一次拉德克利夫学院校友演讲中,阿特伍德以《女巫》作为标题,以纪念自己在哈佛大学的岁月,并向祖先致敬。她说道:"玛丽·韦伯斯特自由了。我想,如果在绞刑之前大家都认为她拥有超自然的力量,在绞刑之后人们一定更加深信不疑。"[1]多年以后,阿特伍德写下诗歌《半吊着的玛丽》,来纪念这位先祖:

……
清晨八点
当他们前来替我收尸
(张开嘴,闭上眼)
砍断绳子,放下身体,

---

[1] Margaret Atwood, "Witches", *Second Words: Selected Critical Prose*: 331.

惊讶，惊讶：

我还活着。

倒霉啊，伙计们，

我懂法：

你们不能两次处决我

为同一件事。多好。

我跌入三叶草，深呼吸，

朝他们龇牙

露出肮脏的笑颜。

你能想象这么做的效果。

现在我只需看向

他们，透过天蓝的眼。

他们看到了自己的凶兆

在额头凝视

转身便逃。

从前，我不是女巫。

可如今我是……

阿特伍德觉得，玛丽让她倍感亲切，"如果我希望能从她那里继承到什么，那就是她的脖子。"彼时，刚刚二十出头的阿特伍德在哈佛大学感受到了种种针对女性的歧视，她一定从这位祖先身上获取了很多能量，来支撑她成为作家的信念，因为"一个人如果想成为作家，尤其是女作家，就必须要有那样的脖子"。时人总把强大的女子视作不正常，一个潜在的、危险的反常之人。这样的女人身上有一股颠覆力量,即便她们小心翼翼地掩饰自己的锋芒,人们还是能感觉到那种力量。女作家尤其如此,因为写作本身就是神秘的:"它使用词语是为了招魂,而非指称;它是在生产咒语。"①阿特伍德说这句话的意思是,虽然时间已过去三百年,但她所处的时代相较玛丽的时代似乎并未有多大改观,人们眼中的女作家与女巫有着诸多相似之处,都是拥有可怕力量的怪人,区别在于前者通过词语、后者通过咒语来蛊惑人心。

当阿特伍德在新英格兰追寻祖先的足迹时,不知道她有没有想过生命传承的奥秘。我们的生命起始于久远的过去,不管是从字面意思还是象征意义上讲,是我们的祖先塑造了我们。我们之所以成为我们,我们之所以拥有我们的故事,与我们的祖先、我们的"根"有着莫大的关系,而我们也在某种意义上延续着祖先的故事。玛丽从未料到过,她所做的一切会载入历史;她从未料到过,她的后代中会有一个人站出来诉说她的故事,成为她的辩护者,并希望拥有她那样坚强的脖颈,延续她的不屈精神。

三、加拿大俱乐部

在哈佛求学的日子里,阿特伍德发现,在美国人面前说自己是加拿大人引起的反应很有意思,就好像是在说自己午饭吃了马铃薯泥一样。她常为此感到困惑:"我有那么没趣吗?"也正是

---

① Margaret Atwood, "Witches", *Second Words: Selected Critical Prose*: 331.

在这个时候,她开始认真思考身为加拿大人意味着什么。在此之前,她未曾考虑过有关加拿大的问题:"它仅仅是一种未经细究的状态,就像空气;你生活在其中,却没有在意过。"①但是,在换了一个环境,尤其是当所处新环境里的人们对自己的国家一无所知时,阿特伍德的心情可想而知。她能感觉到,在美国人眼里,加拿大仿佛并不存在,"倒不是说我所遇到的美国人对加拿大有任何奇怪的或'令人苦恼'的态度。他们根本就没有态度。他们隐隐约约知道有这么个地方存在着——那是地图北部一个空白的区域,糟糕的天气就是打那儿来的。"②即便这些美国人对加拿大有自己的看法,那也是觉得它单调乏味:"他们似乎想要证实我父亲是骑警,我们生活在雪块砌成的圆顶小屋里。"③

  旅居国外的生活使原本温和的加拿大人变成了狂热的民族主义者。到美国之后不久,阿特伍德就和一帮加拿大人聚成小圈子,定期举办活动,这几乎成了哈佛大学里的一种亚文化现象。阿特伍德用"伟大的加拿大谎言"来描述他们这些人的转变。一些在都市长大的加拿大人或许有生以来仅在阿尔冈昆公园待过一周,但他们一到边境线以南便摇身一变成了"伟大的雪地猎人";当美国人影射加拿大人"单调乏味"或"没有个性"时,她就会漫不经心地讲述北部荒原北极熊吃人的故事以及无畏的伐木工人的故事;当她认识的一位美国人质疑说加拿大没什么

---

  ① Margaret Atwood, "Nationalism, Limbo and the Canadian Club", *Second Words: Selected Critical Prose*:86.
  ② Joyce Carol Oates, "Dancing on the Edge of the Precipice", Earl G. Ingersoll, ed. *Margaret Atwood: Conversations*:78.
  ③ 同上。

特产时,她下一次回家就会带来几瓶云杉啤酒,装出一副老练的样子,一边大口喝酒,一边告诉他这是加拿大国饮,有着"真正的北方风味"。这类"谎言"看似幼稚,却代表了客居异乡的热血青年一颗拳拳爱国之心。

阿特伍德在哈佛大学的第二年,商学院一个熟人联系上她,带她去参加由一批爱国人士组织成立的加拿大俱乐部。加拿大俱乐部原是加拿大的一款威士忌品牌,被商学院爱国学生用作俱乐部名称倒是别有一番新意。在晚会上,大家把加拿大俱乐部威士忌和另一种加拿大软饮料勾兑在一起,边喝边聊。

在阿特伍德的印象里,商学院的学生极有礼貌。他们的第一个问题总是:"你从哪里来?"接下去的问题是:"你觉得这里怎么样?"然后就开始了对美国和加拿大的比较。其中一个人告诉她,他一点偏见都没有,他几个最好的朋友都是美国人。另一个人则有些幸灾乐祸地评论说男洗手间里的涂鸦比他在加拿大看到的脏多了。为数不多的几个美国人早早离开了,因为他们受不了里面越来越热烈的加拿大沙文主义情绪。法裔加拿大人礼貌得可怕,他们避开一切政治话题,也很早就跟大家道别了。

在对加拿大俱乐部成员的观察中,阿特伍德注意到一种现象:加拿大人常常感到自己是隐形的,好比一个人照镜子,却看不到自己的影像:"……倒不是说美国民族身份在困扰我们,也不是说我们没有民族身份。我们很清楚地知道我们有,只是不能确定是什么样的。'他们'显然对我们一无所知,对此我们甚至并不觉得受了侮辱,毕竟,我们对自己也一无所知。"阿特伍德认为,这是极端民族主义病症产生的原因:"我们这些病患便会像虫子稀少的草坪上的知更鸟一样,仔细又随意地寻找两个国家的不同之处。"①

然而,在这样一个所谓的爱国俱乐部里,阿特伍德并没有听到什么实质性的解决方案。她原本以为,俱乐部内都是经济方面的人才,他们应该会探讨如何将加拿大从这种尴尬处境中解救出来。但大家讨论最多的话题是要不要"回去",大多数人想留在美国,这里可以挣更多钱。有几个考虑去阿尔伯塔,那里有石油,好挣钱。唯一一位表达爱国情怀的是个纽芬兰人,但他不停地唱着纽芬兰加入加拿大联邦之前的国歌。

阿特伍德在笔记本里记录了自己在加拿大俱乐部的所见所闻,其中一次经历令她十分难忘。在活动快结束时,酒水已差不多喝光,有位成员摇摇晃晃地走到点唱机前,播放起美国国歌《星光灿烂的旗帜》,还把音量调到最大。旁边站着的人身上潜伏的爱国主义立刻被激发出来,他们试图把唱片拿走,但他不干,固执地、忧伤地继续把唱片放回去。最后有人说道:"停下来,你这该死的美国佬。"这使他很生气,大声喊道:"我不是美国佬,我是加拿大人!"他喊了不止一次,然后又从头开始播放歌曲。

阿特伍德在《民族主义、中间状态和加拿大俱乐部》一文中写道:"他想告诉我们什么?或许什么都没有,也或者是你赢不了,美国佬做得更好,你得承认《星光灿烂的旗帜》作为一首歌比《啊,加拿大》更加成功——我的意思是,你知道的,把所有的地

---

① 转引自 Rosemary Sullivan, *The Red Shoes: Margaret Atwood Starting Out*: 125-126.

方偏狭观念都摆在一边,只是严格从客观的文化角度来说。"阿特伍德写下这段往事,并不是想评判某些人的所作所为,也不是要指责某些人的口是心非,她只是想说:有的时候,"打败我们的是我们自己的选择,是我们自己的判断"。①

阿特伍德还在笔记本里道出了内心深处的想法:"每个国家都有自己的民族狂热。美国人是夸大狂患者,恐惧来自内部的颠覆;加拿大人是偏执狂患者,害怕来自外面的入侵。每一个优秀的美国人都相信自己是拿破仑,而每一个优秀的加拿大人都相信美国人是拿破仑。"②阿特伍德并非想为加拿大辩护,她只是从病理学的视角讽刺了两个国家各自内在的病根。

在努力思考加拿大民族主义的过程中,阿特伍德有了意外发现。为了弥补自己在美国文学方面的欠缺,她选修了佩里·米勒教授的美国浪漫主义课程。米勒才华横溢,学生们都很爱戴他,阿特伍德在他的研讨课上收获了自己的灵感之源。在阅读米勒的《乌鸦和鲸鱼》时,阿特伍德发现美国人曾一度有过殖民地不安全感,也曾苦苦追寻过民族身份。米勒在书中引用了1849年《民主评论》上的文章:"我们的民族特征是否已经充分发展,能够创造一个文学时代?我们有黑人音乐,有西南部志怪故事,然而,我们虽然有尼亚加拉瀑布,却没有自己特有的思维习惯。"米勒还引用了惠特曼的悲叹:"只要我们等着英国评论者对我们的作者和书盖章鉴定,之后才敢说他/它们是好是坏;只要

---

① Margaret Atwood, "Nationalism, Limbo and the Canadian Club", *Second Words: Selected Critical Prose*; 89.
② "Canadian Clubbers and Canada Dry", Atwood Papers, Box 95, File 1.

英国产的书还在涌向这块土地……只要美国社团在社会活动中碰头时,一开始都会惊奇地听到凡是提起国名或民族情感时总要带上国外的伟大……那么,我们就还没有自己的文学。"①阿特伍德认为,这些话只需略微换些措辞,完全可以看作是一个加拿大人在表述想法。如此看来,狂热的民族主义是每一个前殖民地必经的阶段,这是它们自我定义的一种方式。美国已经在一百多年前经历了这个阶段,年轻的加拿大必然躲不过这一命运。

此刻的加拿大,一场辩论正如火如荼地展开,学术界人士纷纷撰稿,讨论加拿大为何会有自卑情结。学术大腕弗莱指出,加拿大具有"卫戍心态",这是长期遭受外界围困导致的结果,他哀叹殖民主义后遗症就像寒霜一般正在令文化创造力渐渐枯萎。② 更多的人则质疑加拿大为什么没有伟大的文学,学人们开始探讨伟大的加拿大文学该是什么样子,加拿大作家应该如何表现。

阿特伍德相信,一个作家必须扎根于自己的土壤,不管是从地理意义还是文化意义上讲都是如此,因为"拒绝承认自己从何而来,……就是肢解自己","只有找到了你的归属,才能找到你自己"。③ 至于加拿大文学,自己正在学习的"美国清教文学并没

---

① Perry Miller, *The Raven and the Whale: The War of Words and Wits in the Era of Poe and Melville*, Westport, Connecticut: Greenwood Press, 1955: 249、187.
② Northrop Frye, *The Bush Garden*, Toronto: Anansi, 1971: 225.
③ Margaret Atwood, "Travels Back", *Second Words: Selected Critical Prose*: 113.

有显著的文学价值——如果大学里连这都学……那为什么就不能学加拿大文学呢"?① 首先就得在加拿大的高中和大学开设加拿大文学课程。

1962年春天,阿特伍德顺利通过考试,获得拉德克利夫学院文学硕士学位。秋天,她又回到哈佛大学,继续攻读博士学位。之后的几年,她断断续续地撰写题为《英国玄学罗曼司》的博士论文②,或许因为始终心系写作,论文最终未能完成。然而,这段异国求学的经历对作家阿特伍德而言是极好的体验,能让她隔着一段距离审视自己的国家,同时又能近距离地观察另一个国家,以客观公允的心态面对不同文化之间的差异。

---

① Joyce Carol Oates, "Dancing on the Edge of the Precipice", Earl G. Ingersoll, ed. *Margaret Atwood: Conversations*; 77.
② 事实上,阿特伍德先后两次(1962—1963及1965—1967)就读于美国哈佛大学,攻读博士学位。

第五章

爱情与婚姻

一、生活没有如果

在哈佛大学的第一年,阿特伍德遇见了她生命中的第一任丈夫吉姆·波尔克。他来自美国蒙大拿州迈尔斯市,享受哈佛大学的奖学金。这一年,他父亲刚刚去世,家庭生活处于分崩离析之中,他来到哈佛大学仅仅是为逃避兵役。他记忆中的阿特伍德异常聪明,穿着怪异,甚至有点不修边幅,除了英语文学之外,似乎什么都不在乎:"我会听到她在走廊里阐述理论。我心想,她可不适合我。"

有一回,在巴克利教授的研讨课上,波尔克发现自己恰好坐在阿特伍德身边。大家正在学习丁尼生的叙事诗《伊诺克·雅顿》,巴克利教授随口问他:"你觉得这首诗如何?"波尔克转向阿特伍德,指着其中一行诗:"一张卖契在昏暗中闪光。"两人咯咯笑起来,打破了庄重的学术气氛。

随着交往的深入,波尔克发现阿特伍德不仅思维敏捷,而且相当有趣。两人越走越近,其中一个原因是他们"都视自己为来自奇特地方的野蛮人……她是加拿大女孩。她在我身上看到的是蒙大拿的一个满面愁容的陌生人……哈佛不属于我俩。我们在这个古板透顶、充满性别歧视的地方做什么呢?"①他们经常相约去看电影,费里尼、伯格曼和特吕福的电影几乎看了个遍。他们在阿特伍德居住的研究生公寓举办化装舞会,名为"罗马狂欢"。阿特伍德装扮成埃及艳后克利奥帕特拉,胸前捆了只鸟笼,用肉色毛巾遮住。波尔克还随阿特伍德去了塞勒姆市,她的那位先祖玛丽曾在此生活,并被当成女巫接受绞刑,却侥幸未死。他们前往纽约参观艺术画廊,观赏表演。他们在查尔斯河畔漫步,在公共草地上堆雪人,在人类博物馆观看"被照亮的女人"②。

两人断断续续交往了六年时间,这期间曾两地相隔,一个在剑桥,一个在温哥华。后来阿特伍德又回到哈佛大学继续攻读博士学位,两人再次走到一起。1967年,阿特伍德与波尔克终于决定结束爱情马拉松,走入婚姻殿堂。当她向诗人艾尔·珀迪宣布婚讯时,她要这位老友放心,自己未来的丈夫有足够的防御能力,应对她这般强势的女人。但她的一些朋友还是表示了担忧,认为像阿特伍德这样的女人要是嫁给了实力相当者,势必三天一小吵,五天一大吵。阿特伍德对此不以为然,为什么两个实

---

① Rosemary Sullivan, *The Red Shoes: Margaret Atwood Starting Out*: 133-134.
② 女性身体的塑料模型,只要按动按钮,不同的部位就会发亮。

力相当的人就不能结婚？为什么只有男人可以强势？难道女人太强势就会给男人造成压力？难道她得学习示弱？阿特伍德相信自己可以找到平衡。

婚后，夫妇俩住在蒙特利尔，阿特伍德在乔治·威廉大学教书，业余时间写作，波尔克主要撰写博士论文。由于蒙特利尔是法语区，他们每周抽出一晚去上法语课，练习法语对话。闲暇时，他们便去拜访友人，包括加拿大先锋派作家司各特、小说家克拉克·布莱斯及其妻子芭拉克·穆克尔吉。穆克尔吉会在家里点上熏香，为他们做印度菜肴。有一段时间，迈克尔·翁达杰、道格·琼斯和麦克尤恩等作家齐聚蒙特利尔，夫妇俩的社交活动更丰富多彩了。波尔克被加拿大的文学生活深深吸引，他接触到了一个与他的美国背景全然不同的世界，那是属于阿特伍德的世界。

1968年，波尔克获得博士学位，他向埃德蒙顿和维多利亚的高校投递简历，两个地方都愿接受他，夫妇俩选择了埃德蒙顿的阿尔伯塔大学。临走之前的一个晚上，麦克尤恩用塔罗纸牌为波尔克占卜，卜文显示他们未来会遭遇波折。两人后来在埃德蒙顿的经历的确应验了麦克尤恩的预测。

夫妇俩到达埃德蒙顿时，阿特伍德的《可以吃的女人》正在热销，阿尔伯塔大学英语系的教职员工们争相购买这本小说，想把作品里的角色跟生活中的波尔克和阿特伍德进行对照。与此同时，波尔克也发现了自己作为美国学者在加拿大大学里的尴尬处境。他被一些人视为丑陋的美国人，专门跑来抢加拿大人的饭碗。虽然有这种想法的人不多，但足以影响两人的心情。

他们努力适应,但始终觉得格格不入。在一次教师俱乐部聚会时,有个教员喝醉了,开始出口不逊,称波尔克是"佩吉·阿特伍德先生"。阿特伍德当时不在场,但她知道后非常愤怒,对波尔克的贬低令她无法容忍,而她如果采取维护波尔克的做法,又怕他觉得面子上过不去,她为此懊丧极了。她在给玛格丽特·劳伦斯的信中写道:"他(波尔克)很多时候挺不容易的——有一个作家老婆、在聚会上被人盛气凌人地质问'你做些什么?'诸如此类的问题。"①

无时不在的压力影响了两人的关系。阿特伍德开始写关于梦的诗歌,在梦中,她和别人结婚了:"我梦见了分离,相遇/周而复始地结婚,与一个受伤的陌生人/手持刀,绑着绷带/脸被遮起。"②她开始思考婚姻:"婚姻不是/一间房,更不是一顶帐篷/它早于房子和帐篷,更寒冷。"③阿特伍德诗歌中记录的是人们共同的体验,在她的周围,婚姻在纷纷解体,其中包括好友丹尼斯·李和妻子唐娜。可她依然对婚姻抱有美好的愿望,她总拿自己的父母做榜样,他们一辈子相濡以沫,不是过得很幸福吗?阿特伍德希望能像他们一样,与某个人相伴一生,分享生活的酸甜苦辣。

这段婚姻还是没有如阿特伍德所愿继续下去,1972年夏天,

---

① "Letter from Margaret Atwood to Margaret Laurence",18 January 1971,Atwood Papers.

② Margaret Atwood,"Midwinter Presolstice",*Procedures for Underground*,Toronto: Oxford University Press,1970:73.

③ Margaret Atwood,"Habitation",*Procedures for Underground*:60.

波尔克搬出了两人共同生活的家①。回首往事时,他说道:"事情已经越来越清楚,不管我们心目中的婚姻版本究竟如何,我们并未遵循脚本,我不知道我们将何去何从。佩吉极为擅长剖析那个时候的女性角色期待。然而,不管是男性角色还是女性角色都和我们自己相去甚远。我不是那种典型的男性,但我也不知道自己属于什么类型。佩吉肯定不是传统女性。她知道自己的志向。这从来不是问题。问题在于我不清楚自己的志向。"②

也许我们会对阿特伍德和波尔克的分手感到遗憾:如果波尔克不是美国人,如果阿特伍德对写作没有那么强烈的使命感,如果人们对女作家没那么多偏见……我们可以进行很多假设,然而,生活中没有那么多"如果",婚姻里也没有谁对谁错。人生有时候很奇怪,当你回顾过去时,你会发现,你自以为的独特体验其实只是普遍趋势和模式中的一小部分。在阿特伍德和波尔克所生活的时代,婚姻与家庭领域正经历着一场大裂变,旧的范式正在被打破,新的范式尚未确立,人们必然为此付出代价。我们只能说,阿特伍德和波尔克是在错误的时间遇见了彼此,结局注定是一场无奈。

二、爱如一场圆圈游戏

1964 至 1965 年,阿特伍德在温哥华的不列颠哥伦比亚大学

---

① 阿特伍德和波尔克在 1977 年正式离婚。
② Rosemary Sullivan,*The Red Shoes*:*Margaret Atwood Starting Out*:257.

担任英语讲师，其间她不断尝试创作诗歌。此时，她的好友帕彻尔正在美国著名的克兰布鲁克艺术学院攻读美术硕士学位，从书籍装帧设计到画画什么都做。他在信中很随意地问起阿特伍德手头有没有东西可以让他画插图，于是她给他寄去了组诗《圆圈游戏》，内含七个部分。阿特伍德觉得它们或许能派上用场，因为里面有各种各样的意象：人、图案、建筑、地图、鸟、镜子和房间等，比较适合插图。

年底，帕彻尔寄来了首批插图，阿特伍德看后激动不已。作为一个画家，帕彻尔展现了不可多得的言语维度，文本和图像之间的互动新颖独特，将诗歌那种变幻不定、内省的情绪表达得十分到位。而且，经由他的思想过滤之后，诗歌呈现出一种惊悚感，效果棒极了。《圆圈游戏》是帕彻尔第一本插图的限量版对开本书籍，他总共印刷了十五册，打算每本售价一百五十加元。帕彻尔和阿特伍德马不停蹄地向各家画廊和杂志兜售作品，最后轻松卖完了十五本画册。

阿特伍德之后将这组诗和其他诗合在一起，构成一部诗集，取名《圆圈游戏》，投给多伦多康塔克特出版社。这是加拿大最好的小型出版社之一，成立于1952年，其宗旨是提携有才华的青年诗人，直至他们受到大型商业出版社认可。康塔克特出版社同意出版，但由于经费不足，支付不起稿酬，只为作者提供十二本样书，以及无限制地以折扣价（六折）购买自己的书的权利，不限用途。尽管如此，阿特伍德还是非常高兴。帕彻尔为她画了封面插图，但出版社需要更便于排版印刷的封面，于是阿特伍德自己设计了拉突雷塞印字和小圆点，"看上去有点蠢，但出版社方面通过了"。

诗集于1966年正式出版,第二年三月,阿特伍德接到了加拿大理事会打来的电话,告知她《圆圈游戏》获得了加拿大最有威望的文学奖项"总督文学诗歌奖"。这一年阿特伍德二十七岁,是有史以来最年轻的获奖者。她很震惊,还以为是帕彻尔在同她开玩笑。这份荣誉来得太早,让她有点措手不及。她对波尔克说道:"我只出过一本书。这不合适。"尽管内心忐忑,阿特伍德还是穿着借来的礼服、耳环和高跟鞋去参加了授奖典礼,第一次以诗人的形象出现在公众面前。

《圆圈游戏》很快售罄,由于康塔克特出版社业已停业,刚刚创立的安南西出版社——阿特伍德是捐资者之一——重印了诗集,依然十分畅销。同《双面冥后》相比,《圆圈游戏》中的语言更加成熟、自信。诗集的首页写着"献给J.","J."指的是吉姆·波尔克,他们即将结为夫妇。

从读研到工作,这个时期的阿特伍德经常思考的问题是"何为爱情"。写《圆圈游戏》时,她二十五六岁,人生最美好的年龄,同龄的女子大多已婚,而她因为对写作的强烈爱好不敢轻易走入婚姻。她的考虑非常实际:写作需要私人空间,有时甚至日夜颠倒,这些会不会影响伴侣之间的关系?好友艾尔·珀迪总说她心肠硬,对待情感过于理智。她的看法的确比较实际:如果爱情需要身处其中的人奋不顾身,那她尚未做好准备。她曾在一次访谈中说道:"我认为女人对男人来说并不是不可或缺的。我也认为男人对女人来说并不是不可或缺的,这样很好,因为这意味着你不会觉得被困住,你不是非这个人不可。如果你很享受,你可以和他们在一起。我觉得应该是这种样子,否则就会产生各种各样的怨恨。"①在阿特伍德看来,一个人应该对自己负责,其他人无法、也不该为你承担责任。

《圆圈游戏》里好几首诗都是围绕"爱"的话题展开。世人所说的爱是经过美化之后的神话,如蜜糖般浪漫甜蜜。在《大街上,爱情》里,街头矗立的广告牌上画着完美的男女身体,现实生活中的人们试图寻找类似的理想肉体,然而,"在大街上/爱情/如今/不是食尸鸟/的事儿/(把死变成生)便是/(把生变成死)/食肉兽的事儿"②。在《一顿饭》中,阿特伍德描述了爱的贪婪:"但有什么藏在/某处/在擦洗光洁的/我身体的橱柜/把自己压得扁扁/靠着隔板/食用/他人的残渣/……它如何狼吞虎咽/无意中/溢出的些许爱。"③

在标题诗中,阿特伍德使用了圆圈意象,它使这首诗的七个部分以及整部诗集形成统一的整体。在第一部分的开头,"孩子们在草坪上/手挽手/转着圈儿跑动",这样一幅画面是大家所熟悉的,每个人在童年时代几乎都玩过类似游戏,然而,接下去的描写却让人有种"违和感":

> 他们在歌唱,但
>
> 并非彼此对唱:

---

① Susan Swan, "Margaret Atwood: The Woman as Poet", *Communiqué* (May 1975): 10.

② Margaret Atwood, *The Circle Game*, Toronto: House of Anansi Press, 1966: 29.

③ 同上,33。

他们双脚移动

　　几乎与音乐合拍

　　我们能看到

　　他们神情专注

　　他们的眼睛

　　盯着虚空

　　恰好在他们面前

　　移动的空间①

孩子们只是机械地转圈,神情恍惚,如果认为他们很开心,那就大错特错了,他们的动作"并无快乐在其中"。在诗歌的第二部分,作者将视角从孩子转向恋爱中的成人。恋人在同一个房间,却"像在镜中摸索/镜面已融化/浓稠/如明胶",两个人都不愿成为镜子里的影子,却也"不愿从镜中走出/分开"。这一部分重复了第一部分的场景,展现了一种身陷其中却心不在焉的感觉:

　　隔壁房间里有人

　　争吵不休,抽屉拉开又合上

　　(墙壁薄薄的)

　　你不理睬我,倾听着

　　他们,或许是

---

① Margaret Atwood, *The Circle Game*, Toronto: House of Anansi Press, 1966:35.

> 窥视
> 你自己在某处的投影
> 在我脑袋后方
> 越过我的肩①

"你"看"我"的眼神和孩子们的眼神如此相似,都是空洞的,没有任何聚焦。这种眼神与爱毫无关系,就跟孩子们玩的转圈游戏一样,只是习惯性的动作。诗歌的第三部分指出,圆圈游戏蕴含着风险,可孩子们似乎满不在乎,从小所接受的教育已使他们丧失了预知危险的能力。阿特伍德似乎在通过孩子和恋人的视角切换指出,孩子们自小被灌输的教育体系里渗进了性别差异的社会建构,他们长大之后持续着同样的思维模式。恋人生活在一起,虽然能够听到外界的不同思想(隔壁房间的声音),却仍然被禁锢在固有的模式里。在诗歌第四部分,"你"就像小时候用铅笔或手指在地图上描绘河流和山脉的轮廓一样,在"我"的身体上摸索,而"我"一动不动,"被你眼里的/冰蓝色图钉/钉住"。② 到了最后一部分,又一个夏天来到,房间里依然全是镜子,孩子们依然还在草坪上玩转圈游戏,恋人依然手挽手睡在邋里邋遢的床上,隔壁房间的抽屉依然在开开合合……一切都未改变,爱情和生活如同圆圈,重复着以往,永无止境,就像"囚禁的节奏","我们躺在/这里,困在/单调之中,游荡/从一间房到另

---

① Margaret Atwood, *The Circle Game*, Toronto: House of Anansi Press, 1966:36-37.
② 同上,40。

一间房……"①

阿特伍德对待爱的态度是冷静的、清醒的。她不煽情,不做作,只描写爱情在生活中最本原的样子:爱情不是风花雪月,它与人们生活的时代氛围紧密相关。在一个女性地位尚无法得到保证的年代,想要获得一份真正的爱情何其艰难。很多人只是在浑浑噩噩中度过一生,在日复一日的单调中丧失生命的冲动。因此,当阿特伍德在《圆圈游戏》标题诗的结尾写道"我希望这圆圈/被打破"②时,我们仿佛看到了一个新时代的到来:无数充满抗争精神的女性即将在男性世界的圆圈游戏里书写属于自己的爱之歌。

三、爱情与权力

20世纪70年代初,阿特伍德和波尔克分居前夕,她对男性与女性之间的关系有了更深刻的体悟,《权力政治》(1971)便是在这个时候诞生的。有评论者称这其实就是阿特伍德的自传,描写了她和波尔克分崩离析的感情生活。③ 也有评论者指出,阿特伍德在这部"改变了爱情诗的定义"的"开创性"诗集里探讨了两性关系,她拒绝透过玫瑰色镜片看待爱情,而是揭示了爱情

---

① Margaret Atwood, *The Circle Game*, Toronto: House of Anansi Press, 1966:44.

② Margaret Atwood, *The Circle Game*, Toronto: House of Anansi Press, 1966:44.

③ Jerome H. Rosenberg, *Margaret Atwood*, Boston: Twayne, 1984:63.

与权力之间错综复杂的联系。① 在阿特伍德眼里,广阔的社会政治和文化语境中固有的权力结构也存在于最亲密的人类关系内部,在浪漫爱情的理想化概念背后是残酷的现实。

《权力政治》的封面插图由威廉·金伯完成,但主要想法来自阿特伍德,最终版本得到了她的认可。第一眼看去,封面上的图案令人震撼:一个人的手和另一人的脚绑在一起,各自行动都受到了限制。右边的人从头到脚裹着盔甲,戴着厚厚的金属手套,手持一把未出鞘的剑,面罩放下,遮住脸部。这个人站立的姿势僵硬,从体型及身上的军事装备来看,可以猜测是位男性。他那雕塑般的姿态和强健的胳膊无一不在象征着力量,但这一印象在看到他手臂上悬荡的女子时立刻就被击碎:这种姿势看起来充满力量,却也给他造成了极端不适,不知能支撑多久。再看旁边的女子,她倒挂着,头发垂到地上;没有任何防御能力,完全依赖于男子。她身上几乎没有一处不绑着绷带,暗示着可怕的创伤。与男子不同的是,女子的视线未受遮挡,不仅如此,她睁着双眼,直视前方,似乎对那位骑士视而不见,也似乎是在挑战观看者。她一条腿屈着,置于另一条腿后面,双手放在身后,与塔罗牌第十二张"倒吊人"的姿势相似。这张牌代表忍耐和顺从环境,静静地等待机遇,在洞察人生的真义之后,对生活获得全新的看法。"倒吊人"心里明白,挣扎是没有用的,只会让自己在重获自由之前筋疲力尽。最好的方式就是省思,只要顺势而为,便能更深刻地了解自己是谁,应该怎么做。而且上下颠倒之

---

① Reingard M. Nischik, *Engendering Genre: The Works of Margaret Atwood*, Ottawa: University of Ottawa Press, 2009: 18.

后,能够看清那些原本视为理所当然的事物。这样的封面图案预示了诗集的内容将是具有颠覆意义的。

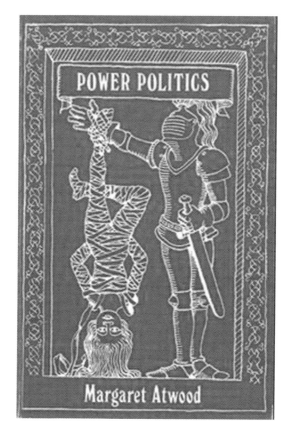

《权力政治》封面

诗集共分三个部分,分别围绕"性暴力、分手的痛苦和走出阴影"这几个话题展开。每一部分都以一首四行诗作为"引子",总领该板块的主题。开篇的四行诗文字简练有力,犹如"一枚炸

弹,奠定了接下去几首诗的基调"①:

> 你契合我
> 像一枚钩契合一只眼
> 一枚鱼钩
> 一只睁开的眼②

尽管"你"和"我"的性别要到接下去的诗歌中才能揭晓,但这首四行诗的意象暗示了"你"是男性,"我"为女性。诗歌前两行用了明喻,单从"钩"和"眼"看不出特别之处,可以是钩针和针眼等互补的组合,两个差异悬殊的事物构成一个整体,其中"你"是主动的一方,"我"是被动或接受的一方。然而,这一意象不仅仅传达了完美匹配的和谐状态,它还暗含着一种占有性的侵入。而下面两行诗则基本上抹去了前两行诗中的积极含义,将"钩"和"眼"确定为鱼钩和人/动物的眼睛,并且以一种残忍的方式将两者联系起来:一只铁钩刺入睁开的眼睛,这将是何等痛苦! 钩似乎已经捕捉到目标,正在破坏脆弱的、不受保护的眼,由于"眼"(eye)和"我"(I)的英文发音相同,因此这四行诗的最终含义指向了男性对女性的伤害。这首四行短诗是对传统爱情诗的反驳,后者往往将两性关系理想化和浪漫化,阿特伍德以戏谑式的语言和冷酷的语义展现了两性关系中的攻击性和破坏性因素。诗集一开始便释放出两性冲突的信号:存在于男女之间的暴力。

---

① Sherrill Grace, *Violent Duality*: *A Study of Margaret Atwood*, Montreal: Vehicle Press, 1980:55.
② Margaret Atwood, *Power Politics*, Toronto: House of Anansi Press, 1971: 1.

可想而知,在女权主义兴起不久的20世纪70年代,这部诗集会引起多大争议。

接下去,阿特伍德一次又一次地颠覆了爱情的含义。在《他再次出现》中,恋人之间的言语交流遇到障碍,似乎陷入了死胡同,最后"我"绝望地质问:"我们难道不能/成为朋友,我说道/你不作声"①。在第三首无题诗中,作者将爱情和一场糟糕无比的电影相比较,里面充斥着定形的情节和人物。爱情的陈词滥调黏在"我"身上,就像"融化的电影胶片"黏着身体:"你握住我的手/我突然置身于一场烂片,它无休无止/我怎会被深深吸引/……/我们慢步跳着华尔兹/穿过警句般陈腐的气氛"②。

正如封面插图所显示的那样,在男性和女性的相处过程中,我们很难界定谁是胜利者,谁是受害者。换个视角,胜利者或许就变成了受害者,反之亦然。诗集里的"你"和"我"有时候会来个角色反转:

> 我们在餐馆里争执
> 我们中谁将为你的葬礼出钱
>
> ……
>
> 我从牛肉炒饭餐盘上
> 抬起那把有魔力的刀叉
>
> 用力插入你的心脏。

---

① Margaret Atwood, *Power Politics*, Toronto: House of Anansi Press, 1971: 2.
② 同上,3。

  噗的一声轻响,传来咝咝之声①

  不难看出,男性也在两性关系里痛苦不堪,究其原因,是女性人物"反浪漫的"行为方式给他们带来的冲击。因为这样的女性拥有分析思维,强调个人独特性,拒绝接受预想的浪漫行为模式,亦即伴侣渴望的理想化爱情:

  你说,你爱
  我吗,你爱不爱我

  我回答你:
  我将你双臂伸展
  一条放在一边
  你的头向前垂下。②

  这或许是文学作品中最奇特的"爱的表白",或者是对爱的拒绝。"我"没有直接回答恋人的追问,事实上,是恋人自己回答了自己的问题——"你"脑袋前倾,就像在点头,而"你"的整个姿势则令人毛骨悚然,这是耶稣被钉在十字架上的姿势。"我"不仅没有让"你"得到证实自己被爱的明确答复,反而让人产生已被处死的联想。

  男女之间的性暴力导致的最直接后果便是两人的分道扬镳,第二部分开篇的四行诗写道:

---

① Margaret Atwood, *Power Politics*, Toronto: House of Anansi Press, 1971: 5.
② 同上,6。

> 帝国主义者,我说
>
> 别靠近那些树。
>
> 没有用:你往后退去,
>
> 欣赏着自己的足迹。①

"我"将"你"称作"帝国主义者",表明两者之间是侵略者和被侵略者的关系,短短四句诗预示了两人渐行渐远的结局。

接下去的《小策略》分成七个诗节,继续描写伴侣之间给对方造成的痛苦,透露出叙述者面对情感折磨时的苦涩之情。在第一个诗节中,"我"希望回到过去相爱的日子,那时的日子似乎洋溢着无尽的快乐:"请让我们回去/那些游戏,它们/更有趣,不那么痛。"②在第二个诗节里,"我"承认"你"有时很温柔,两人在一起时"我"甚至能感受到"你"的紧张。然而,这种感觉稍纵即逝,到了下面三个诗节时,"我"记起了"你"曾带来的情感和身体伤害——"我"等待着"你"回家却不知道"你"是否会回家的痛苦心情,更没想到等来的却是怒气冲冲的"你":

> 被提起,扔出
>
> (你停不下)朝向
>
> 地面,被提起
>
> 扔出,一次又一次③

---

① Margaret Atwood, *Power Politics*, Toronto: House of Anansi Press, 1971: 15.
② 同上,17。
③ 同上,18。

最后"你"又离开了。"我"再次无望地等待"你"的归来,假装事情还没变糟,"至少/还没有"。然而,"我"明白这只不过是自欺欺人,于是,"我吞药/我喝水/我跪下",从表面上看,"我"似乎打算服药自杀,但细细推敲便可发现,"我"其实是想通过这种方式清除"你"施加在"我"身上的痛苦,祈祷获得新生:"把我放出这个牢笼,这具/身体……"①

随着时间的推移,叙述者越来越明白自己必须拥有内在的力量。"我"曾经以为"你"是拯救者,能够回答我大多数的"宗教问题"②,如今却只是说:"我记得我所要做的/为了活命。"③在第二部分的最后一首诗《他们是敌国》中,作者刻画了"你""我"之间势同水火的局面,两人如同愤怒的野兽,随时准备发出攻击:

可我们是对立的,我们

接触就如同进攻,

我们带来礼物

或许带着美好的承诺

却在我们手中扭曲

成为工具,成为伎俩④

不管是对恋爱中的人还是对处于严肃婚姻关系中的人来

---

① Margaret Atwood, *Power Politics*, Toronto: House of Anansi Press, 1971: 19.
② 同上,21。
③ 同上,23。
④ 同上,37。

说,分手都是一件令人痛苦的事:一想到即将失去生命中某个对自己具有特殊意义的人,人们大多会心碎落泪。所有关于爱的记忆——沙滩上的牵手、夕阳下的漫步、电话中的交谈、枕边的私语——都将随着"分手"二字烟消云散,脑海只是萦绕着一个问题:"这么做真的对吗?"然而,当伴侣关系中快乐不再,痛苦变成愤怒——对自己的愤怒,对爱人的愤怒——分手又是必然的。无论如何,结束一段关系意味着双方各自开始全新的生活,意味着从过去吸取教训,获得成长。在诗集的第三部分,叙述者终于明白自己必须开始全新的生活:

> 从死者处回来
>
> 过去我曾做得很好
>
> 我开始询问原因
>
> 我开始忘记方式①

在这一部分,叙述者知道两人之间的关系已经无药可救:"我遍体鳞伤躺在/你旁边;……/你的指端流着/一千宗谋杀案的血。"②叙述者也看清了两人痛苦的根源:男人没有爱的能力,他既不懂得自己,也不懂得和女人分享,甚至不承认女人的身份。女人知道这其中有自己的错,但"你却帮助了我"③,换言之,两人都有责任。看清了事实的"我"最后穿上衣服,走出门去,

---

① Margaret Atwood, *Power Politics*, Toronto: House of Anansi Press, 1971: 39.
② 同上,47。
③ 同上,55。

"我吃惊于/我能继续/思考,吃饭,做任何事"①。

总体而言,《权力政治》推翻了将女性困在情感世界里的浪漫爱情神话。几个世纪以来,这个神话渗透进我们的文学作品里,从高雅文化载体到廉价商店的情色小说,无处不在。它要女性相信,爱是生活的解决方式,她们应该寻找生命中的心灵伴侣,以求获得完满的身份属性。然而,这样的浪漫爱情神话在现实世界中并不存在。当阿特伍德将这些爱的片段称为"权力政治"时,她想要表达的是:在一个以权力为引擎的文化中,当这个文化以种族、阶级和性别等统治原则为体系时,对个人关系中的权力视而不见是一意孤行的盲目行为,其负面作用是显而易见的。阿特伍德以惊人的表现力,在诗歌中将日常生活营造出令人惊骇的效果,展现了她对情感世界的独特认知。

四、你很幸福

波尔克搬离之后,阿特伍德恢复了单身生活,忙碌的写作使她忘却了爱情和婚姻的失意。然而,爱神却在不知不觉中再次降临,一个和她有着共同兴趣爱好的男人出现在她的视野中,他就是作家圈内的名人格雷姆·吉布森。

两人的第一次短暂相遇是在庆祝米尔顿·柯恩获得人民诗歌奖的聚会上。那是1970年,阿特伍德和吉布森分别凭借《可

---

① Margaret Atwood, *Power Politics*, Toronto: House of Anansi Press, 1971: 47.

以吃的女人》和《五条腿》①入围总督文学奖（最后小说奖项花落罗伯特·克罗齐的《种马倌》）。在聚会中，阿特伍德走到吉布森面前说道："我认为你的书应该获总督奖。"说完就走开了。

其时，吉布森正在安南西出版社帮忙，他的任务是为图书封面拍作者肖像。1971年春天，他受命给阿特伍德拍照，用在《权力政治》封底。这件事对他具有特殊意义，一些看似生命中无关痛痒的时刻，却在无意中改变了人的一生。吉布森记得阿特伍德那天扎起了头发，戴着一顶帽子。在拍了三卷胶卷之后，他请她摘下帽子，梳理一下头发，她同意了，后来拍出的照片令人难忘。"透过相机，我发现自己，嗯，被深深地吸引。我真的被迷住了。当你采用一种镜头，直接对准对方的脸部时，会产生亲密的感觉。她的眼睛，她的头发。我从相机里看了很久。我完全被她迷住了。"②

这一年秋天，阿特伍德从英国回到加拿大，她和吉布森的职业生涯道路开始相交。阿特伍德的《权力政治》和吉布森的第二部小说《圣餐仪式》在同一季发行。加拿大广播公司邀请两人同时接受采访。吉布森在节目中谈到，他几乎能感觉得到，自己可以写下阿特伍德的《权力政治》中的一些诗行，而她也能写下他的《圣餐仪式》中的一些句子，他们之间有一种不可思议的联系、一种相似的感悟力。阿特伍德对吉布森的话表示赞同。不久之

---

① 《五条腿》(1969)是吉布森的处女作，讲述了一个男子在婚姻、学术和个人自由等方面的抉择。小说出版后引起轰动，第一版印刷了两千五百册，三周内即销售一空。评论界称它是加拿大第一批最佳现代主义小说之一。

② 转引自 Rosemary Sullivan, *The Red Shoes*: *Margaret Atwood Starting Out*: 269.

后,他们便开始在安南西出版社共事。

吉布森不记得他们具体是何时何地开始正式约会的,但他记得两人第一次出去吃饭的情景,那是在布洛尔大街和士巴丹拿街拐角处的一家日本餐厅楼上。阿特伍德的盘子里有一些绿色芥末酱,她以为是某种奶油干酪,便拿起筷子,夹起一整团酱,放进嘴巴,吃了下去,居然连眉头都没皱一下。他被她装出的勇敢逗乐了。

吉布森遇见阿特伍德时年近四十,有家庭,但与妻子雪莉的感情已名存实亡。1972年,吉布森与雪莉离婚,在多伦多北部的比顿镇租了栋屋子,两个儿子跟随母亲生活,但经常过去看望他。常去看他的还有阿特伍德。

1973年夏天,阿特伍德和吉布森都感觉到彼此已离不开对方。当吉布森在比顿镇的租屋要出售时,他们便在多伦多北部五十英里处的阿里斯顿附近买了个一百英亩的农庄,开始了共同的生活。

阿特伍德和吉布森搬入农庄,买回二手农具耕种土地。他们辟出一个大菜园,养起了动物,鸡鸭鹅牛马羊应有尽有,还养了一只黑色波斯猫、一只斑猫和两只爱尔兰猎狼犬,农场里一时生机勃勃。此时的阿特伍德已经名满国内,聚焦在她身上的光环越来越多,她需要一个可以让她休憩心灵的地方,远离尘嚣的农庄生活非常适合她。偶尔有客来访,大家便聚在充满乡村气息的餐厅,你一言我一语地朗读《皮尔斯百科全书》,铁炉喷出热气,炉子上咕嘟咕嘟炖着羊肉汤,碗碟则堆在一边等到第二天早晨清洗。有时候,清晨时分,吉布森会谈论起手头项目的最新进展,阿特伍德边听边用钩针编织毛衣。

在这一阶段,阿特伍德对爱有了新的感受。她惊讶地发现,自己的生活最终居然会像父母所希冀的那样,"接近于一种后院听落叶模式";她也并没有如自己所想象的那样,在三十岁时变成乖张孤僻、有自杀倾向的女作家。她终于能够和父母一样,与自己所爱的人,在一个自己喜欢的地方,终老一生。漫漫人生路,因为有了他的相伴相随,又何惧外面的风刀霜剑?此时的阿特伍德心里充满感恩:"我不可能和一个不允许我成为作家的男人生活在一起。可我为此付出了太多……有很长一段时间,我错过了很多别的女人所拥有的一切——孩子、丈夫。现在我知道,我什么都没错过。"①她甚至在访谈中豪放地大笑:"如果莎士比亚可以有孩子,又不用自杀,我也能做到,见鬼的。"②

阿特伍德是幸运的,吉布森是一个有着强大内心的男人,毫不惧怕她比他强势。他们之间的相处模式也是平等的,互相尊重的。吉布森出门时,阿特伍德会照顾农庄,阿特伍德出门时,就由吉布森照管,两人都视对方为独立的个体。虽然阿特伍德的事业如日中天,但吉布森并没有像当年波尔克那样认为自己受到羞辱和反性别歧视。在文学界,吉布森声望很高,他的作品以及他在文化政治领域的工作为他赢得了颇多尊重:他着手创建了加拿大作家协会(1973);他发起成立了"作家发展信托公

---

① Valerie Miner, "The Many Facets of Margaret Atwood", *Chatelaine* (June 1975): 68.
② Margaret Atwood, "Great Unexpectations", *Ms.* (July/August 1987): 196.

司"(1977);他将大量精力投入国际笔会的工作……有一次,吉布森在为新作《永恒运动》做宣传时,阿尔伯塔电台的一位记者问道:"和玛格丽特·阿特伍德生活在一起感觉如何?"他回答:"他妈的,跟你没关系。"事后,他解释道:"事实上,佩吉的成功从来没有对我造成困扰,因为在我们走到一起之前,我俩都已成名。我们在刚开始时就拥有了想要的成功,这是我们的婚姻得以维系的原因。"①

在结婚一年之后,阿特伍德出版了诗集《你很幸福》,其中有些诗反映了她和吉布森在阿里斯顿农庄田园牧歌般的生活,如《挖掘》《春之诗》和《八月末》。她在《挖掘》中描写了"我"在农场仓院用铲子挖地的情景:"盒子里装满腐败的畜粪/去给甜瓜施肥"②,周围是"……腐烂的/干草,冒着热气/在湿润的太阳光里,散发/发霉的纸板气味"。而"我"身上的衣服发出酸味,体现了劳动的真实感。

在《春之诗》中,她写道:"春天来了,我的决定,大地/发酵如面包/或垃圾,我们在焚烧/去年的杂草,烟雾/在路边闪耀,丛生茎秆/如无精打采的凤凰般发光……"

在《八月末》里,夜晚,月色朦胧,这是梅子和苹果的季节,"它们葱翠的叶状鳞茎/在幽暗中闪光,苹果/掉落、腐烂/甜丝丝,褐色皮如腺体般纹理分明",黑暗的草丛里,蟋蟀在叫着"熟

---

① 转引自 Rosemary Sullivan, *The Red Shoes: Margaret Atwood Starting Out*: 296.
② Margaret Atwood, *You Are Happy*, Toronto: Oxford University Press, 1974. 本小节关于《你很幸福》的引文均出自该书。

了熟了",梅子在窗外草坪上滴落汁液,"……胀裂/声音如厚糖浆/低沉缓慢"。

除了展现农庄的景色以及在农庄劳作的画面,《你很幸福》里还隐含着一种语调,那就是"爱"的话语。阿特伍德从不轻易向外人展现自己和吉布森的私生活,但她的朋友们却看得清清楚楚,两人相亲相爱。作家蒂莫西·芬德利清晰地记得自己第一次见到夫妇俩的情景。那年冬天,吉布森带阿特伍德去拜访芬德利,畅聊一番之后,他们领着狗到田里散步:"佩吉和格雷姆走到车旁,拿出斗篷,害羞地穿上离开了,样子很滑稽,我立刻爱上了他们。他们在一起那么美好,格雷姆在智商上与她旗鼓相当,两人显然都觉得对方很有趣。"[①]

这样两情相悦的情感在《你很幸福》里得到反映,虽然着墨不多,但足以让人怦然心动。在《四种规避》中,凌晨三点,相爱中的两人裹着同一件衣服,在车内相拥而坐,外面风声呼号,汽车玻璃被白雪覆盖:"无法说出我多想要你/甚至不能说出/我不能……不是因为/无话可说,而是/有太多要说,这使我无措。"

在最后一首诗《祖先之书》中,阿特伍德写下了对爱的理解,爱是"去/冒险,去付出生命/活着,像这样打开自己,成为整体"。

1976年,阿特伍德在三十六岁高龄生下女儿杰丝。虽然怀孕过程很艰辛,但她觉得一切都很值得,她拥有了丈夫、孩子和深爱的事业。而她的写作生涯才只是开了个头,她不停地写着,就像一个长跑运动员,试图不断超越自己的极限。

---

① Rosemary Sullivan, *The Red Shoes*: *Margaret Atwood Starting Out*: 281.

第六章

文学界的弄潮儿

一、变化中的人文景观

作为英法两国曾经的殖民地,加拿大始终不能完全摆脱前宗主国的阴影,总是不自觉地把自己看作帝国大家庭里不受待见的孤儿。与此同时,加拿大和美国毗邻,时刻能感受到美国在政治、经济和文化上的威胁,害怕被更强大的邻居吞并。特殊的历史和文化背景造成了加拿大人的殖民地心态,使他们在许多方面缺乏自信,这种不自信也体现在了文化领域,阻碍了加拿大文化艺术的发展。

然而,从1966年开始,加拿大的人文景观开始发生天翻地覆的变化,在接下去的十年时间里,加拿大爆发出巨大的能量和空前的乐观精神。以多伦多为例,它原先相对闭塞,缺乏特色,但到20世纪60年代中期,一些地标性建筑开始出现,比如道明银行的五十六层塔楼、弥敦菲腊广场的雕像"射手"……人们感受到了时代脉搏的有力跳动,文化界人士纷纷涌向此处,海外求学的学子也回到这里,大家摩拳擦掌,打算一展身手。

阿特伍德的同窗兼好友丹尼斯·李在维多利亚学院任教,他分析了加拿大出版业现状,指出除了麦克米兰和牛津等极个别的出版社之外,外商独资或出版分社在发行加拿大原著方面的纪录非常糟糕,导致许多加拿大作家都到国外开辟阵地,寻找出版商和读者。这么做产生的后果极其恶劣:这些作家为了迎合国外出版商和读者的口味,不惜套用别人的模式来包装作品,甚至把自己伪装成美国或英国人,对加拿大传统文化却视而不见。李认为,最好的解决办法是推翻这一体系,自己当家做主,成为出版商。他的首个项目是替一位才华横溢的年轻作家爱德华·雷西发行一本小册子《损失的形式》,为此,他请求阿特伍德帮忙,她捐助了一百加元,这对当时的阿特伍德来说是一大笔财富,她戏谑地称之为"献血"。

李和三一学院讲师戴夫·戈弗雷商议成立一家出版社,他们最终把地址选在戈弗雷位于士巴丹拿街的地下室里,取名安南西出版社(戈弗雷曾在非洲工作过,西非有一种蜘蛛神"安南西",它创造了世界,后来堕落为恶作剧者,出版社便以此命名)。很快,作家们纷纷找到安南西出版社,想出版自己的文稿。在戈弗雷的指导下,一套四册丛书于1967年秋季出版,这一年还再版了阿特伍德的《圆圈游戏》。安南西出版社在未来的岁月中成长为加拿大最重要的出版社之一,为介绍加拿大作家、弘扬加拿大文化做出了巨大贡献。

在这段时间里,小型出版社如雨后春笋般在加拿大各地出现。1965年,多伦多印刷商兼设计师斯坦·贝文顿和几位作家共同成立了蔻驰出版社,徽标是只海狸,他们出版的第一本书上印着一行字:"由一群傻乎乎又尖刻的怪胎用加拿大纸张在加拿大印制。"1966年,迈克尔·麦克莱姆在渥太华成立奥伯龙出版社;1967年,大卫·罗宾逊在温哥华创立泰龙书出版社。除此之外,还有巴里·卡拉汉的流亡出版社、霍华德·埃斯特的马赛克出版社和马蒂·格尔维的黑苔藓出版社……

1967年恰逢加拿大建国一百周年,世博会在蒙特利尔召开,成千上万的人蜂拥到这座城市。阿特伍德因为要去蒙特利尔任教,也和丈夫波尔克来到了这里,体会到了世博会带来的狂热与激情。《环球邮报》主编威廉·托塞尔将这一次世博会称为"毫无疑问属于20世纪60年代的时刻":"整个世界似乎都在蒙特利尔展现新形象,显示自己的现代性……(这个城市)熊熊燃烧着理想主义、冒险精神、金钱、感官刺激,艺术、设计、杜松子酒、聚会、阳光以及躁狂的紧迫感,知道世博总有一天会结束……加拿大就像个精力充沛的十几岁少年。"①

在世博会之后,加拿大人开始有意识地将自己视为加拿大人,并且认真思考起加拿大的殖民地身份,试图摆脱英法殖民地的历史阴影和美国的新殖民主义威胁。"文化"成为加拿大国内政策和外交政策的主导词。联邦和地方政府纷纷为文化开辟市场,不仅在金钱上资助艺术,而且为作家和出版商建立了各种机构。这些并非世博会带来的结果,相反,世博会本身是加拿大建

---

① William Thorsell, "Expo 67's Happy-faced Idealism Was Misleading", *The Globe and Mail* (26 April 1997): C13.

国一百周年时席卷全国的民族主义情绪的产物。阿特伍德对当时的普遍情绪概括道:"因为世博会,空气中弥漫着关于加拿大的乐观主义精神,这是(我的)记忆中的第一次。"①可以毫不夸张地说,20世纪60年代中期是加拿大文化民族主义的奠基阶段,这种民族主义将在未来十年时间里影响加拿大的文学创作。

虽然阿特伍德说自己只是作家,只想"出版自己的书"②,但民族主义已然融入她的思想。更何况,她有过在哈佛大学加拿大俱乐部的经历,加拿大民族身份对她而言并不是陌生的话题。因此,她的文字中自然而然地流露出对这一问题的思考,从各个方面展现加拿大的历史、现状及其独特的民族特征,如诗集《苏珊娜·穆迪日志》通过苏珊娜·穆迪这位历史人物再现了加拿大早期殖民垦荒史;论著《生存:加拿大文学主题指南》凸显了加拿大作为后殖民国家所面临的困境;小说《浮现》以加拿大荒野为背景,描写了20世纪70年代加拿大人的精神面貌;《人类以前的生活》由加拿大不同族裔的生存状况展现其多元文化景观。

而阿特伍德的第一部长篇小说《可以吃的女人》的出版经历也恰恰证明了加拿大出版界对英美出版界的成功反击。1964年,阿特伍德在温哥华的不列颠哥伦比亚大学教书,着手撰写《可以吃的女人》,直到在哈佛大学拉德克利夫学院攻读博士学位时才完成书稿,完稿后便把它寄给了麦克莱兰和斯图亚特

---

① Margaret Atwood, "Bowering Pie... Some Recollections", *Essays on Canadian Writing* 5.3 (Summer 1989): 4.
② Rosemary Sullivan, *The Red Shoes: Margaret Atwood Starting Out*: 200.

出版公司。1966年2月,出版社给她回复了一封信,大致意思是表示鼓励,然后便如泥牛入海。1967年3月,阿特伍德写信给出版商询问书稿的命运,仍旧杳无音讯。这年夏天,她回到多伦多,给出版社打去电话并留下姓名,想撤回书稿。

出版公司经理杰克·麦克莱兰德给她回了电话,为出版社的失误致歉,并告诉她自己刚读完《多伦多每日星报》百年特刊上的文章,文中介绍她二十七岁便凭借第一本书获得了"总督文学诗歌奖"。麦克莱兰德征求阿特伍德的意见,询问她是否愿意让他先读一下书稿。8月时,两人见面,商议出版事宜。因为麦克莱兰德和斯图亚特是一家加拿大出版公司,阿特伍德知道加拿大的出版政策,她还听说如果先在自己国家出版书籍的话将会产生毁灭性影响。为了谨慎起见,她向经理人霍普·勒雷舍咨询相关情况,勒雷舍在回信中说明了加拿大的出版环境:"用英语撰写的书籍面向更广泛的公众群体;而不仅仅是加拿大公众,这真的不只是为了你的利益,而是惯例。首先将它交给一家英国出版商,拿到英国与联邦版权,再交给一家美国出版商,拿到覆盖美国领土的版权。把加拿大市场交给先拿到这本书的出版商也是惯例,不管是英国出版商还是美国出版商,尽管从技术上讲加拿大当然是联邦市场的一部分。"他接着向阿特伍德解释,如果这本书很特别,能引起加拿大方面关注,或者作家是加拿大人,又或者作者在当地有社会关系和影响力,那么在订立英国或美国版权合同时或许有可能安排单独在加拿大出版,但必须得到英美出版商同意,并且答应经济补偿。因此,他建议阿特伍德不要先在加拿大出版书籍,那样做是"把马车放到马的前面"。①

结果是,麦克莱兰德和斯图亚特出版公司在1969年秋季出版了《可以吃的女人》,他们购买了该书的世界版权,可以出售给外国出版商。同一年,安德烈·多伊奇出版社在英国发行该书,利特尔&布朗出版社在1970年推出美国版本。马车放到了马的前面,而且相当成功。《可以吃的女人》在世界出版市场的成功操作并非偶然现象,它表明加拿大文学正在逐渐受到关注,尽管这样的关注相比英美文学来说少得可怜。

20世纪六七十年代是阿特伍德的文学创作高峰期,她为加拿大的文化民族主义复兴立下了汗马功劳。在这一阶段,除了民族主义之外,还有一股思潮正在涌动,这就是女权主义。《可以吃的女人》出版之后被评论界视为"属于北美战后女权主义历史的特殊时刻,这一时刻记录了当代女权运动对女性气质社会神话的反抗"②。阿特伍德并不否认自己曾受到贝蒂·弗莱顿和西蒙娜·德·波伏瓦等女权主义者影响,但她也不承认自己是女权主义者,甚至认为是女权主义"领养"了她,因为她撰写《可以吃的女人》是在1964至1965年,这个时候"还没有女权主义运动"。阿特伍德指出,女权主义运动"直到1968或1969年才在美国出现,加拿大要晚一些",因此,她在写《可以吃的女人》

---

① "Letter from Hope Leresche (agent) to Margaret Atwood", 16 March 1966, Atwood Papers, Box 92, File 1.

② Coral Ann Howells, *Margaret Atwood* 2nd edition ,London: Palgrave Macmillan, 2005:20.

时,"并没有把它看作女权主义小说,因为这个术语还未出现"。①事实上,她早在哈佛大学时就已经开始思考女性的弱势地位,早先出版的诗集《圆圈游戏》里也有诸多关于男性和女性冲突的描写。

或许就像阿特伍德本人所说的,《可以吃的女人》是一部"原型女性主义小说"②,因为它早于北美第二波女权主义思潮,但无论如何,它切中了时代的脉搏,与当时流行的思想倾向不谋而合。它通过对婚姻主题的描写,以戏仿风尚喜剧的方式,间接地暴露社会问题,机智地揭示了那个时期的社会意识形态和性别意识形态。阿特伍德以其敏锐的触觉和前瞻性思维,成为文学界的弄潮儿。

二、女人不是消费品

1963年夏天,阿特伍德从哈佛大学回到多伦多,开始寻找工作。她希望能找到一份报酬高又无须技巧、不动脑子的工作,这样的话晚上就可以躲在阁楼里从事创作。她向牛津大学出版社的宣传推广部、麦克莱兰德和斯图亚特出版社、贝尔电话公司递交了简历,但三家公司都拒绝了她,原因是她学历过高。她为此感到焦虑和沮丧,后悔不该在申请表中提及自己的作家梦。这

---

① Margaret Kaminski, "Preserving Mythologies", Earl Ingersoll, ed. *Margaret Atwood: Conversations*: 27.
② Reingard M. Nischik, *Engendering Genre: The Works of Margaret Atwood*: 19.

时候的她可以说一贫如洗,"仅靠咖啡和啃指甲过日子",每天都在浏览《环球邮报》上的招聘启事。

当她终于被多伦多一家市场调研公司加拿大事实录用时,她别提有多开心了。她的工作是审核并编辑调研问卷。为此,她有时候必须走上大街,前往问卷地点,查看这些问卷是否可行。她要确保那些预期的调查对象(家庭主妇)看到问题后不会当着市场调研人员的面"砰"地关上大门。

当时,市场调研对阿特伍德来说是一份堪称完美的工作。想要成为一名合格的作家,最重要的一点便是永远不与现实世界脱节。阿特伍德在学术界待了六年,刚刚走出象牙塔的她一头扎入冰冷的商界,体会到了其荒诞的一面。在公司午餐和咖啡时间,阿特伍德听到了许多办公室八卦,这些信息连同她自己在市场调研公司的经历都成为《可以吃的女人》里非常有用的材料。

在20世纪的前半个多世纪里,加拿大在经历了经济危机、两次世界大战和朝鲜战争之后,开始步入20世纪五六十年代的经济繁荣期。到20世纪60年代末,加拿大的国民生产总值较之20世纪20年代时增加了五倍,生产力高度发展,逐步迈入先进国家行列。《可以吃的女人》便是从加拿大历史上的这段市场经济发展期为背景。

小说女主人公玛丽安大学毕业不久,和朋友恩斯利合租了多伦多一所大宅子的顶楼。她在一家市场调研公司找到一份工作,撰写调研问题和抽样产品,过着朝九晚五的生活。玛丽安一直在外人面前保持着好女人的形象:她平时穿的衣服大都是"伪装和保护色"①,显得低调内敛,房东太太和楼下房客都喜欢她,觉得她比恩斯利规矩懂事;在办公室同事眼里,她安静不惹事;在未婚夫彼得面前,她温顺听话。按当时社会的眼光来看,她是一位精神健全的女性:有相对稳定的工作,经济独立,未婚夫是位律师,英俊潇洒、年轻有为……这些几乎是每个年轻女子梦想的生活。

然而,玛丽安内心总有种隐隐的不安,这种不安首先来自工作。她所在的调研公司大楼是个三层结构:顶层是主管人员和心理学家办公之处,他们全是男性,被称作"楼上的先生",她平时根本接触不到这些人,底层大多是体力劳动者,"似乎加班加点,一脸疲倦的模样",②她所在的中间层清一色都是女性,职责是照管市场调研人员,即计件取酬的家庭主妇。在这样一个等级分明的地方,一想到自己这辈子就要困在中间一层建筑里,像"软塌塌的"冰淇淋三明治夹馅,她就感到无望,不知道未来在哪里。她仿佛能预见自己在职业生涯的尽头,戴着助听器,接过退休金的场景。

周围女性的生活状态让玛丽安更加觉得迷茫。那些和她同在一层大楼工作的"办公室处女们"首要任务是攀上个好男人,把自己嫁掉。她们的装扮如同来自一个模子,都是些"人造的金发美女"③。露茜每天都打扮得花枝招展,到昂贵的餐厅吃午饭,

---

① 玛格丽特·阿特伍德:《可以吃的女人》,刘凯芳译,上海:上海译文出版社,1999年版,第4页。文中关于《可以吃的女人》的引用大多来自此书,有些地方略有调整。
② 玛格丽特·阿特伍德:《可以吃的女人》,第11页。
③ 同上,第14页。

目的是想钓个金龟婿,好把自己从公司解救出去。玛丽安的大学好友克拉拉已为人妻母,在婚姻生活中狼狈不堪,接二连三地怀孕生子早已磨去她的朝气。看着克拉拉"像吞了个大西瓜的蟒蛇"①般的模样,玛丽安为她感到难过:"孩子们不期而至,第一次怀孕时克拉拉万分惊喜,说是真没想到她竟然也要生孩子了,到怀第二胎时她就有些惊慌失措,如今第三个孩子即将出世,她苦恼得不知所措,干脆躺倒在地,一切听天由命。"②而同屋的恩斯利则把婚姻当成一项实验,打算当未婚妈妈,对她来说,"如今把家庭毁了的就是丈夫"③。为此,她盯上了玛丽安的朋友伦纳德,觉得他强壮、英俊而且聪明,适合做她孩子的生理父亲。玛丽安很不赞成恩斯利的做法,在她看来,非婚生子是一种冷血行为,女人总有一天会为此付出代价。

玛丽安不甘心像"办公室处女们"那样成为男人肉欲的对象,不想扮演克拉拉那样的贤妻良母角色,也不愿意接受恩斯利那样的激进女权主义观念。此时似乎只有彼得才能将她从庸常混乱的生活中解救出来,为她提供一分安宁。她一直觉得彼得谈吐不俗、性格讨喜,是个理想的男友,却不知他的深情只是赢得她芳心的一种手段,他需要一个有独立判断力且性情温柔的女子作为结婚对象,玛丽安无疑合乎他的心意。

随着时间的推移,玛丽安慢慢了解了彼得性格中的控制欲,他嗜好狩猎、喜爱摄影,并引以为傲,自认为拿相机和拿枪的姿

---

① 玛格丽特·阿特伍德:《可以吃的女人》,第 25 页。
② 同上,第 32 页。
③ 同上,第 36 页。

势都特别有男子气概。他喜欢绘声绘色地讲述打猎的经过,完全不顾及玛丽安的感受。一次在餐厅吃饭时,彼得开始向伦纳德述说猎兔的过程,一旁的玛丽安在脑子里想象着血淋淋的画面,感到一阵恐惧,仿佛灵魂与肉体分了家:"我有点惊奇地发现我手边落下了一大滴湿湿的东西。我用手指去抹了抹,把它涂了开来,突然我意识到这是眼泪,不由大吃一惊。"①玛丽安从餐厅逃了出去,彼得开着车追上她,责备她在饭桌上不如恩斯利表现好:"你的麻烦是,你想故意否定自己身上的女性气质。"②彼得对恩斯利的赞美深深刺痛了玛丽安,一来她知道恩斯利的秘密:后者装出一副纯情模样是想引诱伦纳德,怀上他的孩子;二来她觉得女性气质跟这件事毫不沾边,她只是在逃避某种不愿面对的现实。

当天夜里,彼得向玛丽安求婚,她压抑住心里的烦乱,假装显得非常乐意。彼得要玛丽安选个婚期,她的第一个冲动是回答"土拨鼠日怎么样?"因为平日里彼得一本正经地问起有关她的事情时,她总以这种玩笑的态度避而不答。然而,她却听见一个完全不像自己的声音软绵绵地说道:"还是由你来定吧。这些大事还是由你来做主好。"③玛丽安以这种自欺欺人的方式竭力扮演着彼得心目中的"温顺妻子"角色,然而,心底深处的不安全感和疏离感却一日日加重。也正是在求婚之后,小说叙事方式突然由第一人称转换成第三人称,似乎在表明玛丽安的人生故

---

① 玛格丽特·阿特伍德:《可以吃的女人》,第71页。
② 同上,第83页。
③ 同上,第94页。

事正在脱离她的掌控范围,她成为别人话语中的对象。

玛丽安觉察到了自己的想法和行为有些反常,想去看心理医生。她觉得应该先和身边的亲友商量一下,但又害怕告诉彼得,怕会破坏自己在他心目中的形象,让他误以为自己精神上有毛病。恩斯利忙着引诱伦纳德,无暇顾及玛丽安;孕中的克拉拉也没法给她提供实质性的建议。玛丽安内心历经种种挣扎,表面上还得装出一副没事的样子,外表和内心的撕裂开始以梦境、错觉和稍纵即逝的幻象体现出来。有一次她梦见自己的双脚开始溶解,手指头变得透明,整个人似乎就要消失不见;她还在洗澡时出现幻觉,幻想自己和彼得做爱之后的浴缸变成了棺材……

在两人的订婚派对上,玛丽安按照彼得的吩咐买了件颜色大胆的红色连衣裙,化了浓妆,贴上假睫毛,抹了鲜亮的口红,戴上金光闪闪的耳环。玛丽安看着镜中的影子,那是个完全变了样的自己,仿佛正在嘲笑她。而浑身散发的香味使她感觉自己像一块蛋糕,正等着在上面点缀糖霜,端上桌子,供人享用。玛丽安意识到,女人在婚姻市场的首要价值是迷人的外貌,而此时的她已经不再是自己,只是彼得眼里的好妻子形象以及社会大众所承认的好女人形象。在男性目光的凝视下,她成了装饰物、被消费的物体,失去了自身存在的意义。当彼得端起相机,想给玛丽安照几张相,留下她的"倩影"时,玛丽安的恐惧达到了高潮,她觉得自己是彼得枪支瞄准下的兔子,是他的猎物,即将血溅当场,不由尖叫出声。

第二天,玛丽安烤了个蛋糕,做成女人形状。当彼得来找她时,她端出蛋糕,对他说道:"你一直在想方设法把我给毁掉,不是吗?……你一直在想方设法同化我。不过我已经给你做了个替身,你会更喜欢的。这东西是你会更喜欢的。你追求的其实就是这个东西,对吗?"①彼得匆匆离开了玛丽安的住处,两人的婚期也取消了。针对这一情节,阿特伍德在访谈中说道:"玛丽安采取了行动,从某种程度上说是荒谬的,正如现实语境中所有的象征符号一样荒谬,但她显然是在制作自己的替身。"②人形蛋糕象征了男性消费行为对女性的物化,它是玛丽安对女性状况和命运的洞察,并经由烤蛋糕这一传统的女性家务劳动行为来批判社会对女子气质的成见。

故事结尾时,叙事方式又变回了第一人称,玛丽安正在大扫除,她扔掉冰箱里快要腐烂的食品,将家里打扫得干干净净,准备以全新的姿态迎接生活的挑战。她的胃口也恢复正常了,标志着女性权利和力量的回归。

小说主要围绕"consume"这一话题展开,包含了两层意思:其一是生理进程,指食物的摄取和消化,即"身体的进食",小说的场景大多在餐厅或厨房展开,多数活动和意象都与嘴以及进食的过程有关;其二是社会经济进程,即商品的购买和使用。玛丽安是市场调研人员,专门研究商品的受欢迎程度,是促进社会经济发展的一分子,但她同时也是婚姻市场上"待沽"的年轻女子,是一件"流通的商品"。玛丽安开始时一心把自己塑造为"诱人"的女子,在他人心目中树立完美的女性形象,心甘情愿成为

---

① 玛格丽特·阿特伍德:《可以吃的女人》,第 302 页。
② Graeme Gibson, *Margaret Atwood*, *Eleven Canadian Novelists*:25.

机械化的、消费为主导的社会一员,接受社会关于女性气质的神话,从而使自己成为可消费的物体,即"可以吃的女人",就像《权力政治》中所描写的:"你拒绝拥有/你自己,你允许/别人为你做决定……"①然而,玛丽安越是满足他人的期待,成为社会大众眼里的"正常人",她就越有被吞噬的感觉。

在公司举行的圣诞晚会上,玛丽安望着办公室的已婚妇女们,她们有的在说话,有的在吃东西。她第一次饶有兴趣地观察这些女人的身体,"她们都成熟了,有人很快地熟过了头,有人已经开始干瘪起来……各人处于不同的生长或者腐败的阶段……"玛丽安心想,她们真是一群古怪的生物,"一刻不停地咀嚼着,同外部世界进行交换,有的东西进去,有的东西出来,话啦、马铃薯条啦、饱嗝啦、油脂啦、头发啦、小娃娃啦、牛奶啦、排泄物啦、饼干啦、呕吐啦、咖啡啦、番茄汁啦、血啦、茶啦、糖果啦、烈性酒啦、眼泪啦、垃圾啦……"②在玛丽安眼里,这些女人"构成了一片厚厚的马尾藻的海洋,令她透不过气来"③,而她也将成为她们中的一员,她的身体也将和她们的身体一样,在日复一日的家庭生活里失去鲜活的生命力。玛丽安不由思绪万千:传统观念中的所谓贤妻良母宣扬了女性的被动和顺从,实质却是对女性自我生存的严重威胁。

玛丽安的厌食症是在和彼得订婚前后患上的。第一次出现这种症状时,她正和彼得一起吃饭,看到彼得津津有味地吃着一

---

① Margaret Atwood, *Power Politics*:30.
② 玛格丽特·阿特伍德:《可以吃的女人》,第181页。
③ 同上,第182页。

块半生不熟的牛排,玛丽安脑子里却不合时宜地浮现出一张牛的解剖图,每个部位都标示得清清楚楚。她先是吃不下肉,"拒不接受所有露出一点骨头、腱子和肌肉纤维痕迹的商品",接着发展到什么都吃不下喝不下:"她的身体拒绝接受任何东西,圈子越来越小,终于缩成了一个小圆点,一切食物都被排除在外了。"①人的身体是有机的整体,消化系统对吞下的东西表示反抗,实际上是在发出警示:这具身体主人的内在需求必须得到重视。玛丽安的厌食症其实是一种思维障碍,她害怕一旦结婚,彼得的强势会摧毁她本就脆弱的身份。她在潜意识里将彼得当成掠食者,这种想法以身体拒绝进食的方式体现出来,构成歇斯底里式的话语,形成"恐婚的隐喻性表达"②,对社会化的女性身份提出抗议。因此,当玛丽安从与彼得的订婚派对上逃走时,她是在宣告自己拒绝成为一个"可以吃的女人"。她不想被婚姻生活套住,不想使自己的身份和个性遭到无情摧残。她需要新鲜空气,需要生存的空间。

从小说中的零星片段可以得知,彼得最终和"办公室处女"露茜结了婚。这样的结局令人惊讶,却似乎又在情理之中。阿特伍德称《可以吃的女人》是一部"反喜剧",因为标准的 18 世纪喜剧讲述的是有情人冲破以某个人为代表的社会阻力终成眷属的故事,《可以吃的女人》描写的也是爱情和婚姻,只不过最后结婚的是两个原本不相干的人,而代表社会阻力的正是玛丽安的未婚夫彼得。阿特伍德指出,在传统的喜剧中,彼得会是那个桀

---

① 玛格丽特·阿特伍德:《可以吃的女人》,第 285 页。
② Coral Ann Howells, *Margaret Atwood* 2nd edition:28.

骜不驯的男主人公,而在《可以吃的女人》里,彼得和社会规范的约束力量合二为一,喜剧式的解决方案对玛丽安而言却是充满了悲情色彩。①

不管《可以吃的女人》中有多少"反喜剧"成分,我们无法忽视其中的现实主义因素。通过描写一位女子内心的渴望和冲突进而展现其自我实现的需求,阿特伍德揭示了20世纪60年代女性在男权社会中的挣扎与困境,小说也因其对女性身份的细致刻画而成为"划时代的声音"②,她所描写的是"全新的事物,极其智慧机智,但同时也极富攻击性和挑战性。"③《可以吃的女人》出版之后,批评界的关注焦点主要是其中的女性主义因素,小说的结尾也发人深思,有些评论者指出,女主人公似乎又回到了原点,问题的实质根本没有改变。对此,阿特伍德并未加以否认:"女主人公所面临的抉择在全书结尾时与开始时并没有多大差异——不是重新选择一份前途渺茫的职业,便是结婚嫁人,以此作为摆脱工作的途径。可这些就是20世纪60年代初加拿大年轻女性的选择,即便是受过教育的年轻女性也是如此。要是认为一切都已改变,那是错误的……女权主义运动的目标仍未实现,那些声称我们生活在后女权主义时代的人要么大错特错,要

---

① Graeme Gibson, "Dissecting the Way a Writer Works", Earl G. Ingersoll, ed. *Margaret Atwood: Conversations*: 12.

② Uday Shankar Ojha, "Margaret Atwood's *The Edible Woman*: A Quest for Positive Identity and Spiritual Survival", R. K. Dhawan, ed. *Contemporary Commonwealth Literature*, New Delhi: Prestige, 2006: 145.

③ Helmut Frielinghaus, "Reminiscing", Reingard M. Nischik, ed. *Margaret Atwood: Works and Impact*, Ottawa: University of Ottawa Press, 2009: 296.

么已厌倦于对这一问题做全面的思考。"①阿特伍德对社会的剖析深深地扎根于她周围的世界,通过展现消费社会中丧失自我的女性形象,揭示无处不在的权力关系,探讨女性在权力夹缝中生存的可能性。

三、一本聪明的书

从20世纪60年代末开始,安南西出版社面临越来越多的困境。首先是因为戴夫·戈弗雷和丹尼斯·李两人的经营理念产生了分歧,戈弗雷离开安南西,出走法国。一年之后,他回到多伦多,在离安南西不远处另起炉灶。李全面接管安南西出版社后,出版了几本颇有影响的加拿大文学书籍,但由于此时小型出版社遍地开花,而且一些大出版社分部也对加拿大作家产生了兴趣,试图分一杯羹,安南西出版社的地位受到了威胁。

给安南西出版社造成沉重打击的是对美国出版法的试探。当时美国有一项"印制条款",对于美国之外印刷的书籍设立进口限额,但加拿大没有对应的法规。这样一来,美国出版商可以随心所欲地将超额印刷的书籍倾销到加拿大境内,加拿大出版商却只能屈服于此,在美国印刷书籍。安南西出版社厌恶这种不对等的待遇,也对加拿大政府的不作为颇为反感。1970年,安南西出版社印刷了五千册艾伦·金斯堡的《飞机梦》,并将其中的一多半批发到美国。这一行动结果被证明是不明智的。美国

---

① Margaret Atwood, "Preface", *The Edible Woman*, London: Virago, 1980: 8.

依法行事,将《飞机梦》化为纸浆,安南西出版社为此损失了好几千加元。

阿特伍德在1971年秋季加入安南西出版社董事会。此时的安南西出版社人事纷乱,内讧、离婚、桃色新闻、自杀事件频出,影响了出版社的形象。屋漏偏逢连夜雨,一间仓库起火,烧掉了一半存书。1972年夏天,李产生了放弃的念头。安南西出版社举步维艰,曾考虑和加拿大麦克米兰出版社进行合作,但后者表示不感兴趣。麦克米兰公开宣称,他们可以出于好心,以象征性的一加元买下安南西出版社,这简直是对安南西出版社的公然侮辱。

安南西出版社艰难地支撑着,该如何维持局面呢?作为董事之一,阿特伍德觉得有义务帮助安南西出版社度过窘境。同时,作为一个加拿大人,她也觉得有义务为加拿大文化事业贡献一点绵薄之力。她正在约克大学教加拿大文学①,却发现自己的同事没有一个了解本国文学。当年在哈佛大学求学时,阿特伍德曾吃惊地看到佩里·米勒和艾伦·海马特两位教授潜心钻研17世纪美国人晦涩艰深的布道,把它们当成文学对待,而在加拿大,即便是最有意思的加拿大作家也得不到应有的关注。她在教学的过程中,经常有加拿大人问她何为加拿大文学,问题往往围绕三点:第一,是不是真的没有加拿大文学?第二,如果有加拿大文学的话,它是不是二流的,或是对英国文学和美国文

---

① 阿特伍德在约克大学教授的具体课程是加拿大女性作家,主要讲授玛格丽特·劳伦斯、埃塞尔·威尔逊、希拉·华森、帕特里夏·佩奇、格温德琳·麦克尤恩等加拿大当代女作家的作品。

学的低劣模仿？第三，如果有加拿大文学且又并非次等的话，那么它在哪里？阿特伍德提及当时的状况时说道："如果我想要弄清关于本国文学的情况，几乎没有任何书能给我指明方向，几本学术书籍，仅此而已。"①阿特伍德毛遂自荐写一本读者指南之类的手册，概述加拿大文学中有价值的作品。

阿特伍德开始着手撰写书稿《生存：加拿大文学主题指南》（以下简称《生存》）。在这之前，她再次通读了佩里·米勒的《进入荒野的使命》，得出一个结论：同样都是走进蛮荒之地，美国人与加拿大人的态度却迥然不同。美国的身份建立在对自然的征服过程中，美国人把边疆视作一种象征，代表着乐观主义精神和清教思想：他们是上帝的选民。而加拿大人不想征服自然，他们只愿在自然中求得生存。不管是从民族角度还是文化角度来讲，加拿大人总是在担心生存问题。

在这一结论的基础上，阿特伍德设定了写作《生存》的基本前提，即加拿大作品一直以来"全神贯注于自己的生存……密切注意那些阻挡生存的障碍"②，此外，它们暗示了生存主义的另外一面："在某种程度上生存的失败或除了生存以外任何事情的失败。失败变成了一种内在的选择，而不是带有敌意的外部世界强加给人们的，将其扩展到一定程度，人们对生存的痴迷就会转变成不再想求生存的愿望。"③阿特伍德认为，加拿大文学倾

---

① Jim Davidson, "Where Were You When I Really Needed You", Earl Ingersoll, ed. *Margaret Atwood：Conversations*：86.
② 玛格丽特·阿特伍德：《生存：加拿大文学主题指南》，秦明利译，北京：中国文联出版公司，1991年版，第24页。
③ 同上，第26页。

向于展现受害者形象,加拿大往往视自己为集体受害者。《生存》列举了加拿大文学中与受害者角色相关的特别意象——作为受压抑的怪物的自然、作为受虐者或牺牲者的北美印第安人、一无所获或遭遇死亡的探险者、成为牢笼的家庭、以自己的族性为代价却惨遭破产的移民、失去创造力的艺术家以及恶毒的或绝望的女性。在阿特伍德看来,这样的受害者情结存在着风险,不利于加拿大作为民族国家的发展和壮大,而《生存》事实上是一种政治宣言,旨在号召加拿大人克服这一情结,确立加拿大性,即明确的加拿大人身份。① 在该书的前言部分,阿特伍德引用了《一位青年艺术家的肖像》中男主人公的一段涂鸦文字:"斯蒂芬·戴德拉斯,班级的成员,克兰哥韦斯伍德学院,赛林斯,基德尔郡,爱尔兰,欧洲,世界,宇宙,"②虽然研究加拿大民族性的表征对于批评界而言是一种奢侈,但她从20世纪初期的爱尔兰写作中找到了灵感。19世纪末的爱尔兰文化民族主义挣扎在政治与宗教斗争的夹缝中,努力维持濒于消亡的语言,这些都为20世纪70年代的加拿大文化民族主义提供了参照:如果说爱尔兰文化民族主义是一场抗争,以期恢复几个世纪以来惨遭殖民征服并已遭受破坏和遗弃的文化和文学,那么阿特伍德的文化民

---

① 阿特伍德在1973年发表了一场针对加拿大民族主义的演讲,作为对《生存》一书的补充。在演讲中,她呼吁振兴长期遭受忽视的加拿大文化史。为此,她先是承认加拿大文化史的去中心化现象和多面性,随之得出了明确的结论:"然而,在所有这些喧嚣之下,加拿大人想要什么? 我想简单来说——他们想生存。更确切地说,是做他们自己。他们厌倦了被人称作甚至自认为是'流放的英国人或失败的美国人'。"引自 Ellen McWilliams, *Margaret Atwood and the Female Bildungsroman*, Farnham: Ashgate, 2009:47.

② 玛格丽特·阿特伍德:《生存:加拿大文学主题指南》,第7页。

族主义关注的是从未完全确立或从未完全得到了解的文学。在《生存》的结尾部分，阿特伍德由文学史引申出去，论及了文化政治等更深刻的问题，激励同胞在后殖民语境中重新找到自己的位置，提高民族意识，抵制英国及美国的文化入侵，确认共享的加拿大文学传统。

为了赶上1972年的出版期限，《生存》的最后组稿充满了喜剧色彩。波尔克记得那是8月的一天，天气热得让人受不了。他回到家中，发现屋子里挤满了安南西出版社的成员，几乎人人面前都摆着一台打字机，桌上堆满了阿特伍德笔迹潦草的便签。阿特伍德坐在角落里，忙碌地写着，丹尼斯则一边来回踱步，一边不时抛出些建议。雪莉·吉布森——丹尼斯的继任者，后来接管安南西出版社——带来了杜松子酒，为大家加油鼓劲。

《生存》出版后大获成功，到1975年时，已经销售五万多册，创造了出版史上的奇迹，安南西出版社也由此走出黑暗岁月，迎来了属于它的传奇时代。批评界对《生存》的评价褒贬不一，有以正面为主的：1972年10月8日，《环球邮报》上登出菲利斯·格罗斯克斯的评论，宣称《生存》是"这个国家发行的最重要的书"；11月4日，《多伦多星报》用醒目的大字标题刊出罗伯特·富尔福德的书评《对加拿大文学的聪明高效的分析》；1974年3月，克里斯托弗·德赖弗在《倾听者》上发文，声称《生存》是"对加拿大文学极为成功的探讨"。

但学术界也不乏质疑之声。学者弗兰克·戴维从三个方面总结了《生存》存在的问题。首先是它的主题研究方法，《生存》在选择文本进行探讨时是基于其思想而非文学艺术性。尽管阿特伍德时不时地声明她不仅关注文学观点,也关注文学的质量和形式,但她重普拉特、轻司各特,以及突出吉布森、忽略劳伦斯的做法充分表明了她的观点:在决定文学"传统"时,作品的明确信息比起文学形式的含意更加重要。其次,《生存》和20世纪60年代末70年代初的许多作品一样——比如艾尔·珀迪的《新罗马人》(1968)、威廉·基尔伯恩的《加拿大和平王国指南》(1970)、弗莱的《丛林花园》(1971)和约翰·雷德科普的《星条海狸》(1971)等——试图确立或"固化"对加拿大文化的界定。这些书的潜在危害在于过度窄化文化定义,使民族作品的标准受到限制。《生存》采取了单一的、以安大略省为中心的文学传统,阿特伍德并未通过不同的地区视角或者作者的不同美学观来看待加拿大及其文学,而只是尝试着基于单一的象征意象、利用单一的理论来阐释加拿大文化。这个意象便是安大略北部荒野,在《生存》中它成为"加拿大的"荒野。最后,《生存》没有提及那些赞颂个人创造力、将创造力歌颂为本质上是"男性"力量的作家,也没有提及那些未将自己或作品角色视为不可救药的受害者的作家。戴维认为,这在某种程度上和阿特伍德所传承的加拿大东部文学传统有关,也和她的女性主义观点有一定联系。但这样一来,很多优秀的加拿大文学作品便与大众失之交臂。①

平心而论,戴维虽然在措辞方面有些尖刻,他的评价总体而言算是比较中肯的,它切中了《生存》的要害之处。但在加拿大文学的特殊时期,主题研究作为一种批评方法"显示出各种作品

---

① 参见 Frank Davey, *Margaret Atwood: A Feminist Poetics*, Vancouver: Talonbooks, 1984:154-155.

明显的统一性,或者同一性,为民族主义批评提供了方法论工具"①。而且,在《生存》出现之前,加拿大文坛从未出现过面向普通读者的加拿大文学评论。《生存》可以说是开创了先例:"它是一本能够真正体现加拿大文学的书,而不是偶然地在加拿大创作的文学,是用简洁实用的方法写出的更易被大众所理解,而不是仅仅写给专家学者的书。"②这本书"并不是一本详尽的、包罗万象的关于加拿大文学的论述"③,而是如阿特伍德所希望的那样,"能够起到像鸟类图书中辨认鸟类标本的说明一样的作用:它能帮助你辨认出这个科目的鸟为什么不同于其他科目的鸟,帮助你区别加拿大文学和其他常与之比较的、与之混淆不清的文学的不同之处"。④ 简单地说,《生存》能够让加拿大读者知道加拿大拥有自己的文学,并了解到加拿大文学与美国文学或英国文学是不一样的。此外,从一些收集的文献来看,阿特伍德做了大量研究工作,本打算继续编纂选集《生存(二):加拿大文学主题文选》⑤,后因种种原因搁置了,这一举措进一步表明她是把《生存》作为有着特定意图的导读本,也很清楚它带有不可避免的局限性。

然而,《生存》给阿特伍德带来的负面影响是毋庸置疑的。

---

① Roy Miki, "The Future's Tense: Some Notes on Editing, Canadian Style", Open Letter 8th ser, 5-6 (1993): 191.
② 玛格丽特·阿特伍德:《生存:加拿大文学主题指南》,第 5 页。
③ 同上,第 3 页。
④ 同上,第 5 页。
⑤ 引自 Ellen McWilliams, *Margaret Atwood and the Female Bildungsroman*: 45.

阿特伍德有一段时间陷入了舆论的旋涡，极左派认为她是小资产阶级，左派的另外一支认为她没有写出人民的反抗精神，中间派认为她是个民族社会主义者，保守的右派则认为她所写的东西根本不存在；一些人反对受害者主题，另一些人说世界文学里死去的人多的是，不只是在加拿大才如此，还有一些人说阿特伍德选择了加拿大文学中的消极面，选择了屈服的文学，忽视了本土的"斗争文学"……阿特伍德曾用战争来比喻当时的处境："只要发出'加拿大文学'这个词的音，就会引发一场电闪雷鸣、冷嘲热讽的传染病，尤其是在加拿大人当中。现在这可是一个火药味很浓的词，一点不输于'妇女解放'。一提到这个话题，大家都停止了习惯性的相互攻讦，而将斗争的矛头都转到你身上。"①20世纪末，阿特伍德在反思20世纪70年代初加拿大文学批评状况时，对围绕着她的第一部论著所产生的争议做出了"阿式"幽默分析："为数不多的几个文学爱好者在贫瘠的岁月里开垦着疏于照管的南瓜田，他们觉得受到了冒犯，只因有个黄毛丫头侵占了本属于他们的南瓜，其他人感到受了侮辱，因为我非常讨人嫌地指出，那里确实有个南瓜可以占为己有。"②

无论如何，《生存》的热销证明了公众对加拿大文学作品的兴趣。文学评论家唐纳·班尼特写道："《生存》的非同凡响之处在于，尽管它对加拿大人以及加拿大文学的主要内容做出了否

---

① 转引自傅俊：《玛格丽特·阿特伍德研究》，南京：译林出版社，2003年版，第101页。
② Margaret Atwood, "Survival, Then and Now", *Macleans* 112.26 (1999): 54.

定的描述,该书还是成了奇货——一本文学批评的畅销书。"①在《生存》的影响之下,新的文学期刊在全国各地涌现出来:《详论》《安提戈涅评论》《卡皮阑诺评论》《加拿大文学期刊》《加拿大的书》等,它们在日后成为研究加拿大文学的重要阵地。一些教育机构甚至开始考虑在课程中增添加拿大文学。多伦多长屋书店是一家专门售卖加拿大书籍的店铺,阿特伍德在写作《生存》期间经常去书店查阅资料,与书店经理贝丝·艾佩尔多恩和苏珊·桑德勒成了好友。《生存》出版后,艾佩尔多恩和桑德勒经常收到来自英国、荷兰、德国和斯堪的纳维亚半岛的信件,咨询加拿大文学书目,因为在外事部项目的支持下,那些国家和地区准备从事加拿大文学研究计划。艾佩尔多恩和桑德勒在《生存》的指引之下,汇编起了加拿大文学研究书单,显然这是最方便的入门之作,没有哪本书能有它那样的效果。艾佩尔多恩不由感叹:"这真是一本聪明的书……我想很多作家都嫉妒她,因为他们没去写这本书。"②长屋书店一度成为作家、出版商和电影制片人的聚集之地,加拿大文学呈现出锐不可当之势。

在1983年出版的《牛津加拿大文学指南》中,《生存》作为独立词条出现,它被认为是"20世纪70年代关于加拿大批评最有

---

① Donna Bennett,"Nation and Its Discontents: Atwood's *Survival* and After", Juan Ignacio Oliva, ed. *Canadistica Canaria* (1991-2000): *Ensayos literarios anglocanadienses* (La Laguna: servicio de Publ., Univ. de la Laguna, 2002):20.

② Rosemary Sullivan, *The Red Shoes: Margaret Atwood Starting Out*: 200.

影响力的作品"①。《生存》之所以广受欢迎,部分原因在于时机把握得恰到好处:1967年加拿大百年庆典之后,加拿大文化产业进入大爆发阶段。文化需求受两个方面影响:对民族自我认同的需要以及巨大的文化和地理差异性。阿特伍德在写作时显然考虑到了这两点,她的作品反映了大时代的需求,因此能一炮而红也就毫不奇怪。当《生存》所产生的影响慢慢褪去,人们回过头再看当年的风波时,会发现围绕着这部作品发生的争执其实是加拿大历史上民族主义高潮阶段的表现。究其本质,《生存》并未对加拿大文学版图产生永久性的改变,它更大的意义在于以通俗易懂且巧妙机智的语言,用文学的话语来定义"民族的思维习惯",为普通读者打开了一扇通向加拿大文学的大门。因此,说它是"一本聪明的书",毫不为过。

四、浮 出 水 面

1972年是阿特伍德人生的重要转折点,不仅因为《生存》的问世使她一跃成为加拿大文学传统的捍卫者和代言人,而且她在这一年出版的第二部小说《浮现》,为她打开了国际市场。这本书的手稿是在伦敦一个被称作"牧师的绿地"地区的小公寓里完成的,阿特伍德花了好几个月时间反复考虑书名,排除了不下二十个书名,包括《死了什么》《伪装》《水之处》《这里是哪里》,最

---

① Donna Bennett, "Criticism in English", William Toye, ed. *The Oxford Companion to Canadian Literature*, Toronto: Oxford University Press, 1983:149-166.

后才定下《浮现》。

小说共分三个部分,讲述了无名女主人公回到阔别多年的故乡——魁北克地区的荒野——寻找失踪父亲的故事。在第一部分,女主人公带着男友乔以及朋友大卫、安娜夫妇开车前往北方的故乡。在父亲的小屋安顿下来后,她的心理经历了一系列变化。在第二部分中,女主人公根据父亲留下的几幅图画、一封信和一张地图上的标识,驾船来到白桦湖,潜下水,终于找到了淹死在湖底的父亲。女主人公浮出水面,发现自己在找到父亲遗体的同时也找回了自己。尘封的记忆之门打开了,往昔的岁月一幕幕浮现在她眼前:她在丛林里与从事动植物学的父亲及现已过世的母亲度过了童年时代;她离家出走前往城市学画;她和已有家室的美术老师恋爱、怀孕、堕胎、分手……而这些都是她以前羞于启齿的经历。在最后一部分,女主人公做出了一个令她朋友感到匪夷所思的抉择:留在小岛上,摆脱一切文明的束缚,回到原始状态,融入荒野,与父母的灵魂以及祖先的过去结合在一起。

《浮现》没有扣人心弦的故事情节,却意蕴深远,尤其是大量的心理描写,令人回味无穷。小说在不同的读者群中产生了不同的反响,阐释视角也相当多元,迄今为止曾被解读为女性主义小说、民族主义作品和生态批评文本[①]等,但无论哪种阐释,归

[①] 早期北美学界对《浮现》的评论具有独特的文化特色,阿特伍德曾在访谈中指出,在美国评论界的阐释中,这部小说"'几乎完全是女性主义或生态学方面的专著',而在加拿大,它'几乎完全是一部民族主义作品'"。参见 Karla Hammond, "Articulating the Mute", Earl G. Ingersoll, ed. *Margaret Atwood*: *Conversations*: 117.

根结底都与作品中的"身份探寻"主题有关:对个人身份以及对民族身份的探寻。小说标题"浮现"从本意上讲是指身体潜入水下之后再浮出水面,在此象征了女主人公精神上的觉醒以及加拿大民族观的复苏,两者互为印证,有机地融合在一起。

女主人公年轻时向往都市生活,她离开父母居住的岛屿,去追寻自己的梦想,不料却在光怪陆离的城市里迷失了方向。她恋上了有妇之夫,被迫堕胎,这一事件一度成为她心中的痛,一种难以言说的创伤。她不敢回家,不敢将事情的真相告知父母。与此同时,她感觉自己失去了爱的能力,虽然如今她已有了新的男友,她却不知该如何与他相处。因此,当老邻居保罗夫妇写信告知她父亲失踪的消息时,她决定返回离别已久的故乡。小说开头描写的便是女主人公在返家时的忐忑心情,坐在同一辆车里,身边是同样的朋友,但"行驶在这条路上,情形好像有些不对头,不是他们三人有问题,就是我出了毛病"。[①] 其实并非他们中哪个人出了问题,而是女主人公近乡情怯的矛盾心理。

小说在现实世界和女主人公的心理世界之间交叉闪回。透过女主人公的眼睛,我们看到的是一个饱受现代文明摧残的自然世界。20世纪六七十年代的魁北克荒野正在失去其自然质朴的本性:旅游业的兴起使湖区的自然环境遭到破坏,游客将啤酒罐头等垃圾随意乱扔,捕鱼者和打猎者把树林里搞得乌烟瘴气;湖边的沙地裸露荒凉,沙土一直在流失;伐木工人大肆砍伐木头,准备建造水库;被屠戮的苍鹭吊在林子里,散发着恶臭……

---

① 玛格丽特·阿特伍德:《浮现》,蒋丽珠译,南京:译林出版社,1999年版,第4页。

孩提时代安逸平和的生活已然远去。是谁造成了目前这种境况？随着小说叙事情节的展开，我们发现，这一切的罪魁祸首是与加拿大同在一个大陆板块的美国。在女主人公的叙述中，加拿大如同一块未经开发的荒野之地，遭受着美国的殖民侵略，整个社会日渐美国化。故事一开始，女主人公走在回家的路上，她注意到"湖旁的白桦树正在枯萎，它们染上了从南方蔓延而来的某种树病"。① 这里的南方并非安大略省或魁北克省南部，而是指位于北纬四十九度线以南的美国。美国将同属北美大陆的加拿大视为自己的第五十一州，一个可以进行经济、文化和军事殖民的地方，正如阿特伍德在《生存》中所写的："加拿大是个殖民地，殖民地这个定义的一部分含义是它是个获利的地方，但获利者不是居住在那里的人。帝国中心的人们收获着来自殖民地的利益，这就是殖民地存在的意义。"②美加两国在 20 世纪 50 年代末 60 年代初签署了"自由贸易协议"和"北美防空协定"："自由贸易协议"为双方贸易打开了方便之门，也使美国有更多的机会将自己的产品倾销至加拿大；"北美防空协定"是在美国施压之下签署的，在加拿大国土上安设由美国人操纵的早期警报雷达系统，以共同对抗来自苏联的军事威胁。女主人公观察到：

> 我们正驱车驶过岔道，朝着美国人当时挖的炮兵掩体开去。从这里看去，那座掩体好似一座平静的山丘，上面覆盖着云杉原木。可是，伸向树林中的又粗又

---

① 玛格丽特·阿特伍德：《浮现》，第 3 页。
② 玛格丽特·阿特伍德：《生存：加拿大文学主题指南》，第 36 页。

重的电线却暴露了它的秘密。听说美国人早已离去,或许这是个骗局,这样他们就可毫无忧虑地在此生活下去……我们无法走进去看一看,因为我们没有被邀请,可这座城市邀请了他们……①

美国已然将触角伸到了偏僻的加拿大北方,利用加拿大的地理优势,以军事殖民的方式占有加拿大的国土资源。当一个国家的国民看到自己的土地上驻扎着别国的士兵,飘扬着别国的国旗,他们会有怎样的切肤之痛?

美国的阴影无处不在。美国人为了建设电力公司,肆意抬高水位,对附近的生态环境产生了严重影响。美国野生动植物保护协会成员提议高价购买女主人公父亲的房屋和地产,建一座休养所,好让他们在此狩猎或捕鱼。美国的消费主义也在侵蚀加拿大人的观念,在加油站,三只剥了皮的驼鹿招揽着顾客——"雌驼鹿身穿印花女装,戴了顶花帽,旁边的小雄驼鹿穿着一条短裤和一件条纹运动衫,头上一顶棒球帽,手擎一面美国国旗。"②驼鹿本是加拿大荒野的象征,在小说里却成了推销美国价值观的手段。然而,如果仅凭这些描写便将《浮现》定义为一部"反美"文本,则有肤浅之嫌。我们可以从小说的字里行间感受到,阿特伍德批判的不仅仅是无孔不入的美国文化,还有加拿大人的"奴性"。

加拿大本与美国一样,是英属殖民地,但它在政治、经济和

---

① 玛格丽特·阿特伍德:《浮现》,第9页。
② 同上,第10页。

文化方面却远远落后于早已跨入世界强国行列的美国，仿佛是大象身边卧着的一只小老鼠，因此，面对强大的美国，加拿大（人）总有些自卑情结，有一种典型的殖民地心态。很多加拿大人争相模仿美国人的生活方式和语言模式，并以此为荣。以大卫为例，他接受的是美国教育，唱的是美国歌曲，聊的是美国棒球赛，对美国文化推崇备至，仿佛"一个东拼西凑的杂烩"，"不知道该使用什么语言，他已忘记自己的语言，他不得不抄袭别人的语言。他身上满是二等美国人的补丁，像苔藓和癞疥一样。他已被污染，被篡改"①。而类似大卫的加拿大人不胜枚举。女主人公带朋友们在湖上钓鱼，他们看见一艘船迎面驶来，船上插着一面"满是星星的旗子"，女主人公这样描述道："美国人已经转过山岬，银色的独木舟上坐着两个男人，他们向我们划来。我打量着他们，鉴别着他们的伪装……他们拿着射线枪鱼竿，面孔像宇航员的头盔难以穿透，他们长着狙击手的眼睛，一定是他们杀死的苍鹭，罪恶感像锡纸一样在他们身上发光。"②令人啼笑皆非的是，这些所谓的美国人事实上却是加拿大人，"满是星星的旗子"是加拿大某个棒球队的队旗。这些处处模仿美国人的加拿大人"一方面是强权国家文化侵蚀的受害者，另一方面又对强权国家的文化顶礼膜拜，在他们身上已寻找不到加拿大民族应有的个性"③。女主人公认为，正是这些人丧失了民族自尊，对遭受强权破坏的国土漠不关心："他们来自哪个国家无关紧要，我

---

① 玛格丽特·阿特伍德：《浮现》，第165页。
② 同上，第130—131页。
③ 转引自傅俊：《玛格丽特·阿特伍德研究》，第304页。

的大脑告诉我说,他们仍然是美国人。他们正把我们引向歧途,我们也会和他们一样。他们像病毒一样蔓延,病毒钻进大脑,取代细胞,细胞从内部发生变化,染上疾病的细胞不分是非……如果你的外貌与他们一样,谈话与他们一样,思维与他们一样,那么你就是他们。"①美国的意识形态如同一种病毒侵入加拿大,加拿大人表面上看仍是加拿大人,但内核都给掏空了,是"被篡改"了的加拿大人。

阿特伍德在《生存》中曾假设"加拿大作为一个整体是受害者,或是'被压迫的少数'和'被剥削者'"②,《浮现》重复了《生存》的"受害者"主题。阿特伍德指出,她在《浮现》中真正深感兴趣的是"伟大的加拿大受害者情结"③,这种矛盾的修辞手法凸显了阿特伍德对民族生存的忧患意识:

> 如果你将自己定义为无辜者,那么任何东西都不是你的错——总是别人在伤害你,除非你不再将自己定义为受害者,否则那就是条铁律。总是别人的错,你总是受伤害的对象,而不是有选择权或能为自己生活负责的人。那不仅是加拿大对待世界的态度,通常也是女性的态度。瞧瞧我身处的困境,都是他们的错。加拿大人也是这么想的。瞧瞧可怜无辜的我们,我们比他们更讲道德。我们不会在越南把人烧死,那些混

---

① 玛格丽特·阿特伍德:《浮现》,第139页。
② 玛格丽特·阿特伍德:《生存:加拿大文学主题指南》,第35页。
③ Graeme Gibson, "Dissecting the Way a Writer Works", Earl G. Ingersoll, ed. *Margaret Atwood: Conversations*:13.

蛋来到这里,把我们的国家抢走了。然而真相是加拿大人在出卖自己的国家。①

试想一下,如果不是政府"邀请",美国人怎么可能在加拿大开挖炮兵掩体?怎么可能在加拿大建设电力公司?又怎么可能用乱七八糟的玩意儿换取加拿大的宝贵资源?女主人公曾无奈地指出:"我的国家,被卖或被淹,变成了一个水库,人和土地、动物一起被卖掉,讨价还价的买卖。"②由此可见,加拿大人对美国与其说是厌恶反感,不如说是欲拒还迎,在出卖自己国家的过程中,加拿大人自身成为最热心的捐客,同时却还摆出一副受害者的姿态,为自己的行为开脱。

阿特伍德并不是一个狭隘的民族主义者,在她的笔下,"美国人"代表了一种均质化的帝国主义思想理念,他们凭借先进的技术高歌猛进,所到之处留下一片文明的废墟。"美国人"可以指向一种侵略者形象,无关国别,就像上文所提到的假扮成美国人的加拿大人,他们照样"像滥用私刑处死受害者那样"把苍鹭挂在树林里,以证明自己"有杀戮的权力"③;他们一面嚷嚷着自己是受害者,一面却将当地居民——这块土地上的原主人——驱赶至保留地。"美国人"还可以是男权主义价值观的体现,在男权思想的指引下,女人只能被动地接受社会安排好的角色,逐渐失去自我。安娜时刻担心被大卫抛弃,总是用化妆品掩盖自

---

① Graeme Gibson, "Dissecting the Way a Writer Works", Earl G. Ingersoll, ed. *Margaret Atwood: Conversations*: 13.
② 玛格丽特·阿特伍德:《浮现》,第143页。
③ 同上,第125页。

己的真实面目,甚至愿意听从大卫的命令,在大庭广众之下脱光衣服,供其拍摄取乐。女主人公怀孕后,已有家室的前任男友出于自身考虑安排她去流产,女主人公被剥夺了决定权,她本应该说不,却没有说,于是也成了"他们中的一员,一个杀手"[1],跟"美国人"无异。

女主人公潜入水下的场景在小说中具有重要的象征意义,她仿佛回到了母体的子宫,过去的情景一一再现,她浮出水面之时,也是获得新生之时,如同历经了基督教的受洗仪式。之后,她决定留在荒野中,亲近自然,了解埋藏在潜意识里的心声。她甚至产生了幻觉,在幻境中见到了已逝的父母双亲、素未谋面的孩子,以及本地的印第安神灵。很多人在读了小说的最后一部分后认为女主人公疯了,这样的结局令人不太舒服。对此,有评论者指出,"假如《浮现》中的叙述者倒退到半动物状态被认为是发疯,那或许是因为在一个坚决主张将不健康定义为标准的社会里,某些疯狂的行为是通向正常的方式。"[2]正如《可以吃的女人》的结尾,女性的生活状况与小说开始时并无改变一样,在《浮现》的结尾,世界依然故我,权力体系依旧存在:不知来自何处的疾病仍在杀死湖边的柳树,花鸟鱼虫还在遭受苦难,迫于现实女主人公依然要离开荒野返回城市生活……

《浮现》描写了女主人公一路走来的心理变化,同时又使加

---

[1] 玛格丽特·阿特伍德:《浮现》,第156页。
[2] David Ward, "*Surfacing*: Separation, Transition, Incorporation", Colin Nicholson, ed. *Margaret Atwood*: *Writing and Subjectivity*, New York: St. Martin's Press, 1994: 96.

拿大人的民族身份浮出水面,她寻找父亲的过程象征着加拿大人在寻根,而她的自我发现之旅等同于她对人类身份的追寻。小说出版后引起了极大反响,在媒体和评论界的宣传下,阿特伍德成了女权主义者和民族主义者。她自己则一直把《浮现》看作一个幽灵故事:"女主人公……痴迷于寻找幽灵,找到之后便放下了执念。"①阿特伍德认为幽灵故事是比较严肃的话题——"你可以看到各种各样的幽灵故事。有直白型的幽灵故事:有人看到了幽灵,但和它们没有任何关系;有原始神话型的幽灵故事:死人和活人一样活跃,且被人们所接受,大家习以为常,因为这样的事一直在发生;或者是亨利·詹姆斯类型的幽灵故事:人们看到的幽灵事实上是从自身分裂的碎片,我觉得这是最有意思的一种故事,我显然是在从事这一传统。"②1981年,《浮现》被改编成电影,搬上荧幕,导演确实按照阿特伍德的理解将它拍成了幽灵故事,然而,电影并不成功,其中一个原因是影片中两位主角的扮演者都是美国人,这对于一部以加拿大为背景,主要展现加拿大民族主义的作品而言显然是不合适的。但电影的失败并不影响小说的畅销,这部作品显示"阿特伍德已具备了成为一位卓越的小说家所应有的潜质"。③

---

① Linda Sandler, "A Question of Metamorphosis", Earl G. Ingersoll, ed. *Margaret Atwood: Conversations*: 43.

② Graeme Gibson, "Dissecting the Way a Writer Works", Earl G. Ingersoll, ed. *Margaret Atwood: Conversations*: 18.

③ H. Graham Rawlinson & J. L. Granatstein, *The Canadian 100: The 100 Most Influential Canadians of the Twentieth Century*, Toronto: McArthur & Company, 1997: 31.

五、会变形的女子

如果说《可以吃的女人》是一部反喜剧,《浮现》是一则幽灵故事,那么1976年出版的《预言夫人》①则开启了阿特伍德的哥特式小说创作之旅。② 相较于前两部小说,《预言夫人》的情节更为复杂离奇:谜一般的人物身份,主要故事里掺杂的多个小故事,混合的体裁……在初稿完成之后,阿特伍德听取了不少建议,重写了多次,历时两年才最终定稿。

小说采用了第一人称叙事法,讲述了女主人公琼的成长经历。琼是战时婴儿,直到五岁时父亲才从战场归来,母亲对她管控很严,事事按照自己的意愿塑造她:为她取名琼·克劳福德——一位好莱坞巨星的名字——希望她出落得仪态万千,有朝一日能步入上层社会。然而,琼却因身材肥胖屡屡遭人嘲笑,母亲的挑剔令她更加痛苦。琼被母亲送去学舞蹈,在学校举行的芭蕾表演会上,她特别想扮演蝴蝶,渴望戴上翅膀,实现"魔法式的转变"③,母亲却觉得她形象欠佳,演不了蝴蝶,于是串通老师让她饰演一粒滚圆的樟脑球,令她备受打击。为了使琼适应新学校,母亲送她去幼女童军军团,可她却在军团里"成了来自

---

① 此书的中译本《女祭司》由台北天培文化有限公司出版(谢佳真译),本文仍沿用约定俗成的译名《预言夫人》,但所有引文均出自谢佳真译本。
② 在其后的作品,如《强盗新娘》《别名格蕾丝》和《盲刺客》中,阿特伍德都或多或少采用了哥特式小说的风格。
③ 玛格丽特·阿特伍德:《女祭司》,谢佳真译,台北:天培文化有限公司,2009年版,第50页。

异域的外人"①,还不时受到几位女孩羞辱。琼在挫折与压抑中度过了童年和少年时代,母亲对她不切实际的希冀成了噩梦之源。幸而有露易莎姑姑,让琼感受到了母爱的温暖。露易莎姑姑去世后,给琼留下一笔遗产,但领取遗产有个条件:减肥。琼凭借毅力甩掉一身肥肉,搬离家庭,逃往英国,希望能在大西洋彼岸寻回自我。然而,小胖妹变身苗条女郎后却并未感受到快乐,危机感始终如影随形。尤其是在结婚之后,琼一直为自己拥有的双重身份感到不安:她的第一重身份是家庭主妇,一切以丈夫亚瑟为中心;第二重身份是作家,以露易莎·K.德拉蔻(姑姑的名字)为笔名创作哥特式古装罗曼史。琼不仅向丈夫隐瞒了自己的肥胖史,也没有将自己的作家身份告诉他,就怕丈夫知道实情后会嫌弃她。一个偶然的机会,琼出版了一本女权主义诗集,一夜成名,她却并不觉得喜悦,反而成天生活在惶恐之中,担心丈夫知道她所有的秘密:肥胖的经历、孤独的童年、私底下的创作活动、婚外恋……这时,有人发现了她的隐私,并对她进行敲诈勒索。琼在走投无路之下溺水假死,再次逃跑,这一次是前往意大利。正当琼在异国他乡开始新生活时,帮她安排假死的两位朋友却被指控为谋杀犯,她必须重新站到公众面前,为朋友洗脱罪名……

《预言夫人》具备了哥特式小说的诸多特征。哥特式作品总是被隐匿的或是无法言说的秘密所缠绕,其主题可以归纳为对

---

① 玛格丽特·阿特伍德:《女祭司》,谢佳真译,台北:天培文化有限公司,2009年版,第57页。

"莫可名状之物"①的描述,或是反映那些"熟谙却因压抑而遭疏离"②之事。由于真实和想象世界之间的界限遭到打破,哥特式作品往往沉迷于"越界"情节,在正常与疯癫、梦境与清醒、生与死之间穿梭往返,其叙事模式也时常在现实、幻想和噩梦之间来回转换——"从一种状态转变到另一种状态,从一件事物转变到另一件事物"③。《预言夫人》一开篇便让人产生惊悚之感:"我精心策划了自己的死亡。我的死法可不像我的人生,从一件事引发另一件事,不受我欲振之力的控制……关键在于消失得不留痕迹,只在身后留下尸体的影子,一个会让人信以为真的影子。"④纵观整部小说,恐惧、梦魇、幽灵、死亡、秘密无时不在,它们构成了琼成长过程中的灰暗底色。

迷宫是哥特式小说不可或缺的一个元素,《预言夫人》的情节如同一座迷宫。小说具有多层结构,且一环扣一环。第一层是琼眼下在意大利的真实生活。第二层是她的回忆:童年时代的创伤,围绕着她与母亲的纠葛所产生的耻辱、痛苦和反抗;青年时代她逃到伦敦,成为"波兰伯爵"保罗的情妇、哥特式古装罗曼史作家;母亲去世后她回到多伦多,和加拿大公民亚瑟结为夫妇,成为著名诗人,与行为艺术家"皇家刺猬"发展婚外恋,接着

---

① Eve K. Sedgwick, *The Coherence of Gothic Conventions*, New York and London: Methuen, 1986:4.

② Sigmund Freud, "The Uncanny", (1919) *Art and Literature*, Penguin Freud Library, Vol. 14, London: Penguin, 1990:345.

③ Linda Sandler, "A Question of Metamorphosis", Earl G. Ingersoll, ed. *Margaret Atwood: Conversations*:45.

④ 玛格丽特·阿特伍德:《女祭司》,第11页。

遭遇不明人士勒索,假死后逃往意大利。第三层是她的哥特式古装罗曼史片段,以楷体字的形式,与主要情节交错、平行。第四层是琼进入一面镜子之后无意识创作的成名诗歌《预言夫人》。读者阅读小说的过程仿佛是在迷宫之中穿行。

　　小说里最具代表性的迷宫是花园迷宫和镜子迷宫。琼参加幼女童军军团时,每次都要经过一座迷宫般的溪谷,它蜿蜒穿过市区,里面爬满藤蔓和芜杂的灌木,"有如邪恶的植物手指"。[①]母亲警告琼,那些茂密的植物后躲藏着变态狂或恋童癖之类可怕的人。在童年的琼心里,进入溪谷仿佛是潜入地下的旅程,充满了危险,因此,当母亲为她的安全着想,找来几位女生,与她结伴走过溪谷时,琼还是挺高兴的,万万没有料到,比溪谷更可怕的却是人心,几位小女伴变着法子捉弄她,有一回甚至将她绑在深谷的一棵大树上,撇下她扬长而去。小伙伴的鄙夷,再加上母亲的高压,令琼深感自卑,她越来越退缩,几乎完全失去自我。即便是在减肥成功之后,她依然没有自信,同几个男人相处时总是处于被动地位,甚至幻想自己是民间故事里受害的恋人/妻子角色:"在迷宫中,我会松手放开线,去跟随游移的光线、一闪而逝的声音。在童话故事中,我会是打开禁忌之门的愚蠢两姐妹,在发现几具横死的妻子尸首后震惊不已,而不像聪慧的三妹奉行基本守则——思路清晰,洞烛先机,谎言滴水不漏。"[②]后来琼以露易莎·K.德拉蔻为笔名创作哥特式古装罗曼史,描写一些逃避现实的情爱故事。这些故事总是发生在有着迷宫般回廊和

---

① 玛格丽特·阿特伍德:《女祭司》,第 57 页。
② 同上,第 159—160 页。

阴森气氛的古堡内,古堡男主人厌弃了女主人,此时会出现一位更加年轻漂亮的女子,成为男主人热烈追求的对象。哥特式古装罗曼史情节烂俗,故事老套,为严肃文学所不齿,却颇有市场,深受女性消费者(尤其是家庭妇女)欢迎,主要原因是女人们在现实生活中得不到真爱,便在幻想的国度寻求安慰。可是这样的故事写得多了,琼却越来越感到厌倦,她发现,其实真实的生活和幻想中的生活没什么本质区别,她的生活越来越受到小说创作控制,并与她笔下的古装罗曼史发生交叉,尤其是在意大利创作的《被爱追踪》,琼和小说里充当妻子角色的费利西娅一起进入迷宫,发现了隐瞒的真相,故事中的男主人突然变成了丈夫亚瑟,向她伸出邪恶之手……花园迷宫展现了琼以及大多数女性的困境:迷宫是男主人建造来掩盖自己秘密的场所(前几任女主人的失踪之地),而女人们却如飞蛾扑火般自投罗网……即使走出迷宫,等待她们的也是死亡的命运。

如果说花园迷宫象征了女性囚禁的场域,镜子迷宫则意味着女性意识的觉醒。琼为了演绎哥特式古装罗曼史的情节,开始尝试无意识"自动书写"。她点燃蜡烛,在有三面镜子的梳妆台前坐下,注视着镜中的烛影,"我镜中的蜡烛不止一根,而是三根。我知道若我将两侧的镜子移向我,便会有无数的蜡烛,一字排开直到极目之处……烛光灿然,我握着蜡烛走下一条走廊,我转了弯。"①琼持续地实验,每次都在镜子里越走越远,她认为"走下狭窄通道的感觉,心里很笃定只要能在下一个岔口或再下一

---

① 玛格丽特·阿特伍德:《女祭司》,第229页。

个岔口转弯,便能找到我追寻的东西,得到始终在等待我发掘的真相"。① 靠着这种方式,琼写出了充满女权特色的诗集《预言夫人》,这本纪伯伦风格的书"以新颖的大胆坦率,剖析现代爱情与性的战争"②,成为超级畅销书。但在有些人眼里(比如电台采访者),诗集内容充满愤怒,读起来"怒气汹汹"③。琼的丈夫也很不高兴,因为他觉得这本书是对他的背叛。或许他心里明白,琼的无意识书写其实道出了她内心深处的声音,是她的真实表达。琼在无意识中通过镜子迷宫找到了两性关系的实质,镜子也映照出她的多重自我。自此以后,红发女子琼在不同的形象间穿梭,寻找出路,她拥有不止一种人生,"不止双重人生,我有三重,多重,而现在我看见不止一个新的人生到来,而是许多个。"④

除了迷宫意象之外,《预言夫人》还是一本"关于各种陷阱的书——大多数是女主人公自设的陷阱"⑤,这些陷阱何尝不是另一种迷宫? 它们是琼的心灵迷宫。在阿特伍德的刻画之下,琼如同一名编剧,沉迷于情节的编造,而她被困于不同的情节,始终都在尝试逃离。以琼与母亲的对抗为例,她拼命抗拒母亲要她减肥的要求,将身体当成"争议的领地"。她不顾母亲严厉的批评和威胁,以吃更多的巧克力、更多的薯条来表达抗议,"我的吨位明显地持续增长,在她眼前像面团发酵膨胀。在餐桌上,我

---

① 玛格丽特·阿特伍德:《女祭司》,第 230 页。
② 同上,第 245 页。
③ 同上,第 249 页。
④ 同上,第 259 页。
⑤ 傅俊:《玛格丽特·阿特伍德研究》,第 218 页。

的身体一寸寸向她逼近,至少我在这方面所向无敌。"①母亲给琼置装费,希望能借此诱导她减肥,琼每每买回奇形怪状的衣服,颜色越抢眼、越能凸显肥胖身材的她越可能买下来。在母女关系中,体重与其说带给她"阴沉的欢愉"②,不如说是她在心理上逃离母亲管制的一种方式。一旦真正有能力从母亲身边逃离,琼便迫不及待地离家出走,飞往了另一个国度。

　　琼生命中的每一段情感几乎都从逃离开始,以逃离告终。遇见"波兰伯爵"保罗时,她刚刚从加拿大逃到伦敦。保罗的温柔呵护令从未与男人交往过的琼欣喜而感恩。保罗以为琼是个学生模特儿,做他的情妇不需多少成本。在大男子主义的保罗身边,琼也愿意扮演顺从的情妇角色。后来,琼逐渐独立,她的古装罗曼史越卖越好,保罗嫉妒她的成功,时不时对她讽刺挖苦,还向她收取租金,甚至指责她不忠贞,琼产生了逃离的念头。有一次,琼在海德公园邂逅正在发传单的亚瑟,对他一见钟情。但她隐瞒了自己哥特式古装罗曼史作家的身份,因为亚瑟喜欢有脑子的女人,而古装罗曼史是他眼中"最低级的垃圾"③。婚后,琼把手稿藏在以"食谱"命名的文件夹里,以防丈夫看到。琼的心情十分矛盾,她一方面希望"开诚布公,坦诚我的心声,告诉他一切"④,一方面又担心亚瑟发现她的真面目。在这样的想法支配下,琼不停地撒谎:"我捏造自己的人生,一次又一次说谎,

---

① 玛格丽特·阿特伍德:《女祭司》,第74页。
② 同上,第78页。
③ 同上,第38页。
④ 同上,第40页。

只因为真相难以服人。"①琼深爱亚瑟,但谎言堆砌而成的婚姻令她窒息。此时琼遇见了"皇家刺猬",他正在利用被压烂的动物尸首进行行为艺术创作,他的特立独行令她耳目一新,琼开始瞒着亚瑟与之交往,想借此摆脱心理上的压力,但她明白,这样的日子随时都会穿帮。终于有一天,谎言已无以为继,琼又想到了逃离……

琼从一个地方逃往另一个地方,从一个人生故事逃向另一个人生故事,如同会变戏法的女子,变换身材容貌,使用不同的名字,从事多种职业,交往不同的男人,她的成长就是一个不断变形的故事,"最终没有了界限,唯有永恒的变形"②。阿特伍德在接受访谈时承认《预言夫人》与"变形"的主题有关:"我刚着手写的时候只有一个声音、一个角色,在写作过程中她开始变化。她幻化成不同的人物。"阿特伍德认为,她之所以喜欢描写"变形"之类的话题,或许跟父亲的职业有关。身为昆虫学家的父亲常常带回些"玩意儿",它们会经历神奇的转变,从一种形态变为另一种形态。③ 变形是自然界的常态,是生命更迭繁衍的标志,正是这种变形让宇宙万物生生不息,就如少年时代的琼在唯灵论教会听到的"毛虫变蝴蝶"故事一样,丑陋如毛虫,也终将通过黑暗的甬道,迎来振翅高飞的时刻。琼的一个又一个分身何尝不是她成长过程中的一次又一次"破茧",这是一种"成长的意

---

① 玛格丽特·阿特伍德:《女祭司》,第158页。
② Barbara Godard, "My (M) Other My Self: Strategies for Subversion in Atwood and Heébert", *Essays on Canadian Writing* 26 (Summer 1983): 18.
③ Linda Sandler, "A Question of Metamorphosis", Earl G. Ingersoll, ed. *Margaret Atwood: Conversations*: 45-46.

象……预示了琼最本初的愿望:在现实世界自由自在地生活"。① 纵使琼的不可靠叙事使读者始终无法抓住她的真实面貌,纵使读者只能在琼关于自己人生故事的多种版本之间往来穿行,读者却从"多重"主体的变换中看到了那个时代女性的无力感,以及她们为创造身份付出的种种努力。

有不少读者认为阿特伍德在小说里写的是她自己的生活,《可以吃的女人》和《浮现》出版后,常有人问她是不是素食主义者,问她父母是什么时候去世的,当阿特伍德说自己爱吃肉,且父母都健在时,读者往往感到很惊讶。因此,在写《预言夫人》时,阿特伍德打定主意要创造一个长相与自己完全不同的角色,于是便有了一头红发的肥胖女主人公琼。结果如何呢?有一次,阿特伍德在朗读小说部分章节(小胖妹上舞蹈学校)时,听众席上立刻有人举手提问:"你是如何成功减肥的?"对于这种误读,阿特伍德也感到啼笑皆非,但是换一个角度来说,听众的提问或许能促使我们认真思考小说中关于肥胖、瘦身、贪食症等与"身体政治"相关的议题。

六、何处是吾"家"

从1978年年初开始,阿特伍德和吉布森带着不到两岁的女儿杰丝前往世界各地旅行,所到之处包括巴黎、德黑兰、阿富汗、印度、澳大利亚、美国和英国。在为期一年的繁忙的海外旅行间

---

① Frank Davey, *Margaret Atwood: A Feminist Poetics*: 121.

隙，阿特伍德利用艰苦的条件——有时趁女儿熟睡之后在旅馆卫生间内，有时在奔驰的列车上——写出了第四部长篇小说《人类以前的生活》。此时正值加拿大文坛为保护出版事业掀起了一场政治性质的运动。在此之前，加拿大作家撰写的作品往往先由英美出版社出版，然后再向加拿大国内销售，这对加拿大本国的出版业造成了巨大威胁，既耗费了作家们巨额的版权费，也使加拿大出版社损失了大量收入。为了配合这一运动，阿特伍德先是同意通过麦克莱兰德和斯图亚特公司将《人类以前的生活》在加拿大境内出版，然后于第二年分别由西蒙和舒斯特出版公司、乔纳森·凯普出版公司在美国和英国出版。

小说借助"日记体"的叙事结构，将时间段集中在1976年10月至1978年8月，交替呈现三位主人公——伊丽莎白、纳特和莱西娅——的视角，展现了20世纪70年代加拿大人的婚恋、家庭和事业观。纳特和伊丽莎白结婚已十年有余，育有两个女儿，但两人的感情日渐淡漠，都有各自的情人，平日里互不干涉。故事开始时，伊丽莎白的情人克里斯因无法说服她离开纳特与自己结婚，在绝望中开枪自杀，伊丽莎白伤心不已，沉浸在对克里斯的回忆中不能自拔。莱西娅是伊丽莎白的同事，在安大略皇家博物馆工作，研究古生物学，她痴迷于恐龙世界，对人情世故几乎一窍不通。纳特遇见莱西娅之后，产生了保护她的欲望，莱西娅则被纳特的成熟深深吸引，两人的感情迅速升温。伊丽莎白对此有所察觉，决定振作精神，把纳特夺回来。莱西娅与恋人威廉分手，自己在外租了一间房子，希望纳特搬过来同居，但纳特为了孩子一直犹豫不决。他最终下定决心从家中搬出，伊丽莎白却不甘心让他轻易得到自由,时不时提醒他应尽到父亲的责任。纳特在两个家庭之间疲于奔命,莱西娅也对这样的生活日渐不满。

总体来说,《人类以前的生活》没有多少情节,这是一部实验性质的作品,"日记体"类似于日记,又与日记不同:每一章节都同日记一样标注了时间,但时间下面注明了主人公,并且以主人公为中心,用第三人称展开叙述。此外,阿特伍德首次使用了几种不同的叙事声音——既有男性的又有女性的,形成了多声部叙事。有时候,同一天、同一件事会从三位主人公的视角分别进行描述,反映了他们对同一事件的不同态度。多重意识的交织,矛盾观点的碰撞,体现了人与人之间的沟通困难。作品色调灰暗,故事大多数场景都发生在密闭的环境中,要么是博物馆,要么是家里——伊丽莎白和纳特的家、莱西娅和威廉的住处、莱西娅的出租屋。几乎每一个角色都处在孤立隔绝的状态,世俗的烦恼如影随形。

伊丽莎白精明强悍、外表体面,被人称作"伊丽莎白女王",但她其实有着不幸的过往:她出生在贫民窟,没有固定住所。父亲在她年幼时离家出走,母亲成天酗酒,对伊丽莎白姐妹俩不管不顾,甚至将她们"卖"给了自己的亲姐姐——穆里尔姨妈。后来母亲被烟头引起的大火烧死,妹妹精神错乱,在浴缸里溺水身亡。在穆里尔姨妈严厉管制下长大的伊丽莎白养成了叛逆好胜的个性,这样的性格在情感生活中体现为极强的控制欲。伊丽莎白之所以和纳特结婚,是因为"她很讨厌别人管着她,向她施压。纳特没有这种力量,从来也没有过。她轻而易举地嫁给了他,跟试穿鞋子一样容易"。① 草率的婚姻注定是不幸福的,两人住在同一所屋子里,却各睡各的房间,为了孩子维持着表面的和谐。伊丽莎白换了一个又一个情人,却始终心无所属。克里斯自杀之后,她开始审视自己的人生,小说的第一句话反映了她内心世界无限蔓延的孤独感:"我不知道我应该怎么生活,也不知道别人应该怎么生活。我只知道我现在怎么活的。现在的我活得像只剥了壳的蜗牛。"②这种绝望的独白体现了个体对存在的困惑。

纳特尚在襁褓中时,父亲死于二战。他始终生活在"英雄父亲"的阴影之下,母亲对他期待极高。纳特原是一名律师,本应按他母亲所说"为不该受到指控的无辜者,为正义辩护"③,可事实上,他每天经手的案子大多跟金钱、合同和房地产交易有关。纳特不胜其烦,干到第三年便辞了职,在家做起木头玩具。这份手工活不需要他和客户虚与委蛇地周旋,他可以在地下室里安静地敲凿打磨。然而,卖玩具收入微薄,根本无法养家糊口,伊丽莎白越来越觉得他无能,不思进取。没有了爱的家在纳特眼里如同荒漠一般荒凉,他感觉自己逐渐失去了爱的能力。莱西娅的出现仿佛为他点亮了一盏灯,两颗孤寂的灵魂碰撞出了火花。但他们的感情却屡屡遭到伊丽莎白阻碍,纳特为了支付孩子的抚养费,不得不重操旧业当起律师,做些打杂的活儿,负责一些无足轻重的小案子。这样的生活令纳特筋疲力尽,有时候,

---

① 玛格丽特·阿特伍德:《人类以前的生活》,第20页。
② 同上,第3页。
③ 同上,第44页。

当他偶尔坐在烟雾缭绕、人声嘈杂的酒吧里,内心感受到的却是无尽的"苍凉虚空":"他经常在幻想中排演自己的死亡……他意识到自己不过是宇宙间的一粒尘埃,有一天会消失。"[1]

莱西娅是乌克兰和犹太移民后裔,父母的婚姻不受家族祝福。两位祖母从未见面,却相互仇恨。莱西娅的童年时代处在乌克兰、犹太和加拿大三种文化的撕扯之中,两个祖母都很爱她,都为她悲伤,觉得她血统不纯,"应该粉碎掉一半的染色体,然后用某种奇迹修复自身"[2]。在这种环境下长大的莱西娅养成了逃避的性格,为了减少两位祖母之间的矛盾,她既不学乌克兰语,也不学希伯来语,结果是她听不懂两边家族的语言,而且英语也很糟糕,吐字吃力,拼写差劲,唯有收集石头才能给她带来乐趣,博物馆作为一个相对封闭的世界便成了她远离是非纷争的好去处。小的时候,莱西娅每周六都跟随祖母去安大略皇家博物馆,在里面一待就是一整天,长大以后,她的工作是在博物馆里整理零碎的史前化石。每当有压力时,莱西娅就会沉浸在对中生代恐龙的幻想之中,在史前时代神游。她爱恐龙甚于爱人类,在她看来,"思考人类已经变得毫无意义了。不管怎样,她的生命中跟人有关的这部分暂时已成定局。"[3]即便是在同纳特交往之后,莱西娅依然无法得到安全感。

《人类以前的生活》所描写的饮食男女与之前几部作品有所不同,男性身份正在失去稳定性,女人有了更多追求情感自由的

---

[1] 玛格丽特·阿特伍德:《人类以前的生活》,第322,327—328页。
[2] 同上,第73页。
[3] 同上,第14页。

权利,然而,男女双方似乎还没有为这种变化做好准备。小说从下层中产阶级都市居民的生活状况入手,由小人物的日常琐事发掘人类的生存困境。人人都在生活的旋涡中挣扎,无处可逃。每个人都处于漂泊不定的状态,时时刻刻在寻找"家"。

伊丽莎白小时候搬过无数次家,每一次都是在堆得乱七八糟的衣服中醒来。父母没有给过她家的温暖,穆里尔姨妈更是操控着她的一切。住着姨妈的高级住宅,伊丽莎白感受到的却是无边无际的寂寞。伊丽莎白从来不跟别人说起自己年少时的经历,没有人知道她曾无家可归,"具有无家可归者的一切习性"①。成年后的伊丽莎白热衷于居家装饰,为自己建造一个有形的"壳",她期待着能在这个"壳"里过上想要的日子。然而,她发现自己和大多数人一样被抛入了生活的庸常之中,于是只好在一次次的出轨寻欢中麻痹神经。克里斯的死打碎了看似坚硬的"壳",纳特的离去揭开了粉饰的太平,在穆里尔姨妈的葬礼上,伊丽莎白感到自己掉进了"一个巨大的黑洞"②,晃晃悠悠地往下坠落。此时,让她坚持下去的是对家的期待,虽然她的家并不完美,家中只剩下了她和两个女儿,"不过她居然能有一个家,居然能打理一个家,真是难得……她是在万丈深渊之上建起一个家,但还能建在什么地方呢?目前,这个家还屹立着。"③

纳特与伊丽莎白结婚后,在家打扫卫生、洗衣做饭、照看孩子,什么活儿都干,但他没有属于自己的真正的"家",因为他住

---

① 玛格丽特·阿特伍德:《人类以前的生活》,第173页。
② 同上,第360页。
③ 同上。

的房子是伊丽莎白的。他睡在家里的一张空床上,伊丽莎白称之为"多余的床"[①],仿佛连他这个人也是多余的。伊丽莎白不在家时,纳特会播放20世纪60年代的旅行者或者哈里·贝拉方特的唱片,在音乐声中回忆过去的时光。然而,他时刻缅怀的"家"只不过是个幻影——"一种和爱人分享的平静生活,好像20世纪40年代的圣诞贺卡上的图片一样,一堆炉火,放毛线的编织篮,凝固的落雪。"[②]纳特恋上莱西娅是因为后者身上有一种安静的气质,能让他觉得安定,愿意为她营建一个家。故事快结束时,纳特绕着多伦多大学奔跑,走上博物馆的阶梯,等待莱西娅下班,接她回两人共同的家。

与纳特和伊丽莎白不同的是,莱西娅出生于一个完整的家庭,父母均健在,且家族亲朋好友众多,但她同样感受不到家的温暖。每次家族聚会,她只是个旁观的局外人,"她有一种受排斥的感觉,仿佛身处一群兄弟姐妹之间,父母两边的亲戚都有,却没法融入他们中。"[③]祖母们将她当作一块争斗的领地,令她无所适从。父母为了对方牺牲了各自的生活习惯,每年的圣诞节就是个例子:

> 圣诞节他们总是吃加拿大食物。火鸡算是个让步,也可能是父母两人的又一块中立之地。他们每年都这样吃节日晚餐,总要证明点什么。父亲那边的亲戚中,兄弟姐妹刚过完光明节;而母亲这边的亲戚家,

---

① 玛格丽特·阿特伍德:《人类以前的生活》,第7页。
② 同上,第128页。
③ 同上,第107页。

孩子们正要表演在乌克兰夏令营学习的歌舞。莱西娅的母亲在厨房中忙着往碎肉馅饼上涂抹甜奶油酱,一边默默地抽噎着。每年都是如此。①

为了不惹两位祖母生气,不叫父母为难,莱西娅什么教会都不去,什么夏令营都不参加,性格日渐孤僻,博物馆成了她的"家",在那里,她和不会说话的化石为伴,和想象中的恐龙交友。爱上纳特之后,她着手一点一点地筑起爱巢,从租房子到买家具,亲力亲为。怀上纳特的孩子后,为了孩子的未来着想,她甚至愿意和伊丽莎白讲和,因为她不希望孩子们在上一辈的仇恨中长大,重复她小时候的悲剧。

《人类以前的生活》是一部现实主义作品,探讨了诸多方面的政治议题,比如两性关系、生存主题、民族问题等,此外,阿特伍德在小说中抓住了 20 世纪 70 年代末的热点话题——多元文化主义。有研究者认为,《人类以前的生活》展现了加拿大马赛克文化的特征,是"阿特伍德撰写的第一部展示多元文化主义的小说"②。小说中的纳特、克里斯和莱西娅都是移民后代,他们虽在加拿大出生长大,却对这个国家没有归属感,始终游离于主流群体之外。纳特的祖先是德裔移民,他曾因自己的姓氏多次遭遇种族歧视:"在喧闹的 20 世纪 60 年代里,聚会上他常被人喊作白人佬、猪猡,更有甚者,由于他的姓氏,还常被人叫作法西斯德国佬。"③克里斯有四分之一的法国血统,其余的是芬兰和英

---

① 玛格丽特·阿特伍德:《人类以前的生活》,第 130 页。
② Coral Ann Howells, *Margaret Atwood* 2nd edition: 64.
③ 玛格丽特·阿特伍德:《人类以前的生活》,第 236 页。

国血统。他和纯种白人伊丽莎白交往,是因为后者"拥有他想要的东西,即掌控世界的一种力量:她知道如何举止得体,该用什么刀叉,这个该怎么那个该怎么"。① 换句话说,伊丽莎白的纯种白人血统能让他获得作为混血移民得不到的权益。伊丽莎白却只是和他玩玩,将他当作旅途中具有异国情调的风景,"然后她就退缩了,向他表示他不过是个假期,是旅游指南上一张迷人的图片,上面一个系了腰布的男人正在用力去除椰子壳"。② 莱西娅在加拿大也没有根,如同飘零的浮萍。她身边的人经常"读不好她的名字,而且看她的神情仿佛在说,我们以为你跟我们是同类,可是现在发现根本不是"。③ 莱西娅的前男友威廉来自上流社会白人家庭,两人同居多年,威廉却一直不向她求婚,因为他"发现她是个无比怪异的人",他"不想要她生孩子。不想和她生";他赞赏她的黑发,喜欢她又大又黑的眼睛,却把她当作战利品,"是他洞察世事的明证"。④ 莱西娅从不去威廉父母在安大略伦敦地区的豪宅,威廉也从不去莱西娅父母平淡无奇的住所,因为彼此的家庭都"心存戒意"⑤。几位小说人物的经历表明,虽然加拿大政府从20世纪70年代起开始提倡多元文化主义⑥,主张各民族在政治经济地位上平等,但不同的文化群体间存在着无

---

① 玛格丽特·阿特伍德:《人类以前的生活》,第188页。
② 同上。
③ 同上,第128页。
④ 同上,第27页。
⑤ 同上,第28页。
⑥ 1972年,特鲁多政府宣布将多元文化主义政策定为新的国家政策,到了20世纪80年代,多元文化主义进入制度化阶段,1988年加拿大政府正式通过并颁布《加拿大多元文化法》。

法调和的等级关系。与主流社会相比，移民属于弱势群体，他们面对的不仅有生存压力，还有如何融入社会"大家庭"的焦虑。何处是吾"家"，这或许是许许多多加拿大移民内心的感慨。

小说的英文标题"Life Before Man"具有多重含义：首先，"life"既可译成"生活"，也可译为"生命"；其次，"man"可以是"人类"，也可以是"单个的人"；最后，"before"一词在表示时间概念时，可以指向过去，也可以寓意未来。因此，除了将标题解释为"人类之前的生命"外，还可以指"展现在人类面前的生活"或者"展现在个体的人面前的生活"。或许，阿特伍德想要通过这部作品阐述一个关于"中间"的故事①：人类处在"史前"和"未来"的中间时代，作为个体的人今天的所作所为影响着人类的未来。莱西娅认为"人类是宇宙间非常危险的一种生物……充满恶意又四处破坏"②，而小说的次要人物威廉——一位环境学专家——不止一次表达了人类无节制发展所造成的环境危机：

> 废气源源不断地排放出来，其中三百多种还压根儿没有得到鉴定。硫酸和汞排放导致金属雾和酸雨的形成，污染了马斯科卡湖区，并且向北蔓延。死鱼浮在水面，翻起的肚皮很快鼓胀起来，令人作呕。如果不立即（立即！）采取十倍于现在的措施，整个五大湖区就完

---

① 《人类以前的生活》原名是《莫召伊克备忘录》(Notes on the Mezaoic)，"莫召伊克"的意思是"中间的生活"。阿特伍德在一次访谈中声称，这部小说讲述的是几个人的生活的中间阶段，而且他们又是中产阶层，时间又是在历史的中间（不是在史前，也不是在未来）。后因看过书稿的人对此书名表示不解，所以修改了题目。参见傅俊：《玛格丽特·阿特伍德研究》，第233页。
② 玛格丽特·阿特伍德：《人类以前的生活》，第350页。

蛋了。……因为什么呢？因为连裤袜……因为橡皮筋、汽车、塑料纽扣。①

人类生存的家园已岌岌可危，如果这种情形继续下去，人类最终会像莱西娅研究的史前动物一样走向灭绝。存在于过去时空的恐龙只剩下了博物馆里展出的累累骨架和零零散散的化石，它们的昨天是否就是我们的未来？不论是作为个体的人还是整体的人类，我们都应该珍爱自己的"家"，这或许是《人类以前的生活》带给我们的最大的启示。

七、我讲，故你在

20世纪70年代，阿特伍德外出旅行，她去了一个令人意想不到的地方：阿富汗。这期间她读到了几篇关于第一世界国家因杀虫剂和除草剂造成生育率下降的文章。之后不久，想要写一部《使女的故事》的念头便在她脑子里盘桓，但她迟迟没有动笔。1984年，阿特伍德前往西柏林旅行，彼时柏林墙仍然屹立，高墙、铁幕、极权统治……一切的一切都促使她深思。这一年，她开始着手撰写《使女的故事》。

为了准备《使女的故事》的写作，阿特伍德查阅了很多文献，以确保小说的真实性。多伦多大学托马斯·费希尔珍本图书馆内藏有阿特伍德捐赠的各种档案资料（总共四百七十四盒），在《使女的故事》的档案资料中，有不少阿特伍德剪辑的报刊，包括

---

① 玛格丽特·阿特伍德：《人类以前的生活》，第164页。

罗马尼亚宣布堕胎和节育非法;加拿大悲叹出生率下降;美国共和党试图从提供堕胎服务的诊所撤回联邦资金;当时作为新事物的借记卡对隐私的威胁;印度博帕尔发生致命气体泄漏之后美国国会安排有毒工业排放法规听证会;美联社报道新泽西州天主教会众被原教旨派接管,妻子们都被称作"使女"……因此,《使女的故事》虽然讲述的是未来世界发生的事,读者在阅读的过程中却仿佛是在掀开一幅幅历史画卷。首先,小说的某些灵感来自17世纪的塞勒姆女巫审判案,在这起案件中,那些没有遵循清教准则的女性被妖魔化,遭到告发并受到严厉的惩罚,这段历史在美国人心中留下了难以抹去的伤痕,阿特伍德认为它是建构美国历史的基础性事件之一。其次,罗马尼亚禁止节育的政策是阿特伍德撰写《使女的故事》的素材。1966年,齐奥塞斯库总统为增加罗马尼亚人口孤注一掷,禁止节育和堕胎,并命令罗马尼亚育龄妇女每人必须生育五个子女。为了强制执行"第770号政令",医院安插了秘密警察,妇女每月接受检测,确认是否受孕,学校的性教育以宣传生育对女性的好处为主,婚后没生孩子的家庭要被罚款,堕胎是违法行为,母亲和医生都得进监狱。此外,《使女的故事》所描写的基列共和国有着纳粹德国的影子。1938年11月9日夜,二百五十多个犹太会堂遭焚毁,七千家犹太企业被洗劫一空,犹太墓地、医院、学校和家庭遭到掠劫,很多犹太人被杀,在此过程中,警察和消防局却袖手旁观。第二天清晨,犹太人发现自己不再是德国公民,失去了自主权。宵禁的执行使他们行动受限,除了必须在规定的时间才能离家之外,他们还被禁止进入公共场所,几乎同社会隔离开来。在短短的一天之内,有差不多三万德国犹太人因为罪名为犹太人遭到逮捕,被送往集中营,数百万人因此丧生。最后,小说中使女们身上的红袍并非凭空想象出来的,它们令人想起17世纪清教徒妇女的服饰、天主教修女的长袍以及传统的伊斯兰服饰。

《使女的故事》的背景设在了2020年至2030年间的美国,在这个未来社会,大多数地方的自然环境已遭到破坏,核事故、辐射、化学污染、病毒试验等引发了严重的生态灾难。激进组织"雅各之子"袭击华盛顿,夺取政权,建立极权国家基列共和国,推行政教合一,实施军事独裁。这是个等级森严的社会,每个人都有自己的角色分工:主教、夫人、嬷嬷、使女、眼目、卫兵、仆役和经济太太等。女人属于国家资产,被剥夺了所有权利,受到严格管控。统治阶级将她们依照功能和用途分成不同的等级,分派不同的工作,例如使女的职责是为上层人士繁衍子嗣、马大负责为大主教家打扫卫生和做饭、经济太太是仆役的妻子、荡妇为大主教和来访的生意人提供性服务。每一类人都必须按照等级着装,以颜色区分身份:黑衣主教、蓝衣夫人、棕衣嬷嬷、红衣使女、绿衣马大……

奥芙弗雷德的叙述构成了小说的主干。她是使女,没有自己的名字,目前的称呼来自她从属的男人:奥芙弗雷德的英文是"Offred",即"Of Fred",表明她隶属于弗雷德主教。由于环境恶化,基列共和国的生育率直线下降,非正常婴儿的出生概率越来越高。在绝望之中,政府将堕胎和节育视为非法。每一位育龄妇女都有义务生孩子,不愿生孩子或者生不出孩子的"非女人"要么被送往殖民地干苦力,要么被绞死,以儆效尤。在统治阶层眼里,使女只是作为生育器官存在,是"两条腿的子宫"①,她们的手脚无关紧要,子宫才是价值所在。奥芙弗雷德每个月都要经历一次受精仪式,她躺在床上,头夹在主教夫人两腿之间,主教则机械地动作着,家中的工人们在一边观看。"性"被剥夺了所有积极的情感,更别提"爱"的存在了。

基列共和国实现统治的主要手段是监视。无处不在的军事力量构成了一个强大的监视网,通过网络检查系统、电子设备、巡逻车和眼目实施监视。使女们接受教育的拉杰-里拉感化中心原是大学体操馆,如今入口处有人站岗,墙顶安装了探照灯,四周布满带刺的铁丝网,与监狱无异。街道上,眼目们驾驶着黑色有篷车,车身印着一只白色带翅膀的眼睛,如同来自监督机构的"无面孔的目光"②,见之使人不寒而栗。使女上街买菜时必须两人一起行动,以便互相监督,而且总是保持一定的距离,回答问题也有所保留,因为谁都不知道另外一人在想些什么。即便是身居高位的大主教,他们的行为也受到严格监控,否则就会遭到举报,被眼目带走。

在强大的监视机制下,权力高度集中,个人抵抗受到残酷镇压,民众毫无话语权。首先是语言遭到了"谋杀"③。基列政府认为语言是危险的,必须受到管制,书面文字则属于非法:"笔是嫉

---

① 玛格丽特·阿特伍德:《使女的故事》,陈小蔚译,南京:译林出版社,2001年版,第146页。
② 米歇尔·福柯:《规训与惩罚》,刘北成、杨远婴译,北京:生活·读书·新知三联书店,1999年版,第240页。
③ Ben Pimlott, "Introduction", in George Orwell, *Nineteen Eighty-Four*, London: Penguin, 1989: XII.

妒的对象"①,"在我身边没有可以书写的工具,即使有也受到严格禁止"②。"《圣经》平常是锁起来的,……是可燃物,谁知道一旦落到我们手中,会派上何种用场?因此,只能由他(指大主教,笔者按)来读给我们听,我们自己阅读是不可以的。"③使女们见面时有固定的寒暄语,一个说"祈神保佑生养",另一个答"愿主开恩赐予",除此之外不得随意交流。就连商店的名字都消失了,取而代之以画着图案的木制招牌,人们根据招牌上的图画猜测店里面卖些什么。

其次是在意识形态上加强对民众的统治。基列共和国作为神权政府,其意识形态依靠上帝话语的支撑,《圣经》高于一切,是阐释一切的基础。他们有专门的"安魂经卷"祷文专卖店:

> 打印机一边打印祷文,一边会读出声来。只要愿意,尽可以走进店里听。那平板单调的金属般的嗓音一遍遍没完没了地重复着同样的内容。等祷文印出来也说完之后,纸张会从另一个槽里卷进去,再生成未用过的新纸。店里没有工作人员,机器全是自动的。从外面也听不到说话声,只能听到连续不断、声调低沉的嗡嗡声,就像里面有一大堆人虔诚地跪着祈祷。每台打印机边上都印有一只金色的眼睛,两翼是一对小小的金色翅膀。④

---

① 玛格丽特·阿特伍德:《使女的故事》,第215页。
② 同上,第44页。
③ 同上,第101页。
④ 同上,第192页。

基列共和国的宣传手段多种多样。除了利用专门的机器进行传道之外,当权者还在大学院墙外悬挂尸体,作为警告,有杀鸡儆猴的意思。嬷嬷们训练使女的方式也是为了让她们对现行的权力模式俯首帖耳。她们像军人一样接受统一号令,丝毫没有自由可言。她们每天都要上一门特殊的忏悔课,其中一个使女忏悔自己过去的行为,然后大家对她进行声讨。这种忏悔课几乎有点疯狂:

大家来说说,这是谁的错?海伦娜嬷嬷问,举起一根胖胖的手指。

她的错,她的错,她的错。我们异口同声地反复高喊。

是谁引诱他们的?海伦娜嬷嬷满意地微笑着。

是她,是她,是她。

上帝为什么会允许这种事发生?

为了教训她,为了教训她,为了教训她。①

忏悔课的目的是对使女起到刺激作用,基列政府希望通过这种方式达到教化作用,民众长久处于这种环境之下,便会对自己的处境变得麻木不仁,丧失抵抗的意志。

此外,权力通过大众暴力来达到使民众归顺的目的。基列共和国的"挽救仪式"和"参与处决"就是大众暴力的典型。小说有一章描写了使女参加"挽救仪式"的场景,她们不仅眼见同类遭受绞刑,还要参与到对一个强奸犯的处决中去:"刹那间,人流

---

① 玛格丽特·阿特伍德:《使女的故事》,第 82 页。

猛地朝前拥去……空气中充满了刺激,人人都跃跃欲试……这时只听人声鼎沸,喘息声,低沉的咆哮声,叫喊声响成一片,红色的身体一拥而上……一声巨大的尖叫从某个地方传来,仿佛马受惊时的嘶叫。"①这个被处决的男人其实并非强奸犯,而是政治犯。基列共和国的当权者让民众参与到暴力中,目的是彻底摧毁他们的抵抗意志,如此一来便能像福柯所说的那样:"不仅控制犯罪,而且控制个人,不仅控制他们的行为,而且控制他们现在的、将来的、可能的状况。"②

极权、暴政、监控……在这样的世界里,没有谁能逃脱受害者的命运。或许基列共和国创建时的初衷是想要"一个更美好的社会"③,可是事与愿违,极端的统治带来的是对人性的极度扼杀。然而,人的精神可以被压制,却无法被摧毁,如同压在石块下的小草,终会从石头缝里破土而出,重见天日,因为"与权力共生的、同时存在的"是人类的反抗精神,"只要存在权力关系,就会存在反抗的可能性"。④ 的确,女主人公奥芙弗雷德并不是一个特别勇敢的女性,她的唯一目的是能在基列国活下去:她在夜晚与主教偷偷见面,陪他玩拼字游戏,陪他去"荡妇俱乐部",只因为他拥有权力,一旦她表示不从,便会随时遭到处置;她在主教夫人授意下与司机尼克偷情,只为了取悦夫人,帮她生下一男半女,摆脱被送往殖民地的宿命……尽管如此,奥芙弗雷德还

---

① 玛格丽特·阿特伍德:《使女的故事》,第319页。
② 米歇尔·福柯:《规训与惩罚》,第20页。
③ 玛格丽特·阿特伍德:《使女的故事》,第244页。
④ 《权力的眼睛——福柯访谈录》,严锋译,上海:上海人民出版社,1996年版,第46,47页。

是以自己的方式表达了反抗。首先是思想上的反抗，她在对家庭的回忆、对好友的回忆以及对过去时代的回忆中构建自己的故事。她回忆如何试图与丈夫和女儿逃离白色恐怖，结果被人告发，快到边境时，卫兵赶到，丈夫惨遭杀害，女儿被掠走，自己成了使女。她回忆，并非因为陷入绝望，而是不愿屈服于新体制的掌控。基列国的统治者希望治下的民众都能从脑子里清除掉"往日的回声"①，奥芙弗雷德却用回忆提醒自己心存希望，去抵制那个夺走她家庭、身份和自由的体制，哪怕这种抵制的力量微乎其微。

奥芙弗雷德拒绝沉默、拒绝忘记过去，因此，她用叙述来表示反抗，她讲述其他女性的故事，这些女性都在自觉或不自觉的情况下成为基列国的牺牲品，却从未放弃抗争：奥芙弗雷德的母亲是一个敢说敢做的女权主义者，在前基列时期积极参加示威游行，消灭色情文学，维护女性堕胎的权利。基列政府夺权后的第一天，她就从自己住的公寓里消失了，被送往"隔离营"，但是"毫无疑问，她的高傲、乐观、精力以及活力，都将促使她逃离那鬼地方。她一定会想出法子来的"②。好友莫伊拉是一个勇敢的行动主义者，当珍妮在感化中心精神崩溃时，是莫伊拉让她恢复了理智，告诉她歇斯底里只会把她引向死亡；是莫伊拉将感化中心的马桶拆开，把伊丽莎白嬷嬷绑在暖气炉上，换上她的衣服，然后逃了出去，成为使女中的一个"神话"，让其他人觉得自由是可以争取的；也正是莫伊拉，在被抓后宁愿去"荡妇俱乐部"——

---

① 玛格丽特·阿特伍德：《使女的故事》，第 324 页。
② 同上，第 264 页。

在那里她可以公开自己的同性恋身份——也不愿在充满毒气的"隔离营"浪费光阴。使女奥芙格伦是奥芙弗雷德购物时的同伴,秘密组织"五月天"的成员(该组织通过地下渠道将受迫害者送往加拿大)。奥芙格伦经常对奥芙弗雷德旁敲侧击,希望能发展她成为"五月天"的一员。当奥芙格伦的一位同志被诬陷为强奸罪遭到处决时,她为了让他免于受苦,率先冲上去将他踢昏;后来,在行动暴露后,奥芙格伦为了防止自己背叛朋友,毫不迟疑地上吊自杀了。这种自杀行为非但不是向权威示弱,反而唤醒了其他使女心中的仇恨。奥芙弗雷德所属主教家的前一任使女在房间橱柜里留下了一行仿拉丁文信息:"别让那些杂种骑在你头上。"①每当心灰意冷时,奥芙弗雷德便以此激励自己:"思索这行文字令我快乐。想到我正与她、与那个不知名的女人默默交流同样令我快乐……她这条忌讳之语费尽周折,终于能够传达给至少另一个人,那煞费苦心地显现在我橱壁上的讯息,终于被我开启阅读,想到这一点,更是令我快乐。"②基列的特权阶层通过隔离和压制的方式剥夺了女性的权利,却无法阻断她们之间可能的交流。

在奥芙弗雷德讲述的故事中,主教夫人曾是电视节目中的名人,专门演唱福音音乐,她曾为开创基列共和国的事业而奋斗过,四处演说,内容大多是关于对家庭的神圣义务。如今的她却被困在家中,闭门不出,但这种生活方式似乎与她格格不入。奥芙弗雷德常常瞥见她坐在漂亮的花园里,失神地望着眼前的花

---

① 玛格丽特·阿特伍德:《使女的故事》,第216页。
② 同上,第58页。

朵,在看清未来一切的真实面目后,她的"心中一定为此郁积着不知多少恼怒"①,或许还有深深的懊悔。她还会坐在起居室里,放一些自己过去唱的歌,边听边织毛线活,"回忆从前曾经有过、如今却残缺不全的昔日辉煌"。②

奥芙弗雷德的故事采用了特殊的叙述方式,她的思绪在当下的现实与过去的回忆中跳跃,物理时间与心理时间相互交叉。那些碎片般的故事拼成了一个试图与基列国男权神话相抗衡的女性世界,尽管在这个世界里,女人生存的机会无比渺茫,尽管其中有许多故事尚未讲完,我们无从知晓大多数女人最终的命运,但她依然对着未来的听众讲述自己的经历,因为"任何被压制的声音都不会甘于沉默,它们会以某种无声胜有声的方式大声疾呼自己的存在"③,因为她坚信另一个不同的世界将会到来,终会有人听到她的声音:"我不停地讲着这个充满伤感、饥渴和悲惨的故事,讲着这个节奏缓慢、残缺不全的故事,因为我毕竟还是希望你能听我讲这个故事……因为我对你讲这个故事,我使你得以存在。我讲,故你在。"④叙述故事是探索其他选择、学会如何生活、见证政治的方式,作为受害者的奥芙弗雷德通过自己的故事证实了"这个世界不同寻常的隐含意义"。⑤ 有学者指出,奥芙弗雷德"代表了绝大多数的无名无姓、鲜为人知的普

---

① 玛格丽特·阿特伍德:《使女的故事》,第51页。
② 同上,第61页。
③ 同上,第175页。
④ 同上,第120页。
⑤ Karen F. Stein, *Margaret Atwood Revisited*, New York: Twayne, 1999:7.

通妇女。她们实行的是一种更微妙、更小心、更有耐性的抵抗。虽然妇女被剥夺了交流的权力,但她们从未停止过斗争:手势、耳语、符号及其他非语言手段都被用作交流和推翻政权的新代码"。① 读者则在倾听奥芙弗雷德故事的同时成为她的同盟。

《使女的故事》于1985年出版,一经上市便收获无数好评,连续二十三周出现在《纽约时报》畅销书排行榜上,并为阿特伍德赢得了《洛杉矶时报》小说奖和加拿大总督文学奖。小说获得成功的一大原因是20世纪80年代中叶里根实施的保守主义政策,新基督教右翼开始强烈抵制20世纪六七十年代的女权主义,民众普遍感到忧心忡忡。阿特伍德在1986年3月走进纽约的一间录音棚,为《使女的故事》录制广告。

> 阿特伍德:这是玛格丽特·阿特伍德从基列共和国发来的报告。这个新的神权统治建立在原先为美国的土地上。我不知道我的报告能否被听众们接收到,也不知道这儿的一切有无结束之日……
>
> 播音员:《使女的故事》——阿特伍德好评如潮的畅销书为您描绘了未来的恐怖景象,精彩不容错过。
>
> 阿特伍德:在小说未被禁止之前赶快读吧。②

仿佛是一语成谶,得克萨斯州圣安东尼奥市的高中禁止该书进入校园,理由是它反基督教,而且过分注重性。阿特伍德在

---

① 王苹、张建颖:《〈使女的故事〉中的权力与抵抗》,《外国语》2005年第1期,第74页。
② 转引自傅俊:《玛格丽特·阿特伍德研究》,第258—259页。

给该学区的公开信中指出,《圣经》里的性描写比她书中的多得多,她还为小说的真实性进行辩护:"如果你看见一个人朝着地上的大洞走去,对他提出警告难道不是友好的行为?"①难怪阿特伍德要在《使女的故事》首页将小说献给自己的祖先玛丽·韦伯斯特——一位被指控为女巫,遭到迫害,但在绞刑之后幸存下来的17世纪女性。或许阿特伍德早已预料到了这样的遭遇:"我认为我如果带着这本书走到公众面前,就必须有坚强的脖颈。"②

八、公众眼里的"她"

20世纪六七十年代的阿特伍德可谓风头无两,她以几乎每年一部作品的创作速度迅速在文坛占领一席之地。除了前面讨论的几部作品之外,阿特伍德还出版了诗集《彼国动物》(1968)、《地下的程序》(1970)、《苏珊娜·穆迪日志》(1970)、《诗歌选集》(1976)和《双头诗集》(1978),短篇小说集《跳舞的女孩们》(1977),以及少儿读物《反叛者的日子,1815—1840》(1977)和《在树上》(1978)。此外,她应邀参与了《这杂志》的编辑工作,以漫画的形式发表政治评论;她为加拿大女作家的作品撰写书评,

---

① Rebecca Mead, "Margaret Atwood, the Prophet of Dystopia", *The New Yorker* 17 April 2017, Retrieved 19 September 2018. https://www.newyorker.com/magazine/2017/04/17/margaret-atwood-the-prophet-of-dystopia.
② Susanne Becker, "Celebrity, or a Disneyland of the Soul: Margaret Atwood and the Media", Reingard M. Nischik, ed. *Margaret Atwood: Works and Impact*:19.

刊登在《纽约时报》《环球邮报》和《加拿大广播公司周日副刊》上;她写出了不少幽默短篇作品,对经典名作进行戏仿,比如《关于我和我的谷物储存仓》是对辛克莱·罗斯的经典小说《关于我和我的房子》的戏仿……

1976年,在《预言夫人》出版之后,阿特伍德一跃成为"北美最重要的女作家"①。同一年,加拿大时事刊物《麦考林杂志》刊登了阿特伍德访谈以及对《预言夫人》的评论,称她已成为"加拿大遭人议论最多的作家"。对此,阿特伍德答道:"这或许是因为我认为有些事情是属于私人的。"《麦考林杂志》的访谈展现出了当时阿特伍德媒体形象的雏形,其中有一整页是关于女儿杰丝、关于母亲身份以及家庭关系的问答,其间穿插了吉布森为身穿绣花衬衫的阿特伍德拍的三张照片,分别代表"出神的阿特伍德""微笑的阿特伍德""持怀疑态度的阿特伍德"。所有这一切都在表明,"在三十六岁的轻熟年龄",阿特伍德已一跃成为"国家纪念碑"似的人物,"真的让人感到害怕"。②

阿特伍德在回顾自己一路走来宣传推广加拿大文学的经历时,常常把别人对她的流言蜚语归结为一点:长久以来夹在英国殖民主义和美国扩张之间的读者终于有了"他们自己的作家"。她手工出版了第一部受举国上下一致称赞的诗集;她的前几部小说为她赢得了国际声誉;她写的第一部关于加拿大文学的论

---

① Linda Wagner-Martin, "'Giving Way to Bedrock': Atwood's Later Poems", Lorraine M. York, ed. *Various Atwoods: Essays on the Later Poems, Short Fictions, and Novels*, Concord, Ontario: House of Anansi Press Limited, 1995:71.

② *Maclean's* 6 September, 1976: 6-8.

著引起了国民的广泛争议。她支持加拿大小型出版社安南西出版社;她和吉布森等人共同创建了加拿大作家协会以及后来的国际笔会加拿大(英语地区)中心。众多的政治活动和公共活动需要她抛头露面,写评论、做讲座、发表演讲……她的个性、她的家庭、她的朋友圈一直都是全民感兴趣的话题。

那些从未见过阿特伍德的人对她有着形形色色的猜测和预想:她是不是长得很男性化? 她是不是极易冲动? 她是不是相当学究气? ……《阿特伍德在澳大利亚》中的一段话足以说明人们对她的各种想象:

> "我过去以为阿特伍德是个大块头女人,博学多才,脾气暴躁。"一位记者在9月的一期《堪培拉时报》上承认道。有她这种想法的不止一个——个子高大、一言不合便挥拳头、憎恨男人——不少澳大利亚人都有类似误解。而当这位加拿大作家兼诗人出现在澳大利亚首都的文学午餐会上时,观众们惊讶万分,她既不魁梧,也没有挑战世俗单独出场——丈夫和女儿就陪在她身边。①

在公众将阿特伍德神秘化的过程中,她的形象也是千变万化的,世人看她的眼光有的带着敬畏、有的带着愤怒、有的带着困惑。到20世纪80年代时,阿特伍德成了加拿大杂志争相邀约的"封面女郎"。她登上了女性杂志《主妇》1981年1月的封

---

① Susan Stanton, "Margaret Atwood in Australia", *Cross-Canadian Writers' Quarterly* 5.2/3 (1983): 13.

面,画面上的她巧笑嫣然,随刊登出的文章《了不起的阿特伍德》以非常明确的语气写道:

> 有很多理由来赞美神秘多面的玛格丽特·阿特伍德。她是具有国际地位的作家、诗人和批评家。她是尽心尽责的母亲,是强势的女权主义者,是写作社团的捍卫者。她谜一般的脸是我们生活结构的一部分,她的成就使我们欢欣鼓舞,因为她是女人,同时又是加拿大人。①

1982年春天,《城市女性》刊登了一幅沉思中的阿特伍德的照片,将她作为"加拿大小说中现代女性的原型"推出,把她和她笔下那些富有创造力且善于表达的城市女性形象联系起来。

然而媒体对阿特伍德并非千篇一律的奉承,正如阿特伍德自己所说的,成为一名女作家意味着"悖论和困境":"凡是抽出一部分时间从事诸如写作这类自私自利的个人活动的女人要么是神经质,要么很缺德,要么两者皆是,对男人、孩子、年长的亲属或是所有那些本该证明其正当存在的人疏于照管。"②一些采访者会很轻率地将她的形象模式化:"奥菲莉亚"或"有自杀倾向的西尔维亚"、受难的"女殉道者"、从事改革运动的"女信息传送者"等等,③不一而足。阿特伍德在《预言夫人》将这种模式化的

---

① Judith Timson, "The Magnificent Margaret Atwood", *Chatelaine* (January 1981):41-70.

② Margaret Atwood, "On Being a 'Woman Writer': Paradoxes and Dilemmas", *Second Words: Selected Critical Prose*:191.

③ 同上,200—201。

形象比喻为"黑暗双胞胎"和"哈哈镜影像":"我觉得自己非常引人注目,但感觉像某人以我的名义在真实世界中扮演我,说着那些我不曾说过却上了报纸的话语,而她的一举一动要由我承担后果。"①

阿特伍德对同行的嫉妒以及由此引起的敌意毫不陌生。早在1973年,她就向多伦多帝国俱乐部抱怨说她成了"东西":"既是偶像,又是目标,既受崇拜,又遭抨击。"②她从未想过要成为公众人物,遭受大家的评头品足,对她而言,这些都是"突然之间发生在她身上的事",是她"始料未及的",因此她对"产生的一些结果感到相当震惊",以至于"无法理解为什么有些从未谋面的人会喜欢对她进行人身攻击"。③ 后来,她逐渐习以为常,甚至开始用她特有的嘲讽语气评价这一系列的媒体形象和看法:"从1972年(或者《生存》发表那年)到1976年……我饱受抨击;那时我写的很多东西都是在回应其中的一些抨击,是学术上比较严肃的话题,我想。(人们抨击我的卷发、母乳喂养以及我无力把控的公开露面)……第三个阶段……从1976年开始,这一年我出版了《预言夫人》,生了孩子,立刻变得温暖有母性起来,到目前为止,受到的抨击暂时比以前少了。"④

---

① 玛格丽特·阿特伍德:《女祭司》,第264页。
② William French, "Icon and Target: Atwood as Thing", *Globe and Mail* (7 April 1973): 28.
③ Linda Sandler, "A Question of Metamorphosis", Earl G. Ingersoll, ed. *Margaret Atwood: Conversations*: 41.
④ Margaret Atwood, "Introduction", *Second Words: Selected Critical Prose*: 14.

到 20 世纪 80 年代中期时,阿特伍德已成为加拿大家喻户晓的作家。制片人迈克尔·鲁博拍摄了纪录片《曾经在八月》,讲述他和阿特伍德及其家人在魁北克北部岛屿一处静养地共度的一段时光。鲁博希望能够挖掘阿特伍德的灵感之源,揭示其阴暗主题的根源,但在他的影片中,阿特伍德似乎总在委婉地躲避鲁博的追问。在纪录片接近尾声时,阿特伍德一家人掌控了摄影机,表演了一幕奇特的闹剧:阿特伍德头套一只棕色纸袋,其他家庭成员对她进行一句话的描述。"那个女人是我女儿,她隐瞒了真实身份。"阿特伍德的母亲给出了极富启发性的评价。阿特伍德在拿下袋子之后说道:"鲁博的问题在于把我想成了一个神秘女人,一个需要解决的问题……他试图弄明白为什么我的一些作品语调阴郁,可以这么说,他试图从我身上或我的生活里寻找简单的答案,而不是从我所描述的社会中寻找解释。"阿特伍德似乎是在委婉地指出,与其去挖掘某个作家的私生活,不如根据客观事实而非主观体验地去阅读该作家的作品。

第七章

历史的编纂者

一、强烈的历史意识

阿特伍德的作品一直都有着"强烈的历史意识"①,只不过批评界向来热衷于研究其中的社会热点问题,比如民族主义、女性主义、权力政治和环境问题等,而忽略了对历史维度的探讨。然而,只要粗略回顾一下,我们便可发现阿特伍德作品中的"历史连续体"②:《浮现》中沉入水底的美洲印第安史前文明;《人类以前的生活》里安大略皇家博物馆内收藏的大量史前动物化石;在《预言夫人》中,琼的哥特式古装罗曼史源自她对 19 世纪历史

---

① George Woodcock, "Margaret Atwood: Poet as Novelist", Judith McCombs, ed. *Critical Essays on Margaret Atwood*:95.
② Coral Ann Howells, "Writing History, from *The Journals of Susanna Moodie* to *The Blind Assassin*", John Moss & Tobi Kozakewich, eds. *Margaret Atwood: The Open Eye* ,Ottawa: University of Ottawa Press, 2006:108.

演义小说的兴趣;《肉体伤害》展示了加勒比殖民史及其后殖民现状;《使女的故事》基于17世纪的美国殖民史以及清教传统;在《猫眼》里,阿特伍德则将目光转向20世纪四五十年代加拿大遭受英国统治的殖民史以及战后"在加拿大土地上生活的人的关系史"①。

最早展现阿特伍德历史意识的文本当属诗集《苏珊娜·穆迪日志》。苏珊娜·穆迪(1803—1885)是一位加拿大早期移民女作家,她于1832年追随丈夫漂洋过海来到北美大陆,彼时的加拿大还是一片未开垦的荒野,生活异常艰辛。穆迪夫人以她在加拿大的所见所闻为蓝本,创作了自传体小说《丛林中的艰苦岁月》(1852)和《拓荒生活》(1853)。阿特伍德早年阅读穆迪夫人的作品时被她的经历深深打动,对这位历史人物产生了浓厚兴趣,便以苏珊娜·穆迪为第一人称叙述者,按照她的生平经历,通过虚构的日志形式,为读者呈现了一幅加拿大早期移民的垦荒史。

全书分为三组"日志"。第一组日志描写了1832年到1840年间苏珊娜·穆迪初到加拿大时的生活经历。她与家人远渡重洋抵达魁北克,此时的她身上带有鲜明的故国烙印。她努力维持自己的淑女形象,无论是装束、步态,还是手里拿的东西——"一本书,一只装有针织物的袋子"——似乎都在昭告她是欧洲文明的使者。然而,她感受到的却是来自陌生荒野的"拒绝":

---

① Verena Bühler Roth, *Wilderness and the Natural Environment: Margaret Atwood's Recycling of a Canadian Theme*, Tübingen; Basel: Francke, 1998: 114.

流动的水不会映现

我的倒影。

礁石不理睬我。

我成了外语中的

一个词。①

  穆迪夫人披巾上那抹"不协调的粉红"②展示了她与环境的格格不入。举目望去,这片新的土地仿佛包围在"巨大的黑暗"③之中,让人心生恐惧。午夜梦回时,穆迪夫人必定会有身处何地的恍惚感;她必定不止一次感慨困惑,如何在这一处荒芜之地生存下去。阿特伍德在同时期出版的《生存》前言中指出:"这里是哪里"是"一个人在发现自己处于一个陌生的地域时而发出的疑问。而且它还包含着另外一些问题——这个地方处在什么位置?我怎样熟悉它?"④面对全新的环境和不同的文化背景,穆迪夫人不得不逐步改变自己,适应拓荒生活。

  第二组日志描述了 1840 年到 1871 年间穆迪夫人在贝尔维尔镇的生活以及她对早期拓荒生活的反思,刻画了她从试探性地接受加拿大荒野到理解新世界的过程。在这段时间里,先是她的幼子淹死,她忍着伤痛"把他种在这个国家/像一面旗帜"⑤。

---

  ① Margaret Atwood, *The Journals of Susanna Moodie*, Toronto: Oxford University Press, 1970: 11.
  ② 同上,11。
  ③ 同上,12。
  ④ 玛格丽特·阿特伍德:《生存:加拿大文学主题指南》,第 10 页。
  ⑤ Margaret Atwood, *The Journals of Susanna Moodie*: 31.

接着,她的另外几个孩子也相继死去,变成路边"爬伸的蔓枝",无论她走到哪里,都会"伸出细细的小手捉住我的双脚"。① 这是一块曾令穆迪夫人无比憎恨的土地,如今青山绿水间的土壤里埋葬了她的几位爱子,从此她与这个国家有了无法割舍的联系。

第三组日志时间跨度由1871年一直延伸到1969年,即阿特伍德撰写这部诗集的年代。诗人让穆迪夫人的叙事生命超越了时间和空间,她化作一位老妪出现在20世纪60年代多伦多的一辆公共汽车上,谴责加拿大背弃历史传统,热衷于破坏和改造自然,"电线、电缆、混凝土、推土机……"这一切都在象征着一个时代的消逝和一种精神的消亡。

阿特伍德笔下的穆迪夫人是"一个加拿大原型",为读者提供了"探索殖民地时期道德和心理问题的方式"。② 除此之外,该诗集突出了对双重性的刻画。诗人艾尔·珀迪指出,阿特伍德从穆迪夫人19世纪的作品中发掘出了"另一种声音",其特征是"无法逃避的双重视觉"。③ 壮美的景色是穆迪夫人眼中可怕的蛮荒,富饶的土地是夺走家人生命的威胁……文明与蛮荒之间的冲突时时撕裂她的内心。

两个声音

轮流使用我的眼睛:

---

① Margaret Atwood, *The Journals of Susanna Moodie*:41.
② Rosemary Sullivan, "Breaking the Circle", Judith McCombs, ed. *Critical Essays on Margaret Atwood*, Boston: G. K. Hall, 1988:106.
③ Al Purdy, "Atwood's Moodie", Judith McCombs, ed. *Critical Essays on Margaret Atwood*:39.

> 一个温文尔雅
>
> 以水粉作画,
>
> 幽幽地谈论
>
> 群山或尼亚加拉瀑布
>
> ……
>
> 另一个声音
>
> 有着另一套知识:
>
> 男人散发着汗臭
>
> 还时常酗酒……①

在阿特伍德看来,这种双重性是加拿大心理征兆的体现,在如今的加拿大人身上依然存在,"即使我们出生于此,我们仍然都是这里的移民:这个国家太大了,任何人都不可能成为它的完完全全的居民,对国土中那些不熟悉的地方,我们心怀恐惧,从一处搬到另一处,既是被放逐者,又是侵略者。"②阿特伍德在《苏珊娜·穆迪日志》中创造了关于加拿大荒野的神话,追溯加拿大传统的源流。不管是穆迪夫人代表的移民殖民者,还是后来出生在这片土地上的人们,他们始终处于漂泊无依的状态,时刻感受到身份焦虑,因此总在寻寻觅觅,寻找自我,寻找自己的土地,寻找自己的国家……这种"自我身份的错乱感深深根植于加拿大人的集体无意识之中"③,形成了加拿大的民族精神病症:"妄

---

① Margaret Atwood, *The Journals of Susanna Moodie*:42.
② 同上,62。
③ 傅俊:《论阿特伍德文学作品中的历史再现——从〈苏珊娜·莫迪的日记〉到〈别名格雷斯〉》,《外国文学》2008 年第 6 期,第 49 页。

想性精神分裂"①。穆迪夫人实现自我的历程展现了加拿大寻找自己位置的过程。

历史的车轮隆隆向前,在《苏珊娜·穆迪日志》出版之后的二十多年时间里,加拿大的文化和文学语境开始发生天翻地覆的变化,全球化浪潮的涌动、多元文化主义的勃兴,一切的一切都在影响加拿大的民族国家建构。历史学家、文化理论家和文学批评家围绕历史叙事展开了一系列争论,传统的历史观遭到动摇,历史的权威性和客观性被打破,正如穆迪夫人在回顾1837年战争时所述:"历史……/正把自己卷起,进入你脑海/的一端,又在另一端打开。"②历史同战争一样,由许多偶发事件构成,历史事件不涉及明确的结果,也不会随着时间的推移变得更易理解。事实上,历史事件令人琢磨不透,它们的意义总在变化之中。针对历史编纂的争议引起了对历史的合法化叙事的普遍质疑,历史不再仅仅是精心建构的宏大叙事,其"坚固的大厦"面临被拆解为"一堆瓦砾"的风险。③ 这么说并非要否认世上存在真实的过去,而是指历史乃由许许多多的碎片构成,不同历史学家的不同视角会带来截然不同的叙事。在《使女的故事》中,奥芙弗雷德在叙述中声称,任何历史记录——包括她自己的——只能是局部的重构,即叙述者曾亲历过那些事件:

---

① Margaret Atwood, *The Journals of Susanna Moodie*: 62.
② 同上,35。
③ Linda Hutcheon, "Historicing The Postmodern: The Problematising of History", *A Poetics of Postmodernism: History, Theory, Fiction*, New York: Routledge, 1996: 90.

想准确无误地再现事件的原貌是不可能的,因为经由口中说出来的事永远不可能与事件原样丝毫不差,总难免有所遗漏。太多的盘根错节,方方面面,纵横交错,差别细微难辨;太多的手势动作,含义可此可彼,暧昧不清。此外还有太多根本无法充分诉诸语言的形状样式,太多充斥在空气中或依附在舌头上的种种气味,以及太多其色难辨的混合色彩。①

通过奥芙弗雷德的这段话,阿特伍德暗示了所谓的"官方"历史版本仅仅是一种重新建构。此外,"叙事体系往往是权力体系的同义词"②,官方历史书写的通常是权力集团眼中的"事实",而真正的历史应该是多元的,包括那些被官方"事实"忽视的声音,这也导致了由大历史观向微历史观的转变。在这种后现代怀疑论的背景下,阿特伍德着手重新审视自己国家的过去,寻找阐释加拿大历史的多种可能性,将目光投向那些原先遭到压制的、被视为无足轻重的边缘群体,使他们有机会走到历史的前台,抒发心声,表达质疑。

如果说在阿特伍德撰写《苏珊娜·穆迪日志》的时代,"这里是哪里"的问题远比"我是谁"重要,因为这与加拿大的身份和位

---

① 玛格丽特·阿特伍德:《使女的故事》,第 154 页。
② Quoted in W. F. Garretts-Petts, "Reading, Writing and the Postmodern Condition: Interpreting Margaret Atwood's *The Handmaid's Tale*", *Open Letter*, Seventh Series 1 (Spring 1988): 83.

置有关，①那么在进入20世纪90年代之后，关于加拿大身份的陈旧叙事亟须得到修正，文化民族主义者最重视的身份问题变得更为复杂，原先的"这是哪儿?"变成了"我在哪儿?"和"我是谁?"1991年出版的短篇小说集《荒野指南》再次开启了阿特伍德对加拿大历史话题的探寻之路:《铅时代》回顾了加拿大历史上弗兰克林远征的灾难事件;《死于风景之畔》指涉了加拿大著名的"七人画派";在同名短篇小说中，阿特伍德首次揭示了英裔加拿大人的信心危机，面对来自加拿大新移民群体的压力、魁北克分裂主义运动的挑战以及原住民谋求法律权和土地权的骚乱，历史所赋予他们的优越感正在逐渐消散。与《生存》和《浮现》一样，"荒野"是小说中的主要意象;不同的是，此时的"荒野"已成为一系列焦虑的源头，涉及变化中的民族身份表征问题。故事男主人公乔治于20世纪50年代从匈牙利移民到加拿大，与多伦多一个古老家族的幺女波西娅联姻，成为商界精英，成功打入主流社会。一次，全家人前往安大略湖边的瓦库斯塔小屋度假，乔治偶然间翻阅到书架上的一本旧书《荒野指南》，了解到原住民在森林生存技巧方面的传统，开始思考有关这个"新国家"的神话。在这一故事中，阿特伍德从多重视角——乔治、波西娅、波西娅的两个姐姐以及弟弟罗兰德的视角——探讨了荒野历史与神话的不可靠性。小屋名字瓦库斯塔源自19世纪作家约翰·理查德森历史传奇中的人物，一位乔装成印第安人的苏格

---

① Northrop Frye, "Conclusion", Carl F. Klinck & Alfred G. Bailey, eds. *Literary History of Canada: Canadian Literature in English* , Toronto: University of Toronto Press, 1965: 826.

兰贵族,有关他的传奇故事展现了复仇与背叛、分裂的自我以及多重身份之类的主题,表明"整个国家稳定连贯的民族或个人身份亟待解决"①。阿特伍德将故事场景置于这座度假小屋附近,通过家族藏书中关于原住民传统的谱系追踪,把家庭生活、加拿大历史、文学传统、生态破坏和逐步扩张的城市化结合起来,指出荒野神话其实是白人男性的殖民幻想,其中蕴含的加拿大愿景对特定阶层和年龄段的加拿大人具有吸引力。乔治和小舅子罗兰德性格迥异,却都视这块家族度假地为圣地,面对急速消失的荒野传统,因循守旧的罗兰德感到焦虑不安,那本他在孩提时代爱不释手的《荒野指南》如今已蒙上灰尘,"他失去了它"②;作为后来者的乔治希望岛上的一切保持原样,尽管它正变得破败不堪,因为瓦库斯塔小屋虽然属于"陌生的过去",却让他"觉得享有特权"。③ 如果说罗兰德是因为在这块土地上出生并接受教育而拥有对荒野的继承权,对移居加拿大的乔治而言,他在努力融入的过程中重新编造了荒野传统,试图将自己"打造为讲英语的加拿大人"④。

然而,对传统的热爱改变不了现状。荒野神话只不过是加拿大在日益走向城市化和多元化过程中充满浪漫的怀旧情结,

---

① Michael Hurley, *The Borders of Nightmare: The Fiction of John Richardson*, Toronto: University of Toronto Press, 1992:4.
② Margaret Atwood, *Wilderness Tips*, London: Virago, 1972:214.
③ 同上,203。
④ Coral Ann Howells, "'It all depends on where you stand in relation to the forest': Atwood and the Wilderness from *Surfacing* to *Wilderness Tips*", Lorraine M. York, ed. *Various Atwoods: Essays on the Later Poems, Short Fictions, and Novels*:66.

与之相关的价值观同世界发展的潮流格格不入,急需更新。故事结尾处,波西娅得知乔治与自己的姐姐有染,她悲伤地仰面躺在湖上,眼前浮现的是灾难性场景:

> 她看向湖岸,看向湖面消失处的水位线。它不再是水平的:像是倾斜着,似乎基岩曾往下滑动;仿佛树木、露出地面的花岗岩层、瓦库斯塔乡间小屋、半岛以及整块大陆正在逐渐下滑、沉入水中。她联想到船——客运专线的巨轮——倾斜,下沉,灯光闪烁,音乐悠扬,人们交谈正欢,丝毫未知灾难已然降临。她看到自己赤身裸体在舞厅狂奔——一个荒谬的、令人不安的存在,头发滴着水,双臂挥舞,朝着他们尖叫:"你们瞧见没有?一切都毁了,没救了,你们在下沉。你们完蛋了,全完了,你们快死了!"
>
> 她当然是隐形的。没有人能听见她说话。事实上,如今发生的事,没有什么是未曾发生过的。[①]

波西娅和罗兰德同之前生活在这块土地上的原住民一样,在时代的裹挟之下,沦为沉默的牺牲品。在当下适者生存的大环境里,谁来继承传统?什么将得以保留?传统与进化处在危险的博弈状态。"基岩下滑"意象耐人寻味:荒野神话是"加拿大性"的基本特征,它的崩塌象征着英裔加拿大人身份的全面崩溃,面临被取代,甚至可能消亡的威胁。

"如今发生的事,没有什么是未曾发生过的",小说末尾的可

[①] Margaret Atwood, *Wilderness Tips*: 221.

怕警告揭示了阿特伍德的心声，在她看来，未来正由现在塑造，并在过去已有所预兆，因此，发掘历史、书写传统或许将是诊断加拿大特殊语境中普遍病症的一味良方。从《荒野指南》开始，她在十年之间又创作了三部历史小说，对加拿大的民族神话重新做出审慎的思考。在《强盗新娘》(1993)中，阿特伍德对于将加拿大性定义为"白人性"的做法进行了拆解；《别名格雷斯》(1996)通过类似侦探小说般的历史回溯，尝试修正加拿大的民族身份话语；《盲刺客》(2000)由一位白人女性的回忆录入手，揭露了20世纪加拿大历史中的伪善和谎言。讲述历史可以锻造与过去的联系，阿特伍德试图通过这种方式提醒读者，传承对于建构和重构民族及个人身份的重要性："过去不再仅仅属于那些生活在其中的人……过去属于我们，因为我们是需要它的人。"①

二、大历史与微历史

20世纪80年代初，阿特伍德创作了诗歌《强盗新娘》，收录在讽刺剧《田野》中，这首诗触发了她的灵感，她开始酝酿长篇小说《强盗新娘》，希望能在其中塑造一个"具有特异力量的女性人物"②。1991年末至1992年初，阿特伍德和吉布森到法国旅行，她感觉《强盗新娘》的构思已经成熟，便着手撰写小说的初稿。

---

① Margaret Atwood, "In Search of *Alias Grace*: On Writing Canadian Historical Fiction", *Writing with Intent: Essays, Reviews Personal Prose, 1983-2005*, New York: Carroll & Graf Publishers, 2005:176.
② Nathalie Cooke, *Margaret Atwood: A Biography*:315.

虽然她在法国期间并未完成全稿,但总的说来写作进度非常快,几乎是一气呵成。《强盗新娘》于 1993 年秋天分别由麦克莱兰德和斯图亚特出版社、布卢姆斯伯里出版社和双日出版社在加拿大、英国和美国同时发行。

小说的背景是 20 世纪 90 年代的多伦多。故事开始时,三名中年女子托妮、查丽丝和洛兹在每月一次的午餐聚会中再次见到了大学时代的同学泽尼亚,而此前不久,她们刚刚参加过她的葬礼。泽尼亚的出现在三人内心掀起狂风骤雨,她们不约而同地陷入了对往事的痛苦回忆中。托妮在大学时经常接济泽尼亚,泽尼亚却只是利用她,不仅让她代写学期论文,还抢走她的男友韦斯特,泽尼亚在向托妮敲诈了一笔钱之后不告而别。托妮毕业后留在大学任教,并和韦斯特成了家,此时泽尼亚再次出现,带走了韦斯特,托妮暗自伤心。一年后,韦斯特再度遭到抛弃,他又回到了托妮身边。喜爱冥想的查丽丝和逃避兵役偷渡至加拿大的美国青年比利在岛上生活,泽尼亚不期而至,自称已病入膏肓,善良的查丽丝收留了她,积极为她进行食物治疗。他们原本平静的生活却因泽尼亚的闯入被打破,泽尼亚最终拐走了比利,后者不顾查丽丝已有身孕,再也没有回来,查丽丝一度一蹶不振。商界女强人洛兹被泽尼亚自述的犹太经历感动,将她视为知己,并聘请她担任名下一份报纸的主编,泽尼亚却诱使洛兹的丈夫密奇离家出走,但没过多久密奇便遭抛弃,他在失魂落魄之中自杀身亡,留下洛兹独自面对一团乱麻般的生活。泽尼亚给三位女子带来的伤害是无以言喻的,但也正是这种伤害使她们看清了婚姻/情感中潜藏的危机,也使她们"获得了对自我的了解,彼此建立起更强大的联系"①。

从故事梗概来看,《强盗新娘》似乎是一部描写两性关系的小说,涉及复杂的情感纠葛,但阿特伍德以编年方式,将三位女主人公与泽尼亚之间的故事分别置于不同的年代——20世纪60、70和80年代三个时间段——由此掀开了从二战开始直至小说发生的1990—1991年间的一段加拿大历史,透过性别话语展现了一幅巨变时代的社会画卷。

三位主人公均为二战时期在多伦多出生的白人女性,从她们童年和青少年时期的经历来看,其成长底色是灰暗的,究其原因,当然与世界范围的战争分不开,但加拿大的自我定位以及民族特性在每一个出生于加拿大的人身上都刻下了深深的烙印。托妮的父亲是加拿大人,母亲是英国人,父亲战争期间驻扎在英国,与母亲相识并结婚,母亲常自嘲是"战时新娘",嫁到加拿大是不得已而为之,她是在托妮父亲的"强制"和"胁迫"之下被"弄到这个过于狭窄的两层楼,伪都铎,半木制,没完工的房子,在这个邻里关系沉闷、气量狭小的乡间小城,在这个太大又太小、太冷又太热的国家"。② 20世纪40年代,"英国至上性"在加拿大文化的形成中占核心地位,盎格鲁文化具有绝对的优越感。在托妮母亲看来,加拿大落后闭塞,与英国完全无法相比,因此,她同刚从魁北克登陆的穆迪夫人一样,"带着一种陌生的、上当受

---

① Karen F. Stein, *Margaret Atwood Revisited*: 98.
② 玛格丽特·阿特伍德:《强盗新娘》,刘国香译,上海:上海译文出版社,2016年版,第156—157页。

骗的、挫败的狂怒憎恨这一切"。① 托妮父亲则常常说自己被托妮的母亲算计了，出于无奈才娶的她。托妮的童年时代是在父母亲的冷战中度过的，她在母亲眼里是外国人，因为她不会说纯正的英式英语，而她虽然像父亲那样讲话，却也被他视作外国人，因为她不是个男孩，言下之意托妮无法继承"加拿大性"。在英加两种文化夹缝中长大的托妮敏感自卑，她"像个外国人那样，仔细倾听、翻译。像个外国人那样，她密切注意着突然到来的敌对姿态。像个外国人那样犯错"。② 托妮甚至创造了一种属于自己的语言——回文，即倒过来拼写单词，这些单词"属于另一个世界，在这个世界里托妮属于本国人，因为她能讲这种语言"③。托妮和父母亲的关系影射了加拿大与宗主国英国之间复杂的后殖民关系，"体现了殖民历史与后殖民未来之间的冲突"④。托妮的个人身份建构充满了矛盾和不确定性，象征了加拿大自我建构之路的曲折艰难。

洛兹的父亲是犹太人，自打洛兹记事起他便因战争缘故离开了加拿大，洛兹的童年主要由信奉天主教的爱尔兰裔母亲抚养。那个时候，天主教被认为是最好的，因为教徒死后能升入天堂。洛兹的妈妈由于和犹太人结婚被视为异类，无法进入教堂做礼拜。洛兹每次都是被妈妈硬推进教堂，却总有同学当面称她并非真正的天主教徒。大街上有些孩子是新教徒或犹太教

---

① 玛格丽特·阿特伍德:《强盗新娘》,第 157 页。
② 同上,第 157 页。
③ 同上,第 161 页。
④ 丁林棚:《阿特伍德的〈强盗新娘〉中的民族身份叙事》,《山东外语教学》2016 年第 6 期,第 80 页。

徒，不管是哪一种，放学之后都会有其他孩子在后面追赶。然而最倒霉的还是 DP，即难民，一旦街上出现衣着褴褛、口音奇怪的难民，总有一群孩子跟在后面喊："难民！难民！从哪里来，就滚回哪里去！"①洛兹有时候会因为她的深色肌肤被叫作难民，尽管她其实并不是难民，但"仍然有什么东西，有关她的什么东西将她分别出来，一种看不见的障碍……她和其他人不一样，她在他们中间，却不是他们中的一部分"。② 这种"看不见的障碍"与20 世纪三四十年代加拿大盛行的反犹主义有关。在"英国至上性"观念的主导下，占加拿大人口多数的英裔加拿大人受到英国反犹主义的输入性影响，认为犹太人"特殊的性格和习惯"使他们成为"文明的敌人"。③ 信奉天主教的法裔加拿大人也觉得犹太人的生活方式和宗教理念与之格格不入。因此，当法西斯国家的犹太人纷纷出逃避难时，加拿大对犹太人实行移民准入歧视，至于已经入关的犹太人，加拿大社会采取了歧视和隔离政策，甚至对他们进行暴力攻击。反犹主义在社会上具有相当的普遍性，1943 年的盖勒普民调显示，犹太人是最不受欢迎的移民，连日本人和德国人都不如。④ 即使在二战结束之后的 1946年，加拿大公众意见协会的民调显示，仍然有 60% 的加拿大人赞

---

① 玛格丽特·阿特伍德：《强盗新娘》，第 352 页。
② 同上，第 353 页。
③ 转引自王建波：《浅析 20 世纪三四十年代加拿大的反犹主义》，《上饶师范学院学报》2011 年第 2 期，第 63 页。
④ "Antisemitism in Canada". https://en.wikipedia.org/wiki/Antisemitism-in-Canada.

成政府对犹太移民的排斥政策。① 在《强盗新娘》中,当父亲在战后带着两个叔叔回到加拿大时,洛兹曾天真地想要"和他们谈谈,改变他们的信仰"②,以此赢得教会修女们的称赞。到了20世纪50年代,洛兹上中学的时候,加拿大进入经济繁荣期,犹太人的地位开始上升,他们积极地融入整个社会的经济文化建设,洛兹的父亲因为出色的经商技巧外加黑道资源很快积累起巨额财富。洛兹放弃天主教,去了一所犹太学校,父亲每年还将她送入犹太人的夏令营,但就像她从前无法融入天主教徒之中一样,她现在也无法做个十足的犹太人,"她是个怪人,一个混血,一个奇怪的半人"。她发现自己如同犹太人群体中的入侵者,仿佛身处"外国,她是个移民,一个难民"。③ 于是她拼命地模仿犹太同学的口音、语调和用词:"她给自己的语言加上层级,把它们一层层贴上去,像是篱笆上的广告,一个贴在另一个上面,盖住原来的空板。"④但自身的努力和家庭的财富都无法为洛兹支撑起文化身份和族裔身份的建构。

在三个女子中,查丽丝的外表最接近白种盎格鲁-撒克逊人,洛兹称她是"纯盎格鲁-撒克逊人的结晶"⑤,但其实她体内流淌着"部分苏格兰血统,部分英格兰血统,部分门诺派,部分她父

---

① Claude Bélanger,"Why Did Canada Refuse to Admit Jewish Refugees in the 1930's", Retrieved 18 July 2019. https://faculty.marianopolis.edu/c.belanger/quebechistory/readings/CanadaandJewishRefugeesinthe1930s.html.
② 玛格丽特·阿特伍德:《强盗新娘》,第363页。
③ 同上,第373页。
④ 同上,第375页。
⑤ 同上,第70页。

亲的一些东西"①。查丽丝原名卡伦,父亲在她还没出生时就死在战争中,她不敢确定"她爸爸和妈妈是否真的结过婚"②,这种怀疑一直跟随着她,发展为她对自己的个人身份以及家族身份的质疑。母亲的早逝、姨父的性侵令她觉得自己是个带"污点"③的孤儿。她在幻想中将自己分裂成两个人,一个是卡伦,一个是查丽丝,并把属于过去的卡伦沉入安大略湖,但过去的阴影如何能轻易摆脱呢?由于过早辍学,查丽丝接受的教育程度不高,她没有正规工作,只能徘徊于主流社会的边缘。

托妮、查丽丝和洛兹的成长经历揭示了英裔加拿大民族的身份构建状况。在20世纪50年代之前,加拿大是英联邦辖下的"'白种人'国家之一"④,而这几位女子的故事让我们看到"白人主体性的瓦解"⑤、盎格鲁-撒克逊优越感在时代裂变前夕的苟延残喘。尽管如此,三位女主人公仍在竭力维护英裔主流社会意识形态,这从她们的择偶观可见一斑。韦斯特、比利和密奇无一例外都是白肤金发碧眼的男子,具有盎格鲁-撒克逊的高贵血统:韦斯特长得很帅,好像欧洲"中世纪的石雕圣徒";比利拥有"圣徒似的胡须……北欧人的牙齿";有着"罗马人的鼻子"的密

---

① 玛格丽特·阿特伍德:《强盗新娘》,第268页。
② 同上,第250页。
③ 同上。
④ Coral Ann Howells, "Margaret Atwood's Discourse of Nation and National Identity in the 1990s", Conny Steenman-Marcusse, ed. *The Rhetoric of Canadian Writing* ,Amsterdam: Rodopi, 2002: 200.
⑤ Coral Ann Howells, "The Robber Bride or, Who is a True Canadian?", Sharon Rose Wilson, ed. *Margaret Atwood's Textual Assassinations: Recent Poetry and Fiction* ,Columbus: Ohio State University Press, 2004: 90.

奇出生于多伦多的一个古老家族。① 而他们与三位女主人公结婚/同居的目的很明确:韦斯特希望有个人全心全意照顾他,比利在查丽丝身边可以躲避警察的追踪,密奇则是看上了洛兹的金钱……可想而知,这种带着目的性的情感不堪一击。在两性关系中,这几位女子的姿态可以说是低到了尘埃里,却都无一例外因泽尼亚的出现节节败退。

三位女主人公与泽尼亚的结识象征了一个新时代的来临:多元身份的现实。20世纪60年代移民政策的变化使得大量移民涌入加拿大。面对人口结构的改变,联邦政府在1971年推出了"双语框架内的多元文化主义政策",并在1988年颁布《加拿大多元文化法》,承认族裔的、种族的、宗教的和文化的多样性,从本质上修正了英裔和法裔占主导地位的加拿大殖民传统。小说发生地多伦多的街头混迹着各种肤色的人群,唐人街上开着各式店铺,夹杂着一些犹太熟食店,肯辛顿市场里挤挤挨挨的是葡萄牙人和西印度人的店铺,除此之外,"还有2世纪的罗马,10世纪的君士坦丁堡,19世纪的维也纳",令人目不暇接,走在这样的街道上,托妮觉得自己是"外国人"。② 查丽丝的老板莎安尼塔是一个移民或难民,族裔不明,她不断地更改自己的身份起源故事,有时说自己是中国人和黑人的混血,有时说自己有奥吉布雅的血统,或者玛雅人的血统……莎安尼塔是那些在多元文化社会中为生存而拼搏的少数族裔代表之一。

多元文化主义主张不同文化的交互融合,其特征是"渗透

---

① 玛格丽特·阿特伍德:《强盗新娘》,第131、222、321页。
② 同上,第39—40页。

性、流动性、新的身份构造和持续的迁移"。① 小说开始时,托妮便以充满隐喻的方式对泽尼亚的身份进行了建构:"泽尼亚的故事应该从泽尼亚的诞生讲起。那一定是在很久以前并且很遥远的地方……某个瘀青、纠结的地方。一张手工着色的、赭石颜色的欧洲照片,里面是布满灰尘的日照……矮树丛里看不见的地方,只有用靴尖或漫不经心的手探过去才感觉得到的地方,一些平常但可怕的事情正在发生。"②托妮暗示,泽尼亚来自欧洲某个古老部族,该部族历史上有过无数次种族杀戮,伤痕累累,族裔身份模糊,这一切造成了泽尼亚身份的飘忽不定。在接近三位女主人公的过程中,泽尼亚编造了不同的身份故事:她对托妮声称自己母亲是一位白俄贵族,逃亡在外,沦落风尘,她的父亲族裔不详(或许是希腊人,或许是波兰人,或许是英国人),母亲死于肺结核之后,她不幸沦为雏妓;她告诉查丽丝自己是罗马尼亚吉卜赛人和芬兰共产党的后代,身患癌症,遭男友虐待,被赶出家门;她对洛兹自称是犹太裔和罗马天主教混血儿,二战爆发后出生在柏林,父母被纳粹杀害,姨母将她救出,后来在洛兹父亲的帮助下逃出柏林……从传统的身份观念来看,泽尼亚是个不折不扣的"外国人""难民""他者",但她的故事迎合了三位女主人公的需求,填补了她们在个人叙事中的空白。与此同时,泽尼亚的形象映射出她们在自身身世和文化渊源方面的忧虑和困

---

① Graham Huggan, Winfried Siemerling, "U. S. /Canadian Writers' Perspectives on the Multiculturalism Debate: A Round-Table Discussion at Harvard University", *Canadian Literature* 164 (Spring 2000): 98.
② 玛格丽特·阿特伍德:《强盗新娘》,第 3 页。

感。和泽尼亚丰富多彩的冒险经历比起来,托妮自己的历史"缩短了很多,似乎不过是个插曲,次一级的,灰色,偏远,一段沉闷的地方性轶事,一个脚注"①。洛兹也为泽尼亚的国际化身份深感震撼:"泽尼亚也曾在外面的世界,一个广阔的世界,比多伦多更广阔;一个深远的世界,比洛兹这个又大又受庇护的青蛙所在的池塘深得多。"②托妮和洛兹表现出典型的殖民地心态,这与她们的成长体验是分不开的。两人都是生活在文化夹缝中的人,一直都在为自己的身份感到焦虑,席卷而来的时代浪潮又使她们身不由己,这一点在洛兹身上体现得尤为明显。曾几何时,她还觉得自己如同"移民""难民",如今却认为加拿大的移民政策越来越令人费解:"该允许多少移民进入呢? 能承受多少呢? 他们是怎样一些人呢? 该在哪里画条底线呢?"她明白"被认为'他们'是什么滋味,但是现在她属于我们。还是有些不一样的"。③ 不同种族和文化族群的大量聚集使加拿大的身份变得不可捉摸,也令生活在其中的人们产生了危机感。

泽尼亚拥有多重族裔身份,换言之,她没有固定的身份,她甚至没有姓,根据托妮的调查,泽尼亚(Zenia)这个名字都有可能并不存在:

> 她试图追溯过它的意义——谢妮亚(Xenia),在俄语中表示宽容,在希腊语中表示种子直感,异粉性之意;塞奈达(Zenaida),意思是宙斯之女,也是两个早期

---

① 玛格丽特·阿特伍德:《强盗新娘》,第179页。
② 同上,第396页。
③ 同上,第109页。

基督教殉道者之一的名字；齐拉（Zillah），希伯来语，一个阴影；季诺碧亚（Zenobia），3世纪叙利亚帕尔米亚王国叱咤风云的艳后，后被奥勒良皇帝打败；塞诺（Xeno），希腊语，表示外来的，例如恐外症；泽那那（Zenana），印度语，女性的内室或者闺房；禅（Zen），一个日本冥想宗教；无神论者（Zendic），东方邪教的术士。①

没有人知道有关泽尼亚的真相，"至少根据记录来看——她从没出生过"。② 阿特伍德塑造出这样一个形象并非要凸显其身份的缺失，而是想体现加拿大文化在新时代的交互性和多元性。泽尼亚身上体现了一种流变性，"超越了民族和国家身份，呈现出一种世界性身份"。③

然而，从另一个角度来说，泽尼亚这个人物是否真正存在是要打个问号的。关于泽尼亚的故事，其实从头至尾都来自三位女主人公的叙述，作为本尊的泽尼亚从未有过只言片语的辩解："泽尼亚的故事似是而非，所有者缺位，只是谣传，从一张嘴漂到另一张嘴，在这漂流过程中不断改变。"④小说结束时，泽尼亚真的死了，这样一来，她便成了历史。身为历史学家的托妮知道，历史是一种建构，"任何一个切入点都是可能的，所有的选择都

---

① 玛格丽特·阿特伍德：《强盗新娘》，第505页。
② 同上。
③ 丁林棚：《阿特伍德的〈强盗新娘〉中的民族身份叙事》，第82页。
④ 玛格丽特·阿特伍德：《强盗新娘》，第505页。

是任意的"。① 死去的泽尼亚"没有形状,是破碎的马赛克"②,她的碎片就掌握在活着的三位女子手里,任由她们拼凑。

托妮、洛兹和查丽丝见证了加拿大民族史的变迁,《强盗新娘》具有历史的纵深感,小说中既有大历史,也有微历史,个人的故事被置于宏大的历史背景之中。豪威尔斯认为,这部作品是"对盎格鲁-加拿大的本真性神话的一个挑战",讲述了"关于移民和文化错置的隐形历史,是关于分裂主体、错置身份、重新创造和重新命名的故事……处处体现出一种他者化和没有归属的感觉"。③《强盗新娘》还是一部"她历史",在三位白人女性的叙述中,泽尼亚是个"他者",这位"他者"如同一面魔镜,以夸张的或扭曲的方式反映出三位女性的个人历史。作为战争难民,泽尼亚的身上叠加了一层又一层的欧洲历史,她将这些历史带到加拿大;作为瘾君子、癌症患者和艾滋病人,泽尼亚代表了20世纪末与加拿大有密切关联的西方历史中病态性恐惧的一面。阿特伍德在三位女性的个人历史中引入"他者"的故事,并非轻视非白人群体的经历,也不是要对加拿大白人和少数族裔的经历进行不恰当的比较,而是想揭示身份的非固定性,表明差异是身份建构中的决定性因素。当一个国家的文化发生根本性变革的时候,为适应时代潮流,人们有必要与正在改变着或者已经改变了的状态、差异性达成妥协。

---

① 玛格丽特·阿特伍德:《强盗新娘》,第4页。
② 同上,第505页。
③ Coral Ann Howells, "The Robber Bride or, Who is a True Canadian?": 90.

《强盗新娘》为阿特伍德带来了一系列荣誉：安大略创作优胜延龄草奖、加拿大作者协会小说年度奖、《星期日泰晤士报》文学优胜奖、英联邦作家奖加拿大和加勒比地区奖；小说的瑞典语版本还为她赢得了1995年瑞典幽默协会的国际幽默作家奖。2007年，《强盗新娘》被改编成电影，由苔西·卡梅伦任编剧，大卫·埃文斯执导，影片于当年1月上映。电影中增添了两位男性角色——亨利和约翰，亨利是泽尼亚的男友，时常折磨她，泽尼亚制造出自己被亨利杀害的假象，令他身陷囹圄，亨利请朋友约翰帮忙查询真相，约翰向托妮、查丽丝和洛兹调查取证，她们三人明白泽尼亚并没有死，但还是帮助泽尼亚躲了起来。影片获得了当年"艾美奖"最佳女演员奖提名，但总体而言，电影不是特别出色，它专注于情节的塑造，并没有展现出原著中的历史观以及小人物们在时代巨变中的挣扎。不过，影片倒是又一次提升了阿特伍德的人气，使越来越多的海外读者开始了解她。

三、真实与虚构

1843年7月23日，加拿大发生了一起骇人听闻的谋杀案：在多伦多郊外的一家农庄里，农场主托马斯·金尼尔及其女管家兼情人南希·蒙哥马利被杀，验尸结果显示，南希死时已有身孕。此时十六岁的女仆格雷斯·马克斯却与男仆詹姆斯·麦克德莫特带着偷盗来的一马车货物，越过安大略湖，逃到了美国。案发不久后，两人在纽约被捕，送回加拿大受审，均以双重谋杀罪被判死刑。麦克德莫特被处以绞刑，格雷斯却因"年纪太轻，又是女性,加上公认的弱智"①改判为终身监禁。这起案件在当时引起巨大轰动,加拿大、美国和英国的多家报纸连篇累牍地加以报道,极力渲染该事件中所包含的"性、暴力和阶级冲突"等现象。

20世纪60年代末,阿特伍德在创作《苏珊娜·穆迪日志》时首次接触到"格雷斯·马克斯案件"。穆迪夫人基于自己1851年在金斯顿监狱与格雷斯见面的情景,在《拓荒生活》中对这位"大名鼎鼎的女杀人犯"进行了描写。根据穆迪夫人的描述,这起双重谋杀案背后的动机显而易见:格雷斯爱上了雇主托马斯·金尼尔,于是对南希·蒙哥马利心生嫉妒,动起杀念,伙同詹姆斯·麦克德莫特谋害了两人。阿特伍德在《苏珊娜·穆迪日志》的后记里写道:"穆迪将格雷斯描绘成整个事件的原动力——一个面色阴沉、勾引男人的十几岁妖妇;而她的同案犯、男仆詹姆斯·麦克德莫特在穆迪笔下不过是个受骗者,受他自个儿对格雷斯的色欲以及格雷斯软硬兼施的伎俩所驱使。"②阿特伍德第一次阅读《拓荒生活》时,对其中关于格雷斯·马克斯的描写深信不疑,甚至在1974年将这一历史事件改编成电视剧,取名《女仆》,由加拿大广播公司播出。在剧中,格雷斯既阴险又使人着迷,詹姆斯·麦克德莫特完全任由她摆布。在这之后的多年里,阿特伍德大量翻阅了案件的原始资料以及与之相关的文字信息,认识到穆迪作品中有不少事实方面的偏差,比如

---

① 玛格丽特·阿特伍德:《别名格雷斯》,梅江海译,南京:译林出版社,1998年版,第471页。
② Margaret Atwood, *The Journals of Susanna Moodie*: 62.

地点和人员信息错误等;除此之外,穆迪对格雷斯的描写似乎有太多狄更斯小说的痕迹。阿特伍德还发现,人们对格雷斯的看法褒贬不一,而格雷斯本人是一个有着多重自我的女性。

1996年,阿特伍德以这起双重谋杀案为素材,创作了长篇小说《别名格雷斯》。在写作之前,她进行了充分的准备工作,收集了丰富的历史资料,包括19世纪中叶安大略地区的生活、监狱和精神病院的状况、招魂术和催眠术在北美的兴衰、医疗病例、多伦多街道上的店铺和人们的着装……阿特伍德在小说的后记中指出,这是一部基于史实的虚构作品:她把"历史事件小说化了",但"没改变任何已知事实"。① 换句话说,她所做的只是利用作者的想象力,在史实的罅隙中自由地填补空白。

故事开始的时间是1859年,即案件发生十六年之后。格雷斯正在金斯顿监狱服刑,白天的时候会去狱长家中帮佣。专事精神病治疗的西蒙·乔丹医生受金斯顿一批革新派人士邀请,对格雷斯进行精神鉴定,争取为她申请赦免。乔丹医生试图通过交谈唤起格雷斯缺失的记忆,在一次又一次的谈话中,他逐渐了解了格雷斯的心酸身世:一家人从爱尔兰远渡重洋移民北美,母亲在船上去世,抵达加拿大后,由于父亲的无能,格雷斯自十二岁起便在不同的家庭给人做帮工,目睹了好友的悲惨离世……然而,乔丹医生和格雷斯之间似乎在玩一场"躲猫猫"游戏——一个想尽办法引诱对方说出谋杀案的真相,另一个总是在真相的外围打转。当乔丹医生一步步引导格雷斯接近问题的

---

① 玛格丽特·阿特伍德:《别名格雷斯》,第475页。

核心：金尼尔与南希之间的不正当关系，麦克德莫特的古怪举止……乔丹医生自己却在此时陷入了困境：一方面他似乎对格雷斯产生了不该有的倾慕之心，影响了他作为心理医生的判断力；另一方面他因与女房东有染遇上了麻烦，急需逃离此地。真相再一次被搁置，虽然格雷斯最终获释，人们始终没搞清楚她到底有没有罪，她是不是谋杀案的共犯。

《别名格雷斯》是阿特伍德第一部具有历史背景的长篇小说，这不仅是因为她对"格雷斯·马克斯案件"深感兴趣，也与当时的文学走向有着密切关系。如果说阿特伍德及其同时代的加拿大作家曾在20世纪60年代的作品中极力宣扬"不屈不挠的现代性"[①]，那么到了20世纪八九十年代，他们开始为加拿大的过去所深深吸引，"历史小说便有了越演越烈之势"[②]。阿特伍德在针对加拿大历史小说进行的演讲《寻找双面格雷斯》中指出，来自加拿大过去的人物是如何被作家利用，成为加拿大当下的参照物。虽然时过境迁，20世纪六七十年代盛行的文化民族主义在20世纪90年代已逐渐淡化，但是人们对历史人物以及关于他们的传奇依旧兴致盎然，不管是讲述者还是聆听者都很痴迷；这些人物的故事被一代代传下来，得以重写，故事讲述者一次又一次地回到他们身边，从不同的角度接近他们，每一次都能

---

① Margaret Atwood, "In Search of *Alias Grace*: On Writing Canadian Historical Fiction": 165.

② 同上，167。阿特伍德为证实自己的观点，在《寻找双面格雷斯》一文中列举了不少同时代作家的历史小说，如格雷姆·吉布森的《永动》(1982)、迈克尔·翁达杰的《身着狮皮》(1987)和《英国病人》(1992)、艾丽丝·门罗的短篇《门斯特河之歌》(1990)和《荒野小站》(1994)、卡罗·希尔德的《斯通家史札记》(1995)等。

发现全新的意义。事实上,加拿大人对自己国家的历史如此着迷,这与20世纪末的大趋势是相背离的,用阿特伍德的话来说,那时的总体趋势是"更加关注遗忘——作为有机过程的遗忘,有时又是作为意志行为的遗忘"。① 阿特伍德则将这一期间历史小说的激增归因于加拿大文化的成熟,并认为这反过来又促使作家们重新思考关于"遗忘(加拿大过往)"的话题。阿特伍德指出,在自己和同时代作家所接受的中学教育中,

> 有关小麦的数据使人宽心,母牛成群,土豆丰产,更别提……金属矿脉和木柴垛……可我们其实从未调查它们是如何获得的,谁是受益者,或者说谁是真正干活的,他们的收入如何。也没有多少资料说明欧洲白人携带着火器和天花到来之前是谁居住在此地,因为难道我们不是好人吗?我们的确是好人,好人不会老想着可怕的话题。②

阿特伍德接下去说道:"……我们在学校里学不到的许多东西……为什么它们未被提及?对于我这一代作家而言,加拿大过去所带来的诱惑,在一定程度上涉及未被提及之事——那些神秘的、被隐瞒的、被遗忘的、被抛弃的、被封杀的事件。"③显然,令阿特伍德着迷的与其说是"格雷斯·马克斯案件"所带来的轰动效应,不如说是这一事件下面所掩盖的更广泛的社会问

---

① Margaret Atwood, "In Search of *Alias Grace*: On Writing Canadian Historical Fiction": 162.
② 同上,165。
③ 同上,166。

题,即维多利亚时代加拿大社会中的移民状况、女性地位和阶级压迫,以及历史书写者隐而不宣的一些过往。换言之,《别名格雷斯》通过对一起双重谋杀案的调查,揭示了国家范围内的权力政治话语。

在《别名格雷斯》中,政治、经济和社会领域的权力关系紧密联系在一起。要说在当时的加拿大有什么独特的政治问题,那就是针对爱尔兰移民的政治态度,而加拿大经济与这种态度密不可分,经济的发展又无法忽视种族和阶级的存在,其中阶级占据主导地位,阶级界限勾勒出了19世纪中叶加拿大社会的等级体系。在每一个阶级之中,性别至关重要;而在阶级与阶级之间,性别则是容易引爆问题的危险地带。格雷斯的故事展现了权力关系中方方面面的"缠绕",以及历史大潮下个人命运的挣扎。

19世纪40年代是爱尔兰土豆饥荒大爆发时期,加拿大是饥饿移民潮的主要目的地。许多爱尔兰妇女在到达加拿大后,为了生存不得不从幼年起便进入家政服务行业。不论是男是女,移民们对多伦多的城市建设做出了巨大贡献。然而,作为大英帝国的殖民地,加拿大沿袭了英国的文化以及政治权力结构。格雷斯处于社会秩序的最底层,是经济上的弱势群体。初到多伦多时,她去给有钱人家做帮工,深刻体会到了森严的等级秩序,比如,仆人必须走后楼梯,这样可以不挡东家家庭成员的路。上层人士外表光鲜亮丽,生活奢华,雇工干的都是脏活累活,却只能领到微薄的薪水,并且时不时受到解雇的威胁。格雷斯就曾被一家雇主辞退,因为她知道太多东家的龌龊事。好友玛丽·惠特尼聪明伶俐,思想民主,爱上了"一个绅士"①——主人家的儿子,怀了身孕,但这位公子哥儿不愿承担责任,把玛丽推上了私人诊所的手术台,导致她大出血而死。玛丽之死令格雷斯看清了社会的残酷与不公:那些所谓的绅士根本就不会为了一位仆人自贬身份,挑战社会等级制度。杀人案发生后,格雷斯和麦克德莫特被指控双重谋杀,但真正使他们定罪的并非南希的死(因为南希与他俩属于同一阶层),而是他们无视等级结构,杀害了雇主、托利党人托马斯。掌握司法话语权的上层社会无法容忍这种越界行为,说到底,法律是"当局为了自己的利益制定的"②,社会阶层决定了审判的关注点。

格雷斯身上的爱尔兰族裔标签也是不利因素。刚开始外出求职时,她便遭遇了种族歧视。管家问她是不是爱尔兰来的天主教徒,雇主不欢迎天主教徒,因为他们不值得信任,"会造反,正在搞垮这个国家"③。管家所说的造反与"1837年起义"有关,这是一场由威廉·莱昂·麦肯齐领导的反对英国殖民统治的斗争,在英属北美殖民地产生了极大影响:"那是造贵族的反,也就是造那些掌管一切、占有钱和土地的那些人的反。"④虽然麦肯齐是苏格兰人,而非爱尔兰人,但在英国统治者眼里,两者没有什么区别。谋杀案发生时,"1837年起义"余波未平。作为犯罪嫌疑人的格雷斯和麦克德莫特恰恰都是爱尔兰人,这等于是坐

---

① 玛格丽特·阿特伍德:《别名格雷斯》,第182页。
② 同上,第270页。
③ 同上,第134页。
④ 同上,第154页。

实了他们的罪名:"两个被告都供认他们是从爱尔兰来的。这样说好像从爱尔兰来是罪恶。"①甚至有人将谋杀案上升为族裔冲突:"保守党人似乎把格雷斯与爱尔兰问题混淆起来,尽管她是清教徒。他们还把谋杀一个保守党绅士的单个事件……与整个种族的暴乱混为一谈。"②案件判决时,加拿大西部仍未走出"1837年起义"的阴影,这也影响到公众以及媒体对她的态度:"1843年——谋杀案发生当年——关于威廉·莱昂·麦肯齐是好是坏的社论仍时有刊登,如此一来,那些诋毁他的亲英报刊也会诋毁格雷斯……但是赞扬麦肯齐的革新派报刊也倾向于对格雷斯持宽容态度。这种意见分歧一直存在。"③身为爱尔兰裔劳动阶层中的女性成员,同时又是被判有罪的犯人,格雷斯被建构成了一个"他者",她的命运完全由当局支配,说话的权力也由医生、律师、神职人员等代表的权势集团掌控。

通过小说中格雷斯关于自己身世的叙述,读者可以看到,维多利亚时代的加拿大上层社会构建了一种对自己有利的叙事,而将那些于己不利的叙事压制了。类似玛丽堕胎的丑闻很多,然而,在权势集团的话语中,她是邪恶的一方,是欺骗雇主的奸诈小人。从国家层面来讲,格雷斯的故事揭示出一个事实:加拿大掩盖了过去发生的可怕事件,例如对待移民劳工的方式、阶级剥削和压迫等。阿特伍德在学校里接受的加拿大历史知识是经

---

① 玛格丽特·阿特伍德:《别名格雷斯》,第110页。
② 同上,第84页。
③ Margret Atwood, "In Search of *Alias Grace*: On Writing Canadian Historical Fiction": 173.

过了"情节编织"的。海登•怀特认为,历史学家根据所需要的情节结构——喜剧或是悲剧——将过去的事件整理为连贯的叙事。在此过程中,他们会强调某些事件,并表明其间的因果关系,从而给予历史资料特定的意义。① 阿特伍德所阅读的中学历史教科书对一些事实遮遮掩掩,比如丰沛的自然资源是如何由白人移民掌控的,又有多少人力资源牵涉其中……这些根本就没有被提及。阿特伍德撰写《别名格雷斯》的更大意义在于探讨受到压制的民族过往,这与怀特笔下历史编纂者的工作类似:"让我们重新熟悉因意外、疏忽或压制而被遗忘的事件……去处理那些文化史中的'创伤性'事件。"② 为此,阿特伍德在小说中引入了医学中的健忘症。女主人公格雷斯在证词中声称,谋杀案发生当日,在麦克德莫特对她举起枪时,她失去了知觉。然而,审判记录上却并未提到格雷斯丧失记忆,小说解释了这一遗漏的因由:格雷斯的律师叫她"要把故事说圆,要能让别人相信。我应该不提记不得的事,特别不能提我有什么记不得了"。③ 由此可见,审判叙事的建构是突出某些事件,压制另一些事件,民族叙事也是如此。格雷斯是一位有着创伤性过往的个体,而一个国家的历史也具有创伤记忆的特征。阿特伍德强调了个人记忆和集体记忆的不可靠性。格雷斯的遗忘是小说的关键,阿特伍德正是通过她的记忆丧失搭起了个人历史与民族历史之间的

---

① Hayden White,"The Historical Text as Literary Artefact", *Tropics of Discourse: Essays in Cultural Criticism*, Baltimore: John Hopkins University Press, 1978:83.
② 同上,87。
③ 玛格丽特•阿特伍德:《别名格雷斯》,第364页。

桥梁:"对历史而言,正如对个人而言,遗忘就如同记忆一样便利,而且,记起曾经遗忘之事无疑是令人不舒服的。我们通常会记得加诸我们身上的可怕之事,而忘记我们曾做过的可怕之事。"①霍米巴巴认为,遗忘与民族话语建构关系密切,"遗忘,说得更深入些,对历史错误的遗忘是民族国家创建过程中的主要因素。"②言下之意,民族国家建设时期往往会刻意压制有关政治形态建构之初所犯暴行的记忆,这也是阿特伍德所说的"被隐瞒的、被遗忘的、被抛弃的、被封杀的事件"。加拿大虽然自称是一个和平国家,但回顾它的历史,其中不乏暴力与冲突,像政府对原住民的镇压、路易斯·瑞尔的绞刑③、二战时日裔加拿大人所受到的不公正待遇、充满歧视的排犹和排华法案等,加拿大官方历史却有意无意地将它们隐瞒和抛弃了。阿特伍德通过这种个人与集体记忆/遗忘之间的联系,将格雷斯的故事置于一个更宽广的历史语境,使"格雷斯的个人历史拓展为加拿大起源和身份的广阔历史"④,从而使加拿大民族话语中被遗忘的历史浮出水面。

纵观整部小说,格雷斯是否有罪是不确定的,这令人联想到阿特伍德关于虚构的故事、关于历史小说、关于"不可知"的事实

---

① Margret Atwood, "In Search of *Alias Grace*: On Writing Canadian Historical Fiction": 160.
② Homi K. Bhabha, ed. *Nation and Narration*, London and New York: Routledge, 1990:11.
③ 路易斯·瑞尔(Louis Riel)出生于1844年,为混血儿群体争取权利做出了巨大贡献,1855年因"叛国罪"被处以绞刑。
④ Coral Ann Howells, *Contemporary Canadian Women's Fiction*, New York and Hampshire: Palgrave Macmillan, 2003: 37.

的评论。在致力于写一部基于历史记录的小说时,阿特伍德或许无法证明格雷斯是否无辜,但她利用编造的故事,填补了许多空白——例如小说人物格雷斯的回忆创造性地填补了历史人物格雷斯·马克斯在个性和观念方面的空白——呈现了一幅关于种族、阶级和性别压迫的复杂的历史图景。除此之外,《别名格雷斯》还是一部怀疑历史叙事和历史文本叙事的小说,它质疑了有关加拿大过去的官方版本,体现了阿特伍德关于民族话语的全新认知。

《别名格雷斯》于出版当年获加拿大总督文学奖提名,并获得吉勒奖,它还被提名参选布克奖,并杀入决赛。评论界对这部小说赞誉有加,作为一部由加拿大作家写的以加拿大历史人物为主人公的加拿大文学作品,《别名格雷斯》赚足了眼球,很快成了国际畅销书,这也从一个侧面证实了加拿大文学发展势头强劲,不容小觑。如果说20世纪70年代早期《生存》和《浮现》的出版让加拿大文学开始为众人所了解,那么到了20世纪90年代末,《别名格雷斯》的出现使得加拿大文学和历史双双为世人所熟悉。当然,阿特伍德在其中起了关键作用。

四、左手写成的书

2000年,阿特伍德出版了第十部长篇小说《盲刺客》。在此之前,她曾凭借长篇小说《使女的故事》《猫眼》和《别名格雷斯》三获布克奖提名,却未能如愿。天道酬勤,《盲刺客》于出版当年击败石黑一雄的《上海孤儿》等其他五部小说,为她摘得了当代英语小说界最高奖项的桂冠。布克奖评委主席西蒙·詹姆斯这样评价道:"作品意义深远、富有戏剧性、结构精妙绝伦,这一切都证明了阿特伍德具有极其宽广、丰富而深厚的情感层次,并在讲述事件细节和再现人物真实心理两个方面都展示了她诗人特有的观察角度。"①除了布克奖之外,《盲刺客》还被提名加拿大总督文学奖,并获得了2001年国际犯罪小说作家协会颁发的哈密特奖,2002年国际都柏林文学奖。《时代》杂志称它是2000年最佳小说,并将它列入1923年以来一百部最伟大的英语小说。

  《盲刺客》是一部以八十二岁老妇艾丽丝·蔡斯为叙述视角的虚构回忆录,有学者称它是"20世纪加拿大的社会编年史"②,还有学者将它视为《别名格雷斯》的续篇,认为它涵盖了19世纪末至20世纪末的历史发展轨迹,"回顾了过去一个世纪里加拿大的一些重大危机以及变化中的社会和政治意识形态",③是一部关于加拿大的"非官方历史"④。但小说着墨最多的还是20世纪三四十年代的加拿大,通过追溯蔡斯家族的传奇故事,展现了一幅与官方历史不同的加拿大社会图景。

---

① 陆建德:《英国文学奖"布克奖"得主——玛格丽特·阿特伍德》,《环球时报》2000年11月17日。
② Ewelina Feldman-Kolodziejuk, "Margaret Atwood's 'The Blind Assassin' as a Social Chronicle of 20th Century Canada", *Crossroads: A Journal of English Studies* 7.4 (2014): 4.
③ Coral Ann Howells, "Margaret Atwood's Discourse of Nation and National Identity in the 1990s": 212.
④ Coral Ann Howells, "Sites of Desolation", Gerry Turcotte, ed. *Entering the Labyrinth: "The Blind Assassin"*, Wollongong, New South Wales: University of Wollongon Press, 2003: 31.

故事主人公艾丽丝和劳拉两姐妹出生于20世纪20年代左右，住在一个叫提康德罗加港的加拿大小镇上，其家族经营着一家纽扣厂，属于小镇上的名门望族。然而到了她父亲这一辈时，家族企业逐渐没落。第一次世界大战中，父亲在战场上失去了一只眼睛和一条腿，回到家乡后脾气日渐暴躁。母亲因过度劳累离开了人世，父亲陷入丧妻之痛，成天靠酗酒打发日子。大萧条期间，纽扣厂的经营每况愈下，濒临破产。父亲为了挽救家族企业，将年仅十八岁的艾丽丝许配给风头正劲的实业家兼政客理查德·格里芬。艾丽丝并不爱理查德，但为了家族利益，还是走进了没有爱情的婚姻。艾丽丝的委曲求全未能拯救蔡斯家族，纽扣厂发生火灾，紧接着宣布倒闭，父亲在绝望中自杀，理查德旋即接管了工厂，并成为劳拉的法定监护人。从此，姐妹俩生活在了理查德的严格管控之下。

相对于艾丽丝的逆来顺受，劳拉是一个具有反叛精神的女性。她曾竭力反对艾丽丝嫁给理查德，觉得他俩不般配。后来，她爱上了左派激进分子亚历克斯·托马斯，后者积极煽动工会运动，遭到当局追捕。劳拉协同艾丽丝将亚历克斯藏在自家阁楼上，并为他提供吃喝。为了帮助亚历克斯脱险，劳拉屈从于姐夫理查德的胁迫，成了他的地下情人，用肉体换取亚历克斯的平安。劳拉怀上身孕后，理查德怕自己名声受损，将她送进精神病院，强迫她堕了胎，这一切艾丽丝都被蒙在鼓里。劳拉在保姆帮助下逃离了精神病院，直至二战结束才回到家乡，希望能见到深爱的亚历克斯从战场归来。当艾丽丝得知劳拉曾有过身孕，她以为那是亚历克斯的孩子，出于一时的嫉妒，艾丽丝将亚历克斯阵亡的消息告诉了劳拉,并称自己与亚历克斯一直有私情。劳拉深受刺激,驾着汽车冲下深谷。

劳拉自杀前给艾丽丝留下了几本笔记,其中记录了她和理查德之间的不正当关系。艾丽丝感到无比震惊和痛心,她在处理完劳拉的葬礼后,带着女儿离开了理查德。之后,艾丽丝假借劳拉之名,出版了中篇小说《盲刺客》,描写了一名左派青年与一位上流社会少妇——表面上看是亚历克斯与劳拉,实质上是亚历克斯与艾丽丝——私会的故事,以及他们私会时讲述的科幻故事。小说发表后引起轰动,艾丽丝又乘机匿名向报界透露了精神病院实为堕胎诊所的信息。理查德的丑行暴露,他的政治生涯彻底终结,后因无法承受压力自杀身亡。

《盲刺客》的结构复杂精巧,故事里套着故事:故事第一层是艾丽丝在耄耋之年开始写的回忆录,也是小说的主叙事;故事第二层是劳拉临死之前写的浪漫小说《盲刺客》,事实上出自艾丽丝之手;故事第三层是艾丽丝与亚历克斯在短暂相聚时后者讲述的关于盲刺客的科幻故事。西方有些评论家称之为"俄罗斯套娃式的内嵌性叙事结构",指出"盲刺客"成为一种隐喻,象征了加拿大社会的衰落和深刻变化。① 小说由现实和回忆相互穿插,在现在和过去的时态之间来回转换,其中有些章节是虚构的来自各家报纸的剪报,作者通过剪报的拼贴来反映故事的线索,并把它们和整个故事有机地融合在一起,因此有学者认为,小说就像一张卷起来的"华丽挂毯",随着挂毯的展开,读者看到的是

---

① Patricia Paillot, "To Bind or Not to Bind: Irony in *The Blind Assassin*", *Etudes Canadiennes / Canadian Studies* 53 (2002): 117-126.

一幅幅绚烂生动的画面,①与此同时,加拿大的历史大背景也一一呈现在读者面前,反映了加拿大从19世纪末向当代社会的转变历程,以及在此过程中主流社会价值观的变化。

蔡斯家族的纽扣厂创建于19世纪70年代,得益于当时北美大陆人口的大幅增长,以及制衣业和相关产业的不断发展,纽扣厂运转良好。艾丽丝的祖父在世时,纽扣厂采用的是家长式的管理模式:"如果有人斗胆向他抱怨,他会耐心地听;如果注意到有人受伤了,他会深感歉疚。他不断改善各种工作条件,包括机器设备。他是镇上第一个为工人安上电灯的工厂主。他认为建造花坛可以提高工人们的士气……"②凭良心讲,这个时期的工厂主还是能将工人的利益放在心里的,但不可否认的是,雇主和雇工之间依然隔着一条鸿沟,工人只是"廉价的劳动力"③,工厂主对他们的生活状况并不了解,想当然地以为每个人都过得很好。在艾丽丝祖父委托别人撰写的《蔡斯企业发展史》中,根本就没有提及这些为工厂繁荣立下汗马功劳的普通劳工,他们的付出被完全忽视了。艾丽丝的父亲从战场归来后继承了纽扣厂,也承袭了原先的经营方式,但在战后需求锐减,许多工厂关闭,工人失业的大环境下,纽扣厂难以为继,再加上他超量地雇用工人,加速了纽扣厂的衰败。

在大萧条期间的安大略省,工人运动的兴起、欧洲共产主义

---

① 玛格丽特·阿特伍德著:《盲刺客》,韩忠华译,上海:上海译文出版社,2016年版,第3页。
② 玛格丽特·阿特伍德:《盲刺客》,第54页。
③ 同上。

的传播都对保守的制造业资产阶级提出了挑战。纽扣厂接二连三遇到了麻烦事,"当时有外来的煽动者在活动,他们激起事端……人们说起劳资谈判、工人权利以及工会的事。"①煽动闹事的人据称是"流氓和雇来的罪犯",当局的宣传在少女时代的艾丽丝心中留下了阴影:

> 这些煽动者不仅是外来的人,还是外国人,这种情况在某种程度上更加令人惊恐。那些留着短须的矮个子亡命之徒,用鲜血写下自己的名字,誓死战斗到底。他们会发动暴乱,肆无忌惮;他们会安放炸药,会在夜里潜进来,割断我们的喉管……这就是那些残忍的布尔什维克和工会组织者的斗争方法;他们的本性都是一样的……②

有评论者认为,从艾丽丝的视角来看,工人阶级等同于"外来的人""外国人",这是 20 世纪 60 年代多种族移民潮之前加拿大对"他者"的早期描述版本。③ 罗伯特·鲍斯威尔在《加拿大历史入门》中列举了加拿大对工人运动组织者的态度变化:"先是容忍,接着将他们称作赤色分子,然后描述为外族的嫌疑分子。"④小说中的亚历克斯是工人运动的代表人物,起初他可以

---

① 玛格丽特·阿特伍德:《盲刺客》,第 216 页。
② 同上。
③ Coral Ann Howells, *Refiguring Identities: Contemporary Canadian Women's Fiction*, Basingstoke, UK: Palgrave, 2003: 48.
④ Robert Bothwell, *The Penguin History of Canada*, Toronto: Penguin Canada, 2007. 此处转引自 Theodore F. Sheckels, *The Political in Margaret Atwood's Fiction: The Writing on the Wall of the Tent*: 140.

四处活动,因为言论自由是得到政府允许的,但随着形势变得越发严峻,尤其是当纽扣厂被焚,当局怀疑有人纵火时,他便成了指控的对象,不得不四处逃亡。在当时媒体的描述中,像亚历克斯这样的工会组织者大多身材矮小,皮肤黝黑,带着明显的种族特征,目的是为激起读者"反对异族的偏见"。① 由于不被社会接纳,亚历克斯一直在东躲西藏,直至他为了自己的政治理想奔赴二战战场。

与亚历克斯的政治立场相对立的是纺织业巨头理查德。作为20世纪30年代加拿大企业家的中流砥柱,理查德的政治倾向十分明确,他反对共产主义,对失业工人、靠政府救济的人以及激进分子态度强硬,对工会也是毫不手软。理查德还大搞政治投机,一开始时大力支持纳粹政权:"在生意上,他曾经同德国人打得火热;在演讲中,他对他们赞赏有加。像他的许多同事一样,他对德国人践踏民主的野蛮行径曾经视而不见。"②但当二战爆发,形势发生变化时,他为了挽救自己的地位,热衷于维护起民主制度来,不遗余力地为盟国军队提供制服和武器部件。他的工厂"轰鸣起来,开足马力为战争出力,于是没有人比他更爱国了"。③ 他曾说过的许多反对共产党的话也成了历史,不再有人提起。

在时代洪流的冲击下,以蔡斯家族为代表的家族企业不可

---

① Marta Dvorak, "The Right Hand Writing and The Left Hand Erasing in Margaret Atwood's *The Blind Assassin*", *Commonwealth Essays and Studies* 25. 1 (2002): 62.
② 玛格丽特·阿特伍德:《盲刺客》,第508页。
③ 同上,第509页。

避免地走向了衰亡,让位于新兴的大实业集团。艾丽丝父亲与理查德之间的交易揭示了新旧两种不同的经营理念。如果说家族企业还能试图维护对雇工的关照,尚余一丝温情,那么到了资本财团时期,资本家和工人之间就只剩下赤裸裸的利益关系了。作为一部"关于加拿大的社会评论"①,《盲刺客》深刻剖析了从殖民鼎盛时期到成熟的工业化时期的社会现实,将劳工骚乱、民主和法西斯意识形态之战一展无遗。阿特伍德指出,加拿大人曾"假装其社会中不存在阶级",而"现在是时候再次思考有关阶级的问题了",她着重批判了上层阶级,认为他们"普遍热衷于为自己创造更好的条件"。② 小说中的第三层故事看似与主叙事无关,描写的是塞克隆星球上萨基诺城里发生的事,却一一对应了加拿大社会的政治和经济局面,将阶级冲突、劳资矛盾和性别压迫以科幻小说的形式凸显出来,是"主叙事的镜像文本"③。

萨基诺城有严格的阶层结构:贵族被称为斯尼法,小自耕农、农奴和奴隶被称为伊尼劳。上层社会享有特权,穷奢极欲,下层社会的生活则充满痛苦。斯尼法人如果破产,就可能沦为伊尼劳,唯一逃避沦落的手段是变卖妻儿,但伊尼劳想要取得斯尼法人的地位却难如登天。伊尼劳人偶尔会奋起反抗,可很快就会被无情地镇压下去。萨基诺城中盛产精美的地毯,编织地

---

① Rebecca J. Davies, "Dissecting the Narrative: The Blind Assassin", *Lancet* (4 July 2001): 1138.

② 转引自 John Bemrose, "Margaret's Museum", *Maclean's* (9 Nov., 2000): 55.

③ Hilde Staels, "Margaret Atwood's Specular Narrative: The Blind Assassin", *English Studies* (April 2004): 160.

毯的童奴都从底层阶级选出。由于这项手艺活极耗眼力,童奴到了八九岁时就会失明,地毯的价值则是根据瞎了多少个童奴来衡量。童奴一旦失明,就会被卖给妓院,因为他们的手指灵巧,服务要价也高。一些童奴忍受不了妓院的生活,便会想方设法逃出去,操起夜间杀人的行当,成为收费高昂的盲刺客。萨基诺城的财富创造者是奴隶,贵族阶层却不愿承认这一点,认为是自己的高尚品德以及对诸神的虔敬成就了城市的繁荣。为了敬神,贵族们必须献祭自家的女儿,这已成为一条法律。然而随着时间的推移,这一传统也变了味。贵族家庭会从下层阶级的家庭里买来女孩子,替代自己的亲生女儿。由于下层阶级总是缺衣少食,因此总有很多家庭愿意出卖女儿。为了防止这些替身临死前乱说话,她们会被割去舌头,甚至连贞操都被卖出高价,在敬献前一晚供贵族享受。萨基诺城里酝酿着一场政变的风暴,城外则有一支衣衫褴褛、声势浩大的蛮人队伍攻杀过来……塞克隆星球和加拿大社会之间的相似之处显而易见:阶级分化、对底层的盘剥和压榨、罢工、无时不在的战争阴影、死亡的威胁等。萨基诺城里用来献祭的处女是蔡斯两姐妹的写照,她们都是极权/父权社会的牺牲品,是被迫沉默的他者。虽然亚历克斯讲述的这个故事发生在另一个宇宙空间,却是现实的再现,是针对权力关系的反话语。亚历克斯将他们身处的世界通过科幻故事的形式反映出来,就像是举着一面镜子,照出了扭曲的影像,让艾丽丝看清了生活的残酷真相。

《盲刺客》的三层故事体裁各异,但互为补充。艾丽丝的回忆录不仅是关于个人的历史、家族的历史,还从上流社会女性的视角展现了特定阶段的加拿大历史。回忆录中有一部分内容不可忽视,它们是虚构的简报,分别来自《多伦多星报》《环球邮报》《提康德罗加港先驱旗报》《帝国邮报》等官方报纸,其报道多为统治阶级宣传所用,或是以一副媚态取悦上层社会,或是掩饰阶层分化的真相。在媒体的助力下,以理查德为代表的权贵们建构了权威的话语版本,掩盖自己对弱势群体——女性、工人、失业者以及遭受政治边缘化的人——的剥削和压制。艾丽丝的回忆录将所谓的官方历史纳入自己的叙事框架,撕开了上流社会伪善的外衣。与此同时,以劳拉为名出版的小说揭示了20世纪三四十年代多伦多工人阶级的历史面貌;关于"盲刺客"的科幻小说则从马克思主义的层面对同一历史时期进行了严肃的社会批判。家族史和民族史交织在一起,艾丽丝对家族神话和官方话语的解构修正了关于传统和身份的故事,让读者看到了复杂的社会现实,开始质疑关于民族起源的单一叙事。

在小说的结尾,即艾丽丝临死之前,她将书稿捆扎好,放入旧行李箱,作为遗物的一部分,留给正在国外流浪的外孙女萨布里娜,并声称这是"一本左手写成的书",因为"劳拉是我的左手,我也是她的左手",①从精神意义上讲,是她俩共同写就了这本书。艾丽丝还向萨布里娜透露,她真正的祖父是亚历克斯,"至于他的父亲是谁,噢,谁都有可能。富人、穷人、乞丐、圣人、几十种国籍、十几幅作废的地图、上百个夷为平地的村庄——你自己去挑。你从他那里获得的遗产是一个无限遐想的王国。你可以

---

① 玛格丽特·阿特伍德:《盲刺客》,第13页。

随意重新创造你自己。"①一方面是传统的不确定性,另一方面是未来的多元性,艾丽丝用"左手写成的书"动摇了占统治地位的英裔加拿大话语,为后代重建身份——个人的和民族的身份——留下了自由的创造空间和无限的可能性。

---

① 玛格丽特·阿特伍德:《盲刺客》,第547页。

第八章

帐篷里的书写者

一、"启示录"话语

进入 21 世纪后,年逾六旬的阿特伍德并未放慢写作的节奏,反而进入了又一个文学高产期,出版了近二十部作品,几乎是以一年一部的速度在递增,其中有长篇小说,有短篇故事集,有诗集,有童话,有文学评论集……形形色色,足见阿特伍德功力非凡,能驾驭各种体裁和题材。

阿特伍德一直是一位具有前瞻性的作家,就像她笔下的"预言夫人",似乎能预知社会、科学和环境方面的发展趋势。她的预言故事有着"启示录"[①]式的风格,涉及个人的、民族的和全球范围的灾难,以及黑暗时代带给人们的启示。早在《圆圈游戏》

[①] 《启示录》是《圣经·新约》里的一卷书,讲述的是预言故事:不敬基督者将会迎来大灾难,而信奉基督者则会享受福乐。

中,阿特伍德便在短诗《洪水之后,我们》里描写了灾变过后的场景:

> 我步行过桥
> 赶往安全的高地
> (树顶就像岛屿)
> ……
> 鱼儿一定正在
> 我们之下的森林中游泳,
> 宛若群鸟,飞于树间①

在诗集《燃烧之屋的早晨》里,阿特伍德收录了短诗《波浪》,用洪水象征父亲突然遭受的中风:

> 他坐在椅子上吃晚餐
> 一阵波浪涌向他。
> 突然,整个沙滩
> 完全消失。
> 1947。苏必利尔湖。去年。②

"启示录"无处不在,就像《春之诗》里所描写的,"启示录缠绕于我舌间"③。2006年出版的短篇集《帐篷》是一部灾难预言故事。在《树婴》中,洪灾再次出现:"你梦见了窒息、下沉,接着

---

① 玛格丽特·阿特伍德:《吃火》,周瓒译,郑州:河南大学出版社,2015年版,第7页。
② Margaret Atwood, *Morning in the Burned House*, Boston: Houghton Mifflin Company, 1995:83.
③ Margaret Atwood, *You are Happy*:23.

空白一片。你从噩梦中醒来,而这些都已发生。所有的东西都销声匿迹了。所有东西,和所有人——父亲、母亲、兄弟姐妹、堂兄弟表姊妹、桌椅、玩具、床——一扫而空。不留任何痕迹。除被抹平的沙滩和静寂之外,一切都不复存在。"①一觉睡醒,天翻地覆,原先的世界秩序在大灾变中一一崩塌,死亡的阴影挥之不去。作者似乎在暗示:现实距噩梦仅是咫尺之遥,今日的某个举动或许会为明日埋下无可挽回的恶果。

其实,在人类遭受灭顶之灾前,自然世界早已有了种种迹象。在《小鸡仔走得太远啦》中,天会突然之间掉下一大块,可是谁都不愿去管。小鸡仔采取了种种措施,希望引起大家关注,最终却因管得太宽、"阻挡进步"②,付出了生命的代价。在《迟迟不愿下笔的三部小说》中,由于化学药品使用不当,蠕虫全部死去,生态循环遭到破坏,土地没有任何产出,人类面临大饥荒;因为毒物流入海洋,海岸附近的海绵变异,它们以极快的速度蔓延,吞噬了沿海的公寓和社区,人们束手无策。在短篇集《帐篷》的同名故事中,人类赖以生存的家园是一片荒僻的旷野:"遍地是乱石、冰块和沙丘,还有沼泽深潭,你埋没其中的话不会留下任何痕迹。还有废墟,数量还不少;废墟之内和周围散落着破裂的乐器、旧浴缸、已灭绝的陆地哺乳动物的尸骨、遗弃的鞋子、汽车零件。那里还有长刺的灌木丛、长瘤的树以及狂风。"③此时,作

---

① 玛格丽特·阿特伍德:《帐篷》,袁霞译,《世界文学》2008 年第 2 期,第 254 页。
② 同上,第 239 页。
③ 同上,第 252—253 页。

者正在一顶纸制的帐篷里,外面空阔而寒冷,荒野中传来一片号叫声,人们为各种各样的原因而号叫:"有的人号叫是痛惜他们所爱的人死去或被杀害了,其他人发出胜利的号叫,因为正是他们才导致其敌人所爱的人死去或被杀。有的人号叫着救命,有的号叫着要复仇,有的因嗜血而号叫。号叫声震耳欲聋。"①这完全是一幅世界末日的恐怖图景:文明终结、时间停止、动物大灭绝、人类处在疯狂的边缘……

虽然阿特伍德笔下的这个世界野蛮无序,充满了可怕的死亡和冷血的复仇,但她还是在帐篷里一刻不停地写着,仿佛在同时间赛跑,在用薄纸做成的帐篷壁上书写:"你必须自上而下颠倒着写,从前往后写,你必须写满纸上的所有空白处。有些文字必须得描述外面那夜以继日、回荡在沙丘、冰块、废墟和尸骨等之间的号叫声……"作者的写作进展异常艰难,不仅因为凄凉的前景,还因为"并非他们所有人都像你这样能听见号叫声,有的还以为那是野餐会,像有个大型乐队在演奏,也像热火朝天的海滩舞会"。这些人根本就不知道他们生活的世界已经岌岌可危,如同那顶纸帐篷,什么都挡不住。相反,他们憎恨和作者"一起被关在这局促的空间里",而厌烦她对书写的耽迷,"那对他们而言毫无意义"。② 阿特伍德就像希腊神话中阿波罗的祭司卡珊德拉一样,拥有超凡的预言能力,却因抗拒阿波罗,预言不被人相信。

---

① 玛格丽特·阿特伍德:《帐篷》,袁霞译,《世界文学》2008 年第 2 期,第 253 页。
② 同上。

不管有没有人相信,阿特伍德依然执着地撰写着属于她的"启示录"话语。2008年出版的《偿还:债务与财富的阴暗面》(以下简称《偿还》)又一次为人们敲响了警钟。该书出版当年,恰逢经济危机席卷全球,人们无不惊叹阿特伍德料事如神的预见力,仿佛这场金融风暴早已在她目力所及范围之内。书中出现了三位地球日幽灵,它们是死亡的象征。前任地球日幽灵带着读者在时光隧道中穿行,回顾历史上的灾难事件:公元前6世纪经济陷入困顿的雅典、14世纪席卷欧洲的瘟疫、1793年的北美候鸽事件①、19世纪40年代爱尔兰的土豆枯死事件。在现任地球日幽灵的引领下,读者看到南极的巨大冰块正在破裂融化、解冻的苔原释放着大量沼气、海平面在不断上升,人口稠密的低地海岸附近超级飓风横行,人类难逃厄运。未来地球日幽灵向读者展示了噩梦般的未来:世界各地通货膨胀严重,货币失信,食物成了唯一值钱的东西。未来社会的一切像极了黑死病时期的欧洲——混乱无序的城市、大规模的死亡、蔓延的恐惧。在该书的结尾部分,阿特伍德借助未来地球日幽灵之口,对人类滥用科技肆意破坏自然的行径提出了警示:

> 我们的技术体系是一座磨坊,它能磨出你想要的任何玩意儿,但是没有人知道该如何把它关掉。这种利用高效技术手段剥削自然的方式将使世界变成没有生命的沙漠,所有的自然资源都将被从事生产的磨坊吞噬耗尽,结果人类对自然欠下的债数都数不清。但

---

① 1793年,成群结队的鸟儿被开枪打死,然后被扔在一边任其腐烂。

是远远不用等到那个时候,人类偿还的时刻就会到来。①

身处于这个崭新的世纪,阿特伍德更加关注包括人类在内的物种的未来。她注意到,飞速发展的科技文明、频繁变革的生物技术以及层出不穷的新材料给人们的生活带来了诸多便利,却也引发了伦理道德方面的问题。她在这一阶段的"启示录"话语大多以反思科技文明为主,一方面继续探讨相对传统的主题,如滥用科技造成的生态灾难,对反生态的科技发展做出批判,一方面更着重于展示基因技术和生物工程导致的科技伦理问题。除了上述的《帐篷》和《偿还》之外,阿特伍德陆续出版了经典系列"疯癫亚当三部曲"(包括《羚羊与秧鸡》《洪水之年》《疯癫亚当》),描述了一场灭绝人类的大灾变:原本的世界秩序已不复存在,旧有文明的荣光也已消失殆尽,人类该何去何从?她还出版了小说《最后死亡的是心脏》,刻画了一幅未来悲惨世界的景象:经济灾难,环境污染,百业凋敝,匪帮横行,道德沦丧……当家园沦为弃土,人类是否还有生存的希望?提出问题是为了解决问题,阿特伍德曾在小品文集《黑暗中谋杀》里写道:"虽然没有什么可以变得更好,因此没有什么值得期待,但不管怎么说我还是心怀希望。"②正是怀抱着这样的希望,才有了帐篷里那位不屈

---

① Margaret Atwood, *Payback: Debt and the Shadow Side of Wealth*, Toronto: House of Anansi Press Inc., 2008:202. 此处译文转引自袁霞:《为恣意放纵的欲望买单——评玛格丽特·阿特伍德新作〈偿还:债务与财富的阴暗面〉》,《译林》2009年第4期,第188页。

② Margaret Atwood, *Murder in the Dark*, Toronto: Coach House Press, 1983:57.

不挠的书写者,为我们写出一则又一则千古流传的警世预言。

二、最后的地球人

2003年4月,阿特伍德的第十一部长篇小说《羚羊与秧鸡》由麦克莱兰德和斯图亚特公司出版,同年5月,双日出版社和布卢姆斯伯里出版社分别向美国和英国市场推出这部作品。和《使女的故事》一样,《羚羊与秧鸡》是一部反乌托邦小说,讲述了人类在未来面临的一系列灾难,但不同的是,《羚羊与秧鸡》将目光转向了基因工程和转基因病毒领域,这在SARS病毒大规模爆发的2003年引起了广泛共鸣。故事中的恐怖场景和现实生活高度契合,人们在感到不寒而栗的同时,也对阿特伍德预知未来的能力惊叹不已。阿特伍德则在谈及《羚羊与秧鸡》时说道:"现实生活正在悄无声息地接近我的想象。"① 她这么说是不无根据的。促使阿特伍德创作《羚羊与秧鸡》的一大因素是北极之行,"就连未经训练的眼睛都能看出冰川正在以极快的速度融化"。② 在《羚羊与秧鸡》所描写的世界里,全球变暖造成海平面飞速上升,火山爆发和巨型海啸频繁,许多城市被海水淹没。在撰写《羚羊与秧鸡》的过程中,阿特伍德参考了大量新闻摘要,收集了关于生态灾难、基因工程和生物恐怖主义方面的众多信息,

---

① 转引自Ambika Bhalla, et al. "Margaret Atwood's *Oryx and Crake*: An Ecocritical Approach", *International Journal of Research* 1.10 (November 2014): 766.

② Margaret Atwood, "The Beechy Island", *Writing with intent: essays, reviews, personal prose, 1983-2005*: 369.

可以说,《羚羊与秧鸡》所虚构的内容均来自人类"曾经发明过的或者已经开始发明的事物",①这些发明业已对人类社会产生显性的负面影响,值得我们警醒。

故事发生在21世纪的某个时候,地点是美国。在小说开篇部分,人类世界已经毁灭,地球上只剩下了吉米(绰号"雪人")一人,他赤身裸体裹着一条破烂的床单,栖息于海滨的一棵树上,空气中散发着一股臭烘烘的味道,四周是人类文明的残骸:"塔楼黑色的剪影"兀然矗立在礁湖之中,唯有鸟儿在那里筑巢,叽叽喳喳地鸣叫;远处,"生锈的汽车残件和杂乱堆放的砖砾仿佛围出了人造的礁石",大洋碾压于其上,发出隆隆的声音。② 与他为伴的是一群"秧鸡人",他们并非真正的人类,而是实验室的产物。吉米既要忍受精神上的孤独,又要与饥饿和恶劣的气候做斗争,更让他感到恐惧的是,无数凶残的器官猪和狼犬兽潜伏在暗处,伺机而动,它们都是转基因动物,在大灾变之后从实验室逃了出来,到处流浪。

小说共有两条叙事线索,其中一条用现在时态讲述劫后余生的吉米为了活下去,艰难地穿行在废墟中搜寻食物的危险旅程;另一条是吉米对过往岁月的回忆,试图展现人类是如何一步步走到目前这种绝境的。后一条线索构成了小说的主要脉络。

吉米的父母都是科学家,属于精英阶层,住在高墙围筑起来的大院里。大院类似于今天的跨国公司,它们不断进行扩张,以

---

① 转引自傅俊:《玛格丽特·阿特伍德研究》,第287页。
② 玛格丽特·阿特伍德:《羚羊与秧鸡》,韦清琦、袁霞译,南京:译林出版社,2004年版,第3页。

实现利益最大化。大院之间竞争残酷,为了获得经济霸主地位无所不用其极,并各自对研发项目严格保密。吉米小时候生活的奥根农场就像一座城堡,有着围墙、大门和探照灯,还有公司警卫。"奥根农场"的原文为 OrganInc Farms,其中"Organ"有器官之意,"奥根农场"意即"生产器官的农场"。吉米的父亲是器官猪项目的核心设计师之一,器官猪的真实名称是"多器官生产者",即把一种快速成熟基因拼接进器官猪体内,使其肾、肝和心脏可以很快制备好。随着技术的日臻成熟,一只器官猪一次能生长五六只肾,在割去之后还能继续长出更多器官。器官猪的产品可根据客户需求定制,这比克隆来获取身体部件要便宜得多,因此在市场上很受欢迎。

吉米的父亲后来被欣肤公司挖走,成了该公司次高管理层的一员,一家人搬进了荷尔史威瑟大院,这里的安检更加严格:"门卫比以前的那些粗暴,他们谁都怀疑,喜欢光身搜查。"[①]根据吉米的母亲的说法,他们家的电话和电子邮箱都被安装了窃听和监视装置,而每周上门的清洁工则是公司密探。欣肤公司也有器官猪项目,它们是用来研发与皮肤有关的生物技术的。其计划是在人身上种植一个年轻丰满的皮肤细胞,吃掉原来皮肤上的干瘪细胞,并用自己的复制品来替代它们,以达到真正彻底的换肤,"让老者有欣肤"(公司广告词)。然而,该实验的结果却不尽如人意,参与换肤项目的十多个志愿者无一不以失败告终:"新皮肤色调不均匀,棕色中泛绿,还会裂成参差不齐的条块脱

---

① 玛格丽特·阿特伍德:《羚羊与秧鸡》,第 55 页。

落下来。"①志愿者因签署过放弃投诉的协议,不得不接受悲惨的结局。

吉米虽然成长于浓郁的科学氛围中,但并没有继承父母的遗传基因,相反,他对语言文字有着天生的敏感和特殊的喜好。然而,在一个人人争相追逐科技梦想的年代,文学艺术遭到了空前鄙视。吉米在中学就像个异类,经常受到同学嘲笑。好在不久之后他结识了一位新伙伴——天赋异禀、独来独往的"理工男"格兰,即后来的"秧鸡"。两个性格迥异的男孩成了亲密的玩伴,他们一起上网下棋、玩网络游戏,其中一款游戏《大灭绝》的监制者是名为"疯癫亚当"②的神秘团体:"亚当命名了存活的动物,'疯癫亚当'则给灭亡的动物命名。"③两人通过网上聊天室与"疯癫亚当"有了接触。此外,他们还一起偷看网络死刑、浏览儿童色情网站,并在该色情网站发现了当时年仅八岁的亚裔女孩"羚羊"。多年以后,她成为两位男主人公生命中的重要角色。

中学毕业时,"秧鸡"毫无悬念地被沃特森-克里克学院高价挖走,该学院以发现 DNA 双螺旋结构的诺贝尔奖得主詹姆斯·沃特森和弗朗西斯·克里克命名,是培养科学精英的摇篮。吉米则进入了艺术类院校玛莎·格雷厄姆学院深造。小说描写了这两个学院之间的天差地别:沃特森-克里克学院富丽堂皇,玛莎·格雷厄姆学院衰落破败。"秧鸡"在给吉米的信中炫耀,他

---

① 玛格丽特·阿特伍德:《羚羊与秧鸡》,第 57 页。
② 《羚羊与秧鸡》中译为"风颠亚当",为了"三部曲"的整体性,本书将之统一称作"疯癫亚当"。
③ 玛格丽特·阿特伍德:《羚羊与秧鸡》,第 82 页。

所在的大学里到处都能见到"典神"(典型神经),即"负天才基因"之人①,换句话说,这里是天才科学家的聚集地。这所大学同时也被学生们戏称为"孤僻者大学":"学校里聪明而古怪者大有人在,他们或漫步或蹦跳或蹒跚而行于走廊间。近乎孤僻,总体而言;思想单一、眼光狭窄,显而易见的社交无能。"②然而,这些性格乖张、举止古怪的未来科学家却得到了社会"高度的宽容"③。沃特森-克里克学院的大学生还未毕业便遭众多大院哄抢。究其原因,就在于该社会体系崇尚"数字人"——具有天分的科学人才。

当科学被捧上神坛时,象征人性价值的文学艺术却在一步步走向没落。在这个充斥着数字、统计和实验的世界里,吉米是个"文字人",是专门与文字打交道的异类。在"秧鸡"质疑艺术的价值时,吉米曾辩护道:"当所有文明都灰飞烟灭之后……艺术是唯一能幸存的东西。形象,文字,音乐。充满想象力的建筑。意义——指人类的意义——就是由它充当注脚的。"④然而吉米心里再清楚不过,科学被奉为神明之时,便是艺术之声遭到剥夺之际,他面临的最理想出路无非是"用华丽而肤浅的辞藻去粉饰这个冰冷、坚硬、数字化了的现实世界"。⑤

大学毕业后,"秧鸡"进入首屈一指的高科技公司雷吉文-埃森思大院,并逐渐成为遗传工程领域的权威,主持"天塘"计

---

① 玛格丽特·阿特伍德:《羚羊与秧鸡》,第201页。
② 同上。
③ 同上。
④ 同上,第172页。
⑤ 同上,第194页。

划——一个研制长生不老药物的项目。他利用职务之便将吉米调进公司,担任广告策划和宣传工作。"天塘"计划涉及两大创造性工程,其一是"喜福多"药片,目标是以一片药实现三大功效:"保护使用者,抵御所有已知的性疾病传播……;提供无限量的性欲和性能力,配上一种普遍化的力量与舒适感……;延长青春。"此外,它还是"一劳永逸的绝育药品"。① 按照"秧鸡"的理念,人类作为一个物种忧患深重,对资源的需求远远超过供给,饥荒和旱灾便由此产生,有了"喜福多"药片,人类会有更多机会寻找到自身出路。"喜福多"药片吸引了不少投资商,据预测,它将风靡全球,"成为一台巨大的印钞机"。②

"天塘"计划的第二大工程是"秧鸡人"。"秧鸡"网罗了"疯癫亚当"的大部分成员——均是些生物技术精英,开始改造和古猿大脑差不多落后的机制,研制一种新型"人造人"。这种"人造人"不仅美丽温顺,而且有着抗紫外线的皮肤,内嵌式驱虫体味以及对粗制食物的消化能力,还能将自己的粪便再回收利用,适应恶劣的自然环境。除此之外,这些新型人身上根除了人类的诸多顽疾,比如种族主义、等级制度、领地意识、财产观念等。不论买家需要哪种"人造人",大院都可以为他们量身定做。在"秧鸡"看来,"天塘"计划的两大工程是密不可分的,"喜福多"药片将终止毫无节制的生育,"秧鸡人"则是取代生育的超级方法。

在"天塘"的圆顶屋里,吉米见到了他从少年时代开始便魂牵梦绕的人——"羚羊",她如今也是雷吉文-埃森思大院的雇

---

① 玛格丽特·阿特伍德:《羚羊与秧鸡》,第305页。
② 同上,第306—307页。

员,"秧鸡"辗转将她弄到自己身边,让她负责照顾和教育"秧鸡人"。"羚羊"和吉米背着"秧鸡",发展起了恋人关系。

然而,快乐的日子总是那么短暂,危险正在悄然降临。一场大规模的疫情在世界范围内爆发开来,瘟疫的传播速度快得惊人,但凡染上病毒者都会经历高烧、大出血、内部器官瘫痪直至死亡,常规的消毒剂根本无济于事,而这一切的始作俑者便是"秧鸡"。他在"喜福多"药片里植入了一种可以被大量复制和传播的病毒,意图有效地减少世界人口,不料计划失控,最终引发了人类的大灭绝。在临死之前,他杀掉"羚羊",并将看顾"秧鸡人"的重担托付给吉米("秧鸡"早已有预见地给吉米注射过疫苗,吉米对病毒具有免疫力)。于是便有了小说开头吉米和"秧鸡人"在海滩上游荡的场景。这些"人造人"聚集在最后的地球人吉米身边,听他讲述它们的创造者"秧鸡"和"羚羊"的故事……

《羚羊与秧鸡》与赫胥黎的《美丽新世界》以及奥威尔的《1984》一脉相承,是一则警世寓言。阿特伍德撰写《羚羊与秧鸡》之时,人类刚刚步入新千禧年,科技文明极速发展,尤以生物技术和神经机械学为甚,它们开始重新定义物质文化的方方面面,甚至有可能改变人之为人的本性。在主人公吉米所生活的世界里,生物工程和基因嫁接已然成为最有影响力的产业。各个大院紧锣密鼓地将转基因技术应用到产品研发中,以期获取高额利润。实验室里的科学家们随心所欲地组合基因,对基因人为删减或增添某些碱基,总之,他们永远都在改进物种或者创造新的物种。浣鼬、蛇鼠、狮羊、羊蛛、狼犬兽……没有什么是科学家们造不出来的,对他们而言,创造动物让人"有了上帝的感觉"①。技术不再仅仅是文化上的革新,它甚至进入人体,改变了人们对身体的理解,小说中提到的器官猪项目和欣肤计划都是在用基因技术影响人体的构造。少年时代的吉米曾多次耳闻目睹父母因对技术革新的不同理念而发生争吵。有一次,吉米的父亲洋洋得意地说起了他正在从事的神经再生项目,声称他们现在已可以在器官猪体内植入真正的人类大脑皮层组织,"想想应用前景吧,对中风病人,对……"吉米母亲却毫不犹豫地打断他,认为这种项目只会产生"更多有猪脑子的人","你们只不过又想出了个点子去搜刮一群绝望的人"。②吉米的母亲将大院称为"道德的污水池",并指出科学家们是在"干涉生命的基础材料。这是不道德的。是一种……渎圣行为"。对此,吉米的父亲却不以为然:"不就是蛋白质么!……细胞和组织没什么神圣可言。"③吉米父母之间争执的焦点构成了贯穿全书的伦理主题:人类到底该如何对待科学技术,如何对待塑造生命的"基础材料"?

在小说所描述的伦理争论中,阿特伍德以困扰着当代社会的生物伦理问题为依据,指出了一个人类不得不面对的事实:对染色体组的彻底操控已经使人体无法保障其基本尊严。20世纪80年代,生物伦理问题开始暴露于世人面前。保罗·拉比诺曾在《法国DNA:炼狱中的麻烦》一书中写道,"人体曾被认为是神

---

① 玛格丽特·阿特伍德:《羚羊与秧鸡》,第53页。
② 同上,第58页。
③ 同上,第58—59页。

圣的、整体的,是承载过去的容器和承托未来的工具",如今,"人体正在遭到简化,被视作纯粹的原材料"。① 吉米的父亲所表达的正是这样的观点:人体不过是创造新物种、研发新的治疗方式和新产品的原材料而已。换言之,人体不再是意义、情感、个体身份和公共身份识别的场所,具有其内在价值,人体已成为科学、技术和资本的从属品,是它们共同觊觎的"物件"。在这一点上,"秧鸡"比吉米的父亲走得更远。他把人看作"有荷尔蒙的机械人",而且是"有缺陷的机械人"②,为此,他着手进化人种,改造正常人类的胚胎,创造出他眼里的精品宝宝"秧鸡人"。从特定的视角来看,"秧鸡人"构成了一个理想社会:他们是热爱和平的素食者,没有竞争,没有等级和阶级之分,且能与自然环境和谐相处。但是,这些在生态学意义上进化了的人种却失去了人之所以为人的特性,比如想象、情感、需求、理性和创造力。有学者指出,人的一项特质是"反思自然和人性特征的能力,这些特征将我们同非人的自然区分开来",因此,"秧鸡人""在摈弃'文化'的同时也摈弃了我们作为人的一部分特性"。③ 著名的国际政治经济学专家弗朗西斯·福山也在《我们的后人类未来:生物技术革命的后果》中写道:

> 生物技术改变了人性,但我们却丝毫没有意识到

---

① Paul Rabinow, *French DNA: Trouble in Purgatory*, Chicago: University of Chicago Press, 1999: 101.
② 玛格丽特·阿特伍德:《羚羊与秧鸡》,第171页。
③ Jayne Glover, "Human/Nature: Ecological Philosophy in Margaret Atwood's *Oryx and Crake*", *English Studies in Africa* 52.2 (2009): 57.

我们失去了多么有价值的东西……由于生物技术的进展而处在危险境地的,绝不仅仅是未来生物技术所引致的成本-收益功利主义计算,而恰恰是人类道德观终极阵地的丧失,这块阵地自人类诞生以来一直生生不息。①

生物技术和仿生工程或许可以改进人类的种种缺陷,但是,"改进人类"的说辞很有可能被某些科学家利用,成为改头换面的"优生学":"只专门生育有着优选的遗传特征的人类",②其代价却是人类品质的沦丧以及人类文化的分崩离析。

当人类终结之时,"秧鸡人"的出现昭示着后人类时代的来临。如果说阿特伍德在1966年发表的短诗《洪水之后,我们》中所描写的场景——"这近似人类的/兽脸正从石头里/(缓缓地)/成形"③——令人脊背发凉,那么《羚羊与秧鸡》则预见了一场后人类时代的危机:"我们已经站在了人类与后人类历史这一巨大分水岭的另一边,但我们却没有意识到分水岭业已形成,因为我们再也看不见人性中最为根本的部分。"④人类与自然环境的疏离、资本主义与消费主义的泛滥、生物科技的滥用助推了这一危机的形成。

---

① 弗朗西斯·福山:《我们的后人类未来:生物技术革命的后果》,黄立志译,桂林:广西师范大学出版社,2016年版,第101—102页。
② 参见《我们的后人类未来:生物技术革命的后果》导读《用政治"锁死"科技?》,第7页。
③ 转引自玛格丽特·阿特伍德:《吃火》,第8页。
④ 弗朗西斯·福山:《我们的后人类未来:生物技术革命的后果》,第101页。

《羚羊与秧鸡》以"足印"作为故事的结局,吉米发现海滩边的篝火旁围坐着三个人,这似乎是一个让人心怀希望的结尾,表明人类并未灭绝。然而,在经历了世界末日之后,人类已然不是绝对的主宰,他们该如何处理与周围环境的关系,处理与各种人造人和人造动物的关系,这应该是后人类时代的中心议题。阿特伍德试图将具有创造性和想象力的人类置于更大的自然秩序中,激发人们以人道的方式对待不只是属于人类的世界,敦促人们思考"当今科学在生物工程、克隆、组织再生和农业杂交等方面的新进展……是否超出了限度走向疯狂"。[①]《羚羊与秧鸡》对人类未来的生态和文化灾难做出了预警:如果继续现今的生活方式、生产方式、消费方式特别是文化范式,末日危机将不再仅仅局限于想象的世界。

三、无水的洪水

《羚羊与秧鸡》的结尾留下了很多悬而未决的谜团:"秧鸡"毁灭人类到底是有心还是无意?几位幸存者的命运究竟如何?在吉米照管下的"秧鸡人"会面临何种生存处境?有些读者则希望更多地了解精英汇集的大院之外的世界,尤其是小说中的"废市",那个下层人集中居住的肮脏破乱、鱼龙混杂的区域。时隔六年之后,阿特伍德在 2009 年出版了《羚羊与秧鸡》的姊妹篇《洪水之年》。两部小说具有相同的背景:在未来某个时候,一场

---

① 转引自王诺:《欧美生态文学》,北京:北京大学出版社,2011 年版,第 206 页。

"无水的洪水"——改变地球生命的后启示录事件,指专门感染人类的瘟疫——席卷全球,人类濒临灭绝。除此之外,小说人物也多有重叠。两者的区别在于,《羚羊与秧鸡》是以吉米的男性视角讲述故事,《洪水之年》的叙述者则是两位女性:托比和瑞恩。她们的故事与吉米的故事"合在一起构成了一部史诗般的作品"①,勾勒出一个正在走向毁灭的反乌托邦世界。

《洪水之年》以"洪水纪,纪元二十五年"——"无水的洪水"爆发之年——这个重要的时间节点作为引子,两位女主人公托比和瑞恩在大灾变时逃过一劫,分别躲在各自的藏身之所,于忐忑不安中等待无法预知的将来。小说共有十五章,除去第一章和第二章,基本上每一部分开头都会出现亚当第一的布道以及"上帝园丁"的口传赞美诗,然后从托比和瑞恩的视角分别展现后启示录的当下以及大灾变之前的生活,托比的部分以第三人称叙述,瑞恩的部分则以第一人称讲述。

托比出生于普通工人家庭,父亲在空调公司工作,母亲经营着一家荷尔史威瑟补充剂专卖店。托比上大学时,母亲得了一种怪病,花光了家里的钱,却不治身亡,穷困潦倒的父亲在葬礼之后开枪自杀。托比不得不放弃学业,到"废市"谋生。她在一家"秘密汉堡"连锁店找了份工作,却不时受到店主弗兰克的凌辱,日子过得胆战心惊。有一天,店门外来了一支奇怪的游行队伍——由亚当第一率领的"上帝园丁"。弗兰克与他们起了冲突,托比乘乱朝弗兰克的脑袋踹了一脚,之后便随着亚当第一逃

---

① http://www.amazon.com/Year-Flood-Novel-Margaret-Atwood/dp/0385528779.

走,加入了"上帝园丁"组织。

"上帝园丁"是一个宗教团体,奉行环境保护主义。团体成员恪守自然的生活方式,有"自封的圣人和殉教者、专门的宗教纪念日以及自己的神学理论"①。他们纪念的圣徒包括了蕾切尔·卡逊②和爱德华·威尔逊③在内的著名环保主义者,都是一些在热爱的生命领域里做出过杰出贡献的人。园丁遵循位阶制度,身居高位的是亚当和夏娃,每个人的数字代号代表他们各自负责的领域。亚当第一是最高领导者,他早早便预言人类将在一场"无水的洪水"中遭遇毁灭,因此带领全体成员坚持生存技能训练,并打造"亚拉腊"④庇护所,储存食物,以应对灾难的来临。

托比在园丁的"伊甸之崖"屋顶花园住了下来,她的导师老皮拉和大多数园丁一样,是从大院逃亡出来的生物科学家。老皮拉暗中和大院的线人保持着联系,其中就有少年"秧鸡"。老皮拉死后,托比接替她成了夏娃第六——"上帝园丁"核心成员之一。一心报复的弗兰克最终发现了托比的行踪,开始偷偷地跟踪她,想置她于死地。在园丁们协助下,托比做了变脸手术,隐身于安诺优芳疗馆,利用做园丁时学到的技能囤积粮食,盖起

---

① http://www.amazon.com/Year-Flood-Novel-Margaret-Atwood/dp/0385528779.
② 蕾切尔·卡逊(1907—1964),美国海洋生物学家,《寂静的春天》一书的作者,该书的出版掀起了美国乃至全球的环境保护活动浪潮。
③ 爱德华·威尔逊(1929—),生物学博士,哈佛大学教授,社会生物学奠基人,倡导保护地球物种多样性,关注环境生态可持续。
④ 亚拉腊(Ararat):土耳其最东面的群山,靠近伊朗边界。据《圣经》记载,在大洪水之后,诺亚方舟停靠于此。

了属于自己的"亚拉腊"。当"无水的洪水"到来时,她成了幸存者。

瑞恩的孩提时代是和园丁们一起度过的。她原本在荷尔史威瑟大院生活,因母亲爱上了泽伯——"上帝园丁"中的一位亚当,被偷偷带出大院,加入该团体。瑞恩刚到屋顶花园时,已成为夏娃第六的托比是她的老师,教整体治疗和草本修复课。有一次,瑞恩在街头偶遇流浪女阿曼达,被她的性格吸引,遂将她接回家同住,两人结为好友。可是,当瑞恩逐渐适应园丁生活时,母亲却离开了泽伯,又回到荷尔史威瑟大院,瑞恩与阿曼达也失去了联系。在大院里,瑞恩爱上了高中同学吉米,也就是《羚羊与秧鸡》中的男主人公。吉米的花心令瑞恩觉得很受伤,两人在相处一段时间后便分手了,但瑞恩心里依然牵挂着他。

瑞恩在玛莎·格雷厄姆学院上学期间,她的父亲遭到绑架,家中生活一下陷入困境,瑞恩不得不中途辍学,去安诺优芳疗馆上班。在这里,她遇见了改名换姓的托比,并得知"上帝园丁"成了非法组织:由于其实力越来越强大,大院感觉受到了威胁,派人摧毁了花园。瑞恩在安诺优芳疗馆工作快满一年时,托比帮她联系上已是生态艺术家的阿曼达。两人再次相见,瑞恩却从阿曼达口中得知后者的同居男友正是自己曾经的恋人吉米。伤心之下,瑞恩决定离开熟悉的环境和熟悉的朋友,去高端性爱俱乐部"汇鳞"当高架秋千舞女郎。

"无水的洪水"爆发前夜,瑞恩恰好因为某个客人将她的生物体膜装咬开一道口子,被管理层送入滞留区等待体检结果,从而躲过了致命病毒的感染以及"汇鳞"发生的暴乱。她靠着罐头食物维持生命，并从电视新闻中获悉了世界各地的爆炸性传染。在食物告罄之前，远在威斯康星沙漠的阿曼达赶来打开了滞留区的门。在她们欢庆之时，三个屋顶花园时期的好友出现了，他们分别是谢克尔顿、克洛泽和奥提斯，紧随其后的还有弗兰克和另两个彩弹手①。五个年轻人仓皇逃走，在逃亡的路上，瑞恩和阿曼达遭到强奸，阿曼达被劫走，奥提斯惨遭杀害。

瑞恩拖着伤痕累累的身体逃到安诺优芳疗馆，托比将她救下，此时两条叙事线索开始重合。瑞恩养好伤之后，托比带上她，前去营救阿曼达。她们一路上避开器官猪，解决掉弗兰克。在遗迹公园里，她们见到了克洛泽和谢克尔顿，以及幸存下来的几位"疯癫亚当"。一行人循着足印追踪到海滩边，发现了两个彩弹手以及被劫持的阿曼达，此时吉米也恰好朝那三人的方向走去，《羚羊与秧鸡》和《洪水之年》的情节在这里发生了交叉。小说结尾时，托比、瑞恩、阿曼达和吉米围坐在篝火边，两位彩弹手被绑在树上，吉米高烧不退，似乎撑不了多久了。一阵微弱的音乐声从远处传来，摇曳的火把曲折地穿过幽暗的树林，那是"秧鸡人"在往他们这里走来……

《洪水之年》以更为细致的叙事视角展现了一个我们早已从《羚羊与秧鸡》中熟悉的邪恶社会：大院的触角伸到了各个领域，公司警卫与地痞流氓沆瀣一气，老百姓成了实验用的小白

---

① 在军事游戏中，彩弹手分成两个阵营，以气枪互射彩色弹丸，被击中的一方衣服上会留下彩色印渍，表示"被消灭"。小说中的彩弹场更加残酷，参与该游戏的彩弹手均为重犯，他们必须在竞技场里熬出头，否则就会面临被对手杀死的命运。

鼠……但阿特伍德并没有局限于此,她把更多的目光投向了"上帝园丁",故事的发展便是围绕该组织展开的,托比和瑞恩的人生经历都与之有密切关联。"上帝园丁"在《羚羊与秧鸡》中曾被零星提及过几次,拥护者的行为很容易让人联想到极端主义分子。吉米的妈妈抛夫弃子,就是为了投奔"上帝园丁"组织,她从大院逃走时带走了吉米心爱的浣鼬"刺客",声称要"解放"①它,全然不顾儿子失去母亲又被剥夺宠物的悲伤心情。吉米在玛莎·格雷厄姆学院时的室友伯妮斯总是穿同一系列的"上帝园丁"T恤衫,她讨厌用化学合成品,还抢走了吉米的皮鞋并拿到草坪上焚烧,以此让他知道她反对他的"食肉习性"。②

在《洪水之年》中,"上帝园丁"的另一面形象浮现出来。当然,他们身上仍有着许多不那么可爱的宗教狂热分子特征:群居生活、死板教条的行为准则(非紧急情况不准食用动物蛋白质、只能使用回收利用后的大院产品、严格限制用水),这些都对成员的个人自由形成了约束。托比加入"上帝园丁"后,有位女园丁便建议她别再剪短发了,因为长头发"符合上帝的审美情趣",在托比看来,这种"独断专行的伪善"恐怕早已渗透进信徒当中。③"上帝园丁"别出心裁地将深层生态学的观点——所有物种在进化过程中拥有亲缘关系及其牵涉的道德义务——嫁接到基督教框架中去。亚当第一在布道中宣称,"耶稣召唤的头两个

---

① 玛格丽特·阿特伍德:《羚羊与秧鸡》,第63页。
② 同上,第195页。
③ 玛格丽特·阿特伍德:《洪水之年》,陈晓菲译,上海:上海译文出版社,2016年版,第48页。

门徒就是渔夫,此举无疑有助于保存鱼类数目。"①类似既严肃又有些可笑的说辞不由令人莞尔。

然而,纵观"上帝园丁"的教义,它将人类作为进化生物的具有缺陷的本性与人类对能够超越生物学既定事实的想象秩序的需求进行了协调,而这正是《羚羊与秧鸡》中吉米和"秧鸡"所没有做到的。亚当第一的宣讲读起来如同生物学课程和神学论文的奇怪交叉。他会讲些玄妙的神学话语:"上帝是纯粹的灵,有谁能够因为无法测度'不可测度者'而推论它不存在?"②他也会向听众灌输生物学知识:"每个人都是一座花园,里面充满了各种肉眼不可见的生命形式。少了滋生肠道的菌群,或者抵抗入侵者的细菌,还会有人类吗?我们与成千上万的生物同生共存,它们中有些匍匐在我们的脚底下……有些藏在脚指甲里面。"③生物学知识和宗教语言之间的突然转换往往使亚当第一的布道显得相当滑稽,但随着叙事的发展,读者开始欣赏这些宣讲所表现出的宽宏谦卑、清醒冷静以及精明实用。亚当第一认为自然界是一个有机的整体,人类与其他动植物是平等的,都受到神的祝福,"DNA 和 RNA 的锁链"将人类与动植物同胞们紧紧相连,因此,人类"不要跌入骄傲的陷阱,以为自己在有灵的造物中是独一无二的"。④ 一切生物都有存在的理由,遍地的野草是人类的粮草,蚂蚁、蚯蚓和蟾蜍使土地保持盎然生机。即使是不受欢

---

① 玛格丽特·阿特伍德:《洪水之年》,第 201—202 页。
② 同上,第 53 页。
③ 同上,第 166 页。
④ 同上,第 54—55 页。

迎的微生物(如眉毛虫、钩虫、阴虱、蛲虫和蜱虫)或是充满敌意的细菌和病毒,它们也是"上帝造物中最微小的天使,以自己独有的方式执行他的不可测度的任务。因为这些造物常在永恒的思量中,和万物一样在永恒之光里闪耀,是多音位创世协奏曲中不可或缺的组成部分"。① 园丁把蛆和蜜蜂视作"自然药库"的宝贵成员,他们养蛆养蜂,用来治疗疾病。小说中两次出现了蛆疗法:一次是泽伯受伤,另一次是瑞恩受伤,治疗效果都相当显著。园丁们还相信,生命的奥秘是万物之间的形态转换,它形成了一个生生不息、互为依存的生物链。这种生态智慧是"上帝园丁"不少成员能够度过劫难的原因之一。

"上帝园丁"教义的精髓是救赎,在将信仰付诸行动的过程中,园丁们遵从"宽恕之道"。他们活在当下,不以过去来评判某个人:"你从哪里来,之前是做什么的——此类问题无关痛痒,人们的行事方式会透露他们的来历。重要的是现在。"②这意味着任何想要做出改变之人都可以加入"上帝园丁"组织。即便是一些不信教义者,"上帝园丁"也随时敞开大门,让他们参与到节日庆典中,与园丁分享食物和住处。在小说最后,托比鼓励幸存下来的人——包括被俘虏的彩弹手——"忘记过去,忘记那些不幸的经历",并"感谢神赐予我们食物"。③ 园丁对"此时此刻"的关注表明,他们相信当下的行为会对将来产生深远的影响,只有放下愤怒和恶意,才能在宽恕中求得喜乐,得到救赎。

---

① 玛格丽特·阿特伍德:《洪水之年》,第 166 页。
② 同上,第 105 页。
③ 同上,第 443 页。

就园丁的生活方式而言,可持续性是首要考虑的因素。他们提倡简单自然的生活、奉行素食主义、在屋顶花园种植粮食、养殖蜜蜂采蜜、培育蘑菇实现药用目的、使用生态绿色厕所对粪便进行二次利用。园丁们相信,一旦"无水的洪水"来袭,人类将"落到身无长物、唯求诸己的地步"①,因此有必要训练下一代的生存技能。园丁学校里的课程形式多样,包括纤维回收利用、厨艺、缝纫、心算、养蜂和真菌学、整体治疗和草本修复、野生和栽培植物、医学、掠食者-猎物关系学、动物伪装、应急治疗等。在学习回收课程时,孩子们会离开屋顶花园,去"废市"旅馆旁的垃圾桶里捡拾用剩的肥皂块,到酒吧边的小巷子里搜寻喝剩的葡萄酒制醋。他们将大自然视作游乐场,玩具也是自己制作,因为这种生活"最适合人类,也适合地球上的其他生命"②。园丁们希望通过这些课程培养孩子全新的价值观。他们坚称任何东西都有其用途,不应随意丢弃:"世上没有所谓垃圾、废物或脏东西,只是没有物尽其用罢了。最重要的是,每个人,包括孩子在内,都应该为社区生活贡献一份自己的力量。"③这种社会责任心和道德感的培养是人类社会得以绵延的希望。也正是在近距离地接触了"上帝园丁"之后,托比从一开始的不适应到"渐渐放弃了离开园丁生活的念头。她并没有真正接受他们的教义,但也不再怀疑"。④ 她意识到,当人类社会越来越走向疯狂时,园丁的生

---

① 玛格丽特·阿特伍德:《洪水之年》,第128页。
② 同上,第67页。
③ 同上,第71页。
④ 同上,第100页。

活理念或许是维护人类世界的最好选择。

《洪水之年》结束的叙事时间仅仅比《羚羊与秧鸡》晚了几分钟,然而,阿特伍德创建了一个截然不同的场景。吉米不再是唯一的幸存者,孤独地与"秧鸡人"为伴。活下来的人有狂热的艺术家,有疯狂的科学家,有爱好和平的园丁,也有十恶不赦的彩弹手,他们构成了一个小型的人类社会。如果说《羚羊与秧鸡》总体而言是一部悲观的小说,《洪水之年》则更多地将关注点放在人类的幸存和救赎上面:在"无水的洪水"之后的废墟上,幸存下来的人类在祈求原谅,祈求救赎。劫难之后的新世界早已"洗尽铅华"[1],按照亚当第一的说法,这是神赋予的世界,但人类是否还有资格享受"绵延寰宇的神爱"[2]? 当"秧鸡人"、器官猪、狮羊等新物种自由行走于大地时,人类该如何面对自己的处境? 阿特伍德留下了又一个悬念,亟待读者思考。

四、后人类的未来

2013年8月,阿特伍德推出了"疯癫亚当三部曲"的终结篇《疯癫亚当》。小说问世之时,恰逢医学界爆出一则耸人听闻的消息:美国科学家试图制造出一种极易传播的超级禽流感病毒,以评估该病毒引起致命性全球大爆发的风险。这不由让人联想到《羚羊与秧鸡》出版时 SARS 病毒在世界多个地区的肆虐。这样的巧合在让人惊讶之余,不由心生寒意,也为《疯癫亚当》吸引

---

[1] 玛格丽特·阿特伍德:《洪水之年》,第3页。
[2] 同上,第436页。

了更多的读者。

与前两部作品一样,《疯癫亚当》采用了双线并行的叙事手法,将末日幸存者境况与"无水的洪水"发生之前相关人物经历的叙事相互交织。《羚羊与秧鸡》和《洪水之年》结束的时间点,正是《疯癫亚当》故事的开端。小说开始时,心性单纯的"秧鸡人"在两位彩弹手哄骗下,解开了绑在他们身上的绳索,致使彩弹手逃走。托比带领大家——包括抬着吉米的"秧鸡人"——前往"疯癫亚当"驻留的公园泥草屋飞地。

"疯癫亚当"的创立者不详,亚当第七泽伯是其中的一个成员。疯癫亚当们都是些基因嫁接方面的天才,创造出了不少异想天开的玩意儿,比如吃柏油的微生物、杀害鸡肉球的黄蜂、西海岸大规模爆发的氖色单纯性疱疹等。在《羚羊与秧鸡》里,这些生物技术精英被"秧鸡"挟持到荷尔史威瑟大院,为他的"天塘"计划服务,最终设计出新物种"秧鸡人"。在《洪水之年》里,泽伯与亚当第一率领的和平主义园丁产生分歧,带着支持者从"上帝园丁"中分离出去,利用"疯癫亚当"聊天室作为秘密集合地点,介入了一系列针对大院的生物恐怖主义活动。"无水的洪水"之后,有几位疯癫亚当成员幸存下来,其中包括泽伯。他们坚信亚当第一还活着,正四处搜寻他的下落。

疯癫亚当、前园丁和"秧鸡人"联起手来,开始重建家园。他们种植蔬菜、扩建泥草屋,照看消沉的阿曼达和虚弱的吉米,与此同时,他们必须时刻保持警戒状态,严防暴虐的彩弹手突袭,以及虎视眈眈的器官猪。由于吉米大多数时间处于昏迷状态,托比接替他,给"秧鸡人"讲述起创世故事:关于蛋①、"羚羊"与"秧鸡"的故事,以及他们如何创造出人和动物;关于混沌的故事;关于吉米的故事……此时的"秧鸡人"对泽伯产生了浓厚兴趣,恳请托比给他们讲有关泽伯的故事,例如"泽伯在山上迷路,吃掉熊的故事""泽伯出生的故事"等。正是从这些讲述中,泽伯和亚当第一在"无水的洪水"之前的经历渐渐浮出水面。

泽伯和亚当第一的父亲瑞夫是位福音传教士,他凭借三寸不烂之舌创办了"岩石圣油教",一个以搜刮钱财为目的的邪教组织。"岩石圣油教"的教义完全是反生态的,比如鼓动人们崇拜石油、大力开采使用石油。瑞夫甚至以《马太福音》为此背书,围绕第 16 章第 18 节的经文"你是彼得,我要把我的教会建造在这磐石上"大做文章,把神圣的宗教与石油联系起来:因为彼得在拉丁语里是岩石的意思,所以"彼得"的真正意义是指石油……石油是来自上帝的礼物,"上帝降此于大地,让信徒们分别使用,来彰显他的事工";②而类似"太阳能板是撒旦的作为""环保是疯子所行"等宣传口号成了"岩石圣油教"掠夺资源的疯狂借口。

瑞夫不仅野心勃勃,而且心狠手辣,在他心目中,金钱权势比亲情家人更为重要。他为了同怀有泽伯的特雷迪在一起,杀害了妻子费内菈,埋在花园地底下,这一切被刚满四岁的亚当第

---

① 这里的"蛋"指荷尔史威瑟大院里的"天塘","秧鸡人"刚被制造出来时便待在这个蛋形建筑里面,由"羚羊"负责照看。
② 玛格丽特·阿特伍德:《疯癫亚当》,赵奕、陈晓菲译,上海:上海译文出版社,2016 年版,第 122 页。

一看在眼里。瑞夫对两个孩子百般虐待,稍不如意便将他们关禁闭,逼他们喝尿。在缺爱的家庭氛围中,性情迥异的泽伯和亚当第一相依为命。亚当第一性格早熟、行事稳重、爱思前想后;泽伯则叛逆冲动,容易被愤怒冲昏头脑。兄弟俩一个有头脑,一个是电脑技术高手,两人一待时机成熟便逃出大院,躲进"夜市"。未免引人注意,两个人分头行动。亚当第一建起了自己的园丁组织,随时关注着泽伯的行踪。泽伯则从一处地方漂到另一处,打过各种各样的工,遇过各种各样的险。他在北极地区做"助熊者"时——工作是从飞机上给熊投放剩饭剩菜——瑞夫派人前去刺杀他,被他识破,飞机掉落在冰原上,刺客摔死,泽伯在饥饿中杀死一头熊,总算保住了性命。此后泽伯几次死里逃生,却仍然无法摆脱瑞夫的魔爪。忍无可忍之下,泽伯联合亚当第一曝光了瑞夫的罪行,转走他银行账户里的存款,最后毒杀了瑞夫。

  从"无水的洪水"中幸存下来的人们面临着无数困难,其中最紧迫的便是彩弹手的威胁。有迹象显示,彩弹手捉住了亚当第一,将他当作人质,试图与"疯癫亚当"和前园丁做交换。虽然仅有两位彩弹手,但他们所到之处都留下了屠戮的痕迹,遭殃的有浣鼬、魔发羊和器官猪,下一个目标就是泥草屋中的人类和"秧鸡人"。大家尚未商议好该如何行动,对付彩弹手,便有"秧鸡人"来报,说是有一队器官猪正朝他们居住的地方行进。这些器官猪带来了一只被彩弹手割喉的小猪,原来它们是来寻求援助的:器官猪希望能和"疯癫亚当"以及前园丁合作,共同抗击彩弹手。于是,人、类人和器官猪联合起来,开始了一场与彩弹手的较量。在激烈的争斗中,亚当第一倒下,吉米为保护托比中弹死去,一头器官猪被打死,彩弹手被俘。最终大家通过投票决定了处决彩弹手的方式:沉入海底。

托比和泽伯的感情在战斗中得到了升华,战后,两人按照"上帝园丁"的结婚仪式,一起跳过篝火、互换绿树枝,结成了伴侣。他们实际上成为幸存者和"秧鸡人"的精神领袖。但两人的结局令人伤感。泽伯在狩猎时发现了高高飘扬在云端的烟,怀疑还有人类存在。因不知道这些人是好是坏,他带领另两位"疯癫亚当"前去侦察,却再也没有回来。托比悲痛欲绝,日渐消沉枯萎,患上了销蚀性疾病,最后深入丛林结束了自己的生命。

《疯癫亚当》描述的世界险象环生,读者所熟悉的人物相继死去,这似乎是一个充满悲剧气息的故事。那么,人类是否就毫无希望了呢?答案显然是否定的。在阿特伍德所刻画的后人类世界里,一种全新的秩序正在悄然诞生。

首先,人类与"秧鸡人"建立了伙伴关系。"秧鸡人"天真幼稚,对周遭的危险一无所知。吉米将他们从大院领出来后,他们就一直跟在他身边。吉米为"秧鸡人"讲故事,"秧鸡人"在吉米生病时为他吹呼噜疗伤。托比接管这些"秧鸡人"之后,总是想方设法保护他们的安全,带领他们避开彩弹手的攻击。"秧鸡人"因构造特殊,能够听懂器官猪的语言,他们后来成为人类和器官猪交流的纽带,为打败彩弹手立下了汗马功劳。

根据"秧鸡"的设计,"秧鸡人"没有宗教观念,无须符号体系,不会读书写字。可是在托比给"秧鸡人"讲述故事的过程中,这些类人却发明了类似宗教的符号。每次讲故事之前,托比都要按"秧鸡人"的要求戴上吉米的棒球帽、没有表面的手表以及太阳镜,还要吃下一条烤得半熟的鱼,因为"秧鸡人"相信这种礼拜仪式是造物主"秧鸡"的旨意。在"秧鸡人"眼里,棒球帽、手表和太阳镜都是"秧鸡"制造的圣物,讲故事的人能通过它们倾听到"秧鸡"的声音,传达给"秧鸡人"。

"秧鸡人"中有个叫黑胡子的孩子非常喜欢托比,成了她的小跟班。有一天,他看到托比在写日记,感到既新奇又有趣。托比教他学会了写字,并告诉他:"每个字母都对应一个声音。而把这些字母放在一起,就构成了单词。你在纸上写下单词,它们就待在纸上,别人看到纸上的单词就能听到它们的声音。"①托比还教黑胡子如何用植物做纸,如何用鸟的羽毛做笔,如何用胡桃壳制墨,如何用墨水制造印记……托比死后,黑胡子担负起了给"秧鸡人"讲故事的职责,他还按照托比的吩咐,将一些文字记录下来,做成了"书",因为托比曾对他说:"每当有一个人知道了写字、纸、钢笔、墨水和阅读的事,那个人也要写相同的书,里面有相同的字。所以,我们就永远都有的读了。"②人类对"秧鸡人"的教化、"秧鸡人"的文化濡染和后天习得,使这些去除了情感特征的转基因人具有了人性,人类文明也有了传承下去的希望。

其次,不同物种之间达成了联盟。由于大灾之前科学家们滥用基因技术,导致转基因动物数量猛增,其中有不少在"无水的洪水"中存活了下来,且繁殖速度惊人,它们势必要与人类争夺本就极端匮乏的自然资源。"疯癫亚当"和前园丁为了度过绝

---

① 玛格丽特·阿特伍德:《疯癫亚当》,第226页。
② 同上,第416页。

境，开始学习与这些动物和平共处。在所有的转基因动物里，器官猪是最为特殊的存在。作为"多器官生产者"，它们拥有人类的脑部额前皮层组织，因此具备动物的天性和人类的智力。在灾后的几场较量中，器官猪展现了非凡的智商，有时候甚至比人类还懂策略和战术。有一次，泽伯带着几个同伴出去搜索物资，在药店外遇到了一群器官猪，它们找到一箱土豆片，拖到外面大开派对，但整个过程一直盯着人类，"它们是在炫耀这些土豆片，因为它们知道我们很饿。泽伯说应该数一下头数，以防它们兵分几路，一拨负责吸引我们的注意力，另一拨准备偷袭"。① 这些与人类有着一丝亲缘关系的器官猪似乎能分辨善恶，在多次遭到彩弹手袭击之后，它们想到了与"疯癫亚当"和前园丁合作，由"秧鸡人"担任翻译。经过谈判，双方达成协议："疯癫亚当"和前园丁帮助器官猪杀死彩弹手，作为回报，器官猪将不再跑到花园里偷吃东西，也不会再吃人类。协议成交之后，器官猪把身上撒着花的死猪仔留在了地上：

> "等一下，"托比对黑胡子说，"它们忘了它们的……"她差点就说它们的孩子。"它们忘了这只小的。"
>
> "小的是给你们的，哦托比，"黑胡子说，"是礼物。它已经死了。它们也致过哀了。"
>
> "但我们已经答应不再吃它们了。"托比说。
>
> "不能杀了吃，确实。但它们说的是不能你们自己杀。所以这只是可以的。它们说你们可以吃，也可以

---

① 玛格丽特·阿特伍德：《疯癫亚当》，第173页。

不吃,随便。不然,它们自己也会吃的。"

真是奇怪的葬礼仪式,托比想。在爱人身上撒满花,默哀,再把尸体吃了。回收得真彻底。就连亚当和园丁都没这么过分。①

在针对彩弹手的最后一役中,这些拥有人类特质的器官猪显示出超凡的组织能力,它们分成了侦察猪、侍从和先头部队,还给每个持枪的人安排了三名保镖,没带喷枪的"疯癫亚当"每人配有一头器官猪,虚弱的吉米则由五头器官猪护卫。为了避免喷枪被抢走,器官猪按照吉米的指示,抢在彩弹手之前跑入大院,其中一头不幸遇难。战后的葬礼仪式充满了"友情和物种间的合作"②。器官猪帮助人类把亚当第一和吉米扛到遗迹公园,它们"收集了很多的花和蕨类植物,摆在他们的身体上……秧鸡人一路唱歌"。③ 器官猪甚至参与了审判彩弹手的仪式,为决定彩弹手的生死投出了重要一票。托比为了向器官猪表示敬意,把它们也加到了园丁盛宴的日常历法里,"橡树日"便是以器官猪命名的。

最后,人类与"秧鸡人"杂交后孕育出了新的人种。刚开始时,"秧鸡人"与人类的结合完全是出于"文化误解"④:在圣朱利安日,即彩弹手被"秧鸡人"解开绳子放走的那一晚,男"秧鸡人"

---

① 玛格丽特·阿特伍德:《疯癫亚当》,第 298 页。
② 同上,第 404 页。
③ 同上。
④ 同上,第 15、242 页。

闻到阿曼达和瑞恩身上有蓝色的气息①,误以为两人正处在发情期,便强行与她们交配了。当阿曼达得知自己怀孕时,她起初以为孩子是彩弹手的,便想好了对策:如果生下的是人,就抱去给器官猪吃掉。庆幸的是,阿曼达诞下了一个小"秧鸡人",有着绿色的大眼睛。托比原本担心阿曼达会拒绝这孩子,但她好像还挺喜欢新出生的宝宝。接下去,瑞恩、"疯癫亚当"中的敏狐也分别生下了"秧鸡人"宝宝,海滩上一时充满了欢声笑语。女"秧鸡人"每天都过来照顾新生儿,为他们吹呼噜,还带来野葛叶和海滩上的闪亮玻璃片作为礼物。这些人与"秧鸡人"的混血儿分别取名为吉米亚当、皮拉瑞恩、骨髓和延髓,既是对逝去之人的纪念,也饱含了对新生活的希冀,按照"疯癫亚当"的说法,他们将是"人类的未来"②。黑胡子把所有关于书、纸、写字的事都告诉了他们,因为总有一天,他也会离开人世,"那时,吉米亚当、皮拉瑞恩、骨髓和延髓就能把这些东西教给更年轻的一代"。③

在《羚羊与秧鸡》中,吉米认为书写是徒劳的,他不愿意再去书写,因为"他不会有未来的读者了"④;在《疯癫亚当》里,托比一边写日记,一边也在怀疑:"故事、历史又有什么用?她都不知道在她无法预知的未来,人类还会不会存在。"⑤但她依然写了下

---

① 按照"秧鸡"的设计,女"秧鸡人"在发情期时臀部和小腹会呈现蔚蓝色,此时男"秧鸡人"会向她求爱,女"秧鸡人"便从男性献上的花儿里挑中四枝,与四个伴侣完成交配。参见玛格丽特·阿特伍德:《羚羊与秧鸡》,第169—170页。
② 玛格丽特·阿特伍德:《疯癫亚当》,第411页。
③ 同上,第417页。
④ 玛格丽特·阿特伍德:《羚羊与秧鸡》,第43页。
⑤ 玛格丽特·阿特伍德:《疯癫亚当》,第227页。

去,不仅自己写,还教会了黑胡子如何书写和阅读,黑胡子又教给了下一代,从而使未来的"人类"有希望读到他们写下的文字。只是,谁又将是未来的读者?是人类自己,还是人与类人的杂交品种?阿特伍德在给予读者希望的同时,也对后人类的未来提出了质询:当人类的基因与其他的物种相结合时,我们或许已然失去了"共享的人性"①,不再清楚何为人类。归根结底,人类纪的终结并非世界的终结,它只是人类所处的世界的终结,是人类所知道的世界的终结。"疯癫亚当三部曲"将今日的我们领到了一座悬崖边,告诉我们只要行差踏错一步,足底便是无尽的深渊。

五、技术乌托邦

时光进入了21世纪的第二个十年,传播技术的飞速发展,加上用户需求的变迁,催生了一个新的传媒时代,传统媒体完成了与新兴媒体的深度融合。在此过程中,出版业受到极大冲击,出现了新媒体主导下的数字网络出版。阿特伍德顺应时代潮流,开始通过网络平台刊载自己的作品。2012年,著名的网络出版发行平台执笔者网站②发表了阿特伍德的中篇小说《我渴望你》,在随后的一年时间里,该网站相继刊出了《索套项圈》《抹去我》和《最后死亡的是心脏》,它们合称为"正电子"系列。2015

---

① 弗朗西斯·福山:《我们的后人类未来:生物技术革命的后果》,第217页。
② 执笔者网站(Byliner)的访问地址是:http://www.byliner.com。

年,麦克莱兰德和斯图亚特公司将这些网络小说结集成册出版,书名定为《最后死亡的是心脏》。作为一部反乌托邦小说,该书承袭了《使女的故事》和"疯癫亚当三部曲"的写作风格,描绘了一个"真实得可怕"①的未来世界。

《最后死亡的是心脏》共分为十五章,每一章里包含了多个小章节。故事的发生地是美国东北部,小说一开始便向读者展示了经济灾难对这一地区造成的重创:"整座纸牌城堡、整套体系分崩离析,存款单上数万亿美元蒸发殆尽,就像雾气从窗上褪去……人口统计数据,信心缺失,巨大的旁氏骗局……有些人谎话连篇,有些人欺骗成性,有些人做空了市场,有些人抬高了物价。"②这段描写不由使人联想到阿特伍德早几年前出版的关于债务的非小说《偿还》,阿特伍德也曾在一次电话采访中声称,《最后死亡的是心脏》灵感就来自《偿还》③。恶性通货膨胀,大量的失业,混乱的城市秩序,大规模的死亡……《偿还》中的末日图景在《最后死亡的是心脏》里再次呈现。整个社会陷入了无政府状态,富人们纷纷迁往较为发达的西部地区,被抛弃的穷人举步维艰,不是成为无业游民,就是干脆等死,因为"没有地方安全,没有指南可供参考。就好像被一阵狂暴又盲目的飓风席卷,一

---

① 斯蒂芬妮·梅里特:《观察家报》,转引自玛格丽特·阿特伍德:《最后死亡的是心脏》,邹殳葳译,郑州:河南大学出版社,2019年版,封底。
② 玛格丽特·阿特伍德:《最后死亡的是心脏》,第8页。
③ Marylynne Pitz, "Lecture series brings Margaret Atwood to Pittsburgh", *McClatchy-Tribune Business News* 21 October 2015. Retrieved 30 October 2015. www.post-gazette.com. .

圈又一圈毫无目的地打着转。无路可逃"。①

主人公斯坦和查梅因失业之后,无力支付按揭贷款,只能住在一辆三手本田轿车里,靠过期面包和速溶咖啡艰难度日,有时甚至还要到垃圾箱里翻捡食物。由于害怕暴徒和流浪汉袭击,他们大多数时候都关紧车窗,只在车顶留一道缝隙。车里臭气熏天,他们却因担心车子被人劫走,连撒尿都不敢打开车门。两人睡觉时也特别警醒,以便随时开车逃离。一旦逃得不及时,他们就有可能面临悲惨的下场。曾经附近有不少车主被拖出车子扔到了石子路上,身上被捅了刀子,头被砸扁,失血而死。类似的案子几乎每天都在发生,却无人在意,真凶是谁也无人在乎。

查梅因在酒吧找了份临时工,服务对象是毒贩、酒鬼和妓女,但总算能挣一点可怜的生活费。斯坦则一份工都找不到,只好去卖血。生活似乎变成了漫长的等待,令人窒息:"等待,等待,等待其他人做决定,等待什么事情发生。"②一天,查梅因在酒吧电视上看到一则关于"正电子项目"的广告,该项目宣称能解决失业率和犯罪率大增的国家难题,向招募的新成员承诺提供充足的就业机会,保护他们免受危险分子侵害。广告画面非常唯美:整洁的房子、漂亮的草坪、高雅的房间、迷人的浴缸、干净的床单、柔软的枕头……急于摆脱噩梦般现实的斯坦和查梅因完全被其吸引,签约加入了"正电子项目"。

"正电子项目"位于融通小镇,"正电子"是镇上的一座监狱,它们合起来称作融通/正电子双子城。项目创始人艾德在介绍

---

① 玛格丽特·阿特伍德:《最后死亡的是心脏》,第3页。
② 同上,第21页。

中称，由于社会系统全面崩溃，各地区的暴乱日渐增多，政府一开始的解决方案是建造更多的监狱，把更多的人塞进去，但很快这笔费用就高昂得让人无法负担了。"正电子项目"则是应对经济危机的切实可行的模式，因为"如果监狱能够扩展范围、理性监管，就可以成为双赢的独立经济单元"。按照艾德的说法，拥有大型监狱的融通小镇完全能够实现自给自足："如果每个居民不是看守就是囚犯，就能保证百分之百的就业率：一半是囚犯，另一半从事照管囚犯的工作。"由于融通小镇不可能达到百分之五十的犯罪率，所以最公平的方式就是大家轮流。简单来说，融通小镇的每个人都会经历两种生活：一个月待在监狱里当囚犯，下一个月是看守或是市镇公职人员。如此一来，每一套住宅能为两组家庭使用，这种"分时共享"可以让所有镇民都有机会享受中产阶级的舒适生活。①

日子一天天滑过，斯坦和查梅因在双子城里已经待了一年有余。一切似乎走上了正轨，却又让人觉得不太对劲。从表面上看，融通小镇里其乐融融，街道平静安然，人人都有家可归，有工可做，但其实每个人都处于被隔绝的状态。小镇严禁人们与自己的轮替人相互联系，即使是夫妻，也只能同住一个月，在当犯人的那个月里，两人必须分开，各自住在监狱宿舍内，斯坦甚至都不知道查梅因在狱中都做些什么工作。监视系统无处不在，路上时不时会有样子奇怪的黑色监控巡逻车，如同"鲨鱼一般无声地滑过"②。居民配发的手机受到中央信息技术中心追

---

① 玛格丽特·阿特伍德：《最后死亡的是心脏》，第50页。
② 同上，第92页。

踪,灵敏度极高,能捕捉到最细微的未经许可的信号,"整座城市都被封在钟形罩之下:内部可以相互交流,但若非通过批准的路径,任何只言片语都无法进出。不管是牢骚、抱怨、闲谈还是告密都不行。所有信息都被严格监控"。① 总之,融通小镇是一个封闭的系统,一旦进入,便没有人能再出去。

斯坦在家中的冰箱下面发现了一张署名"贾斯敏"的纸条,上面的内容亲密得让人震惊,还印着魅紫色的唇印。他猜测是同住一屋的轮替人留下的,觉得她可比呆板的查梅因有魅力多了,从此脑子里全是这个素未谋面的女人。其实,纸条真正的主人是查梅因,她与轮替人的丈夫菲尔有了婚外情,每到轮换日,两人就出去幽会。她明知道这么做不对,而且冒着很大风险,但还是情不自禁。

菲尔的妻子乔瑟琳是"正电子项目"的高层管理人员,她一直都知晓菲尔的婚外情,只是假装不知情。又到了一个轮换日,查梅因在与菲尔幽会过后前去监狱报到,斯坦却被乔瑟琳堵在了家中,并从她口中得知了妻子的不忠。乔瑟琳利用自己掌握的权力重新设置了斯坦的身份识别码,把他留在身边,做她的性伴侣。斯坦度日如年,却不得不屈从于乔瑟琳的淫威,因为她是"行走的大力钳",他像是被"拴在她无形的皮带上,戴着她无形的项圈"。② 在此期间,查梅因则一直被滞留在监狱,理由是身份识别出了问题。

一晃几个月过去,在情人节这天,斯坦从乔瑟琳嘴里听到了

---

① 玛格丽特·阿特伍德:《最后死亡的是心脏》,第66页。
② 同上,第121页。

一个令他震惊的信息：她前段时间逼着他干的事全是做戏，真正意图是迷惑其他"正电子项目"高层，找机会把斯坦从融通/正电子双子城偷送出去，曝光"正电子项目"。乔瑟琳是艾德的创始合伙人，在初期对这个项目深信不疑，并付出了很多心血，因为最初的构想的确是为了创造更多工作机会，让更多人过上好日子。但艾德逐渐变得贪婪起来，把监狱变成了私人生意，变成了谋利之处。融通小镇的收入主要来自人体部件，"器官、骨头、DNA，任何需求"。① 艾德还引入了一家连锁退休老人养老院，在每个分部机构里设立了移植诊所。至于人体的来源，其一是镇上不服管制之人，其二是镇外一些破坏"正电子项目"的"不良分子"②，至于谁是"不良分子"，全由艾德说了算。据乔瑟琳透露，艾德下一步的目标将是经销婴儿血，为那些热衷于返老还童的人士全身换血，以此获得巨额利润。

乔瑟琳给斯坦打了一针麻药，把他送回正电子监狱，接受类似于安乐死的特殊手术——实际剂量不会致命——为他做手术的恰恰是被蒙在鼓里的查梅因。原来，她一直以来从事的工作就是药剂管理员，给所谓的"不良分子"送上最后一程。面对斯坦，她一下子慌了神，做还是不做，都在她一念之间。不做的话，她或许就会成为那个被做掉的人。最后，懦弱战胜了亲情，查梅因完成了高层管理部门的考验，证明了自己对"正电子项目"的忠诚，但她从此生活在自责与悔恨之中，整日以泪洗面。为了洗刷身上的罪恶，她接受了乔瑟琳指派的任务，密谋反抗艾德。

---

① 玛格丽特·阿特伍德：《最后死亡的是心脏》，第170页。
② 同上，第171页。

乔瑟琳通过秘密途径,将身藏 U 盘的斯坦送出了小镇,与镇外的线人接上头,"正电子项目"的真实面目暴露在世人面前,舆论哗然,艾德受到惩罚。查梅因也得以与斯坦重归于好,过上了幸福的生活。

《最后死亡的是心脏》以大团圆作为结局:"善"战胜了"恶"、兄友弟恭、爱人之间捐弃前嫌、令人陶醉的婚礼、新生命的诞生……一切似乎都那么美好,然而,快乐的表象下面实则暗流涌动。虽然故事结束时艾德受惩,但他所创造的双子城和"正电子项目"依然处在运行状态,或许会"有所改观",但不过是换个管理人而已,因为作为大后台的政客们不希望秘密全部泄露,而"这场派对里没有干净的人"。① 这就意味着器官窃取买卖、销售婴儿血、脑神经手术等一系列违背伦理的做法还有卷土重来的可能性。此外,斯坦和查梅因之所以能摆脱过去的阴影,主要原因是他们已转移到富裕的、相对安全的美国西部地区,至于人间炼狱般的东北部地区,仍是大多数人避之不及的所在。

阿特伍德通过斯坦和查梅因的故事,揭露了经济危机带来的灾难性后果,在这场灾难的背后,是人类的贪得无厌和疯狂愚行,而这一切都掩盖在融通/正电子双子城理想国的外衣之下。在小说接近尾声部分,乔瑟琳指出,未来的"正电子项目"将会"把卖点放在更合法的部分,比如可能性机器人中心"②。乔瑟琳所说的"可能性机器人"是一种性爱机器人,根据终端客户的特殊需求定制改造。性爱机器人的零件部分——胳膊、腿和躯干

---

① 玛格丽特·阿特伍德:《最后死亡的是心脏》,第 394 页。
② 同上。

等外骨架——由镇外运送进来，在小镇上进行组装，过程极其复杂，先是安装信息储存芯片和语音系统，再将神经连接部分 3D 打印出来，最后装上皮肤。为了达到逼真的效果，机器人的皮肤上有传感器，这样他们就能有真正的感觉，有些甚至还会起鸡皮疙瘩。定制性爱机器人的客户大多口味独特，要么有恋物癖，要么是跟踪狂，总之都是些"乌七八糟的家伙"①，但融通/正电子双子城为了获利，愿意满足客户的一切不合理要求。斯坦在被送出小镇之前曾参观过机器人组装流水线，那里的情景令他目瞪口呆：

  运转的传送带上是大腿、髋关节和躯干，托盘里装着左手和右手。这些身体部位都是人造的，不是尸体上的，但无论如何效果还是令人毛骨悚然。瞥一眼，你就像进了停尸房……或是屠宰场。只是这里没有血。②

性爱机器人在装上头部之前需检测身体性能，尤其是骨盆运动是否流畅："这地方布满了运动的大腿和下腹，就像某种怪诞的艺术装置。四处传来轻柔的脉搏声，飘散着塑料味儿。"③车间甚至还生产"儿童机器人"，专门供给那些有恋童癖的客户。"儿童机器人"身穿白色睡袍或者法兰绒睡衣，裹着法兰绒床单装箱，每个套装里还附赠一只睁着无邪大眼睛的泰迪熊玩具，以

---

① 玛格丽特·阿特伍德：《最后死亡的是心脏》，第 248 页。
② 同上，第 251 页。
③ 同上，第 268 页。

达到更真实的效果。"儿童机器人"是人工智能操控下的性奴隶,"泰迪熊的纯真与性奴隶身后的邪恶价值观在小说中形成了强烈对比,揭示了科技发展到极致状态下人性的丑陋和贪婪"。① 看到如此变态的机器人产品,斯坦忍不住喊道:"你们怎么能受得了?这不对!"②

阿特伍德关于这些千奇百怪的性爱机器人的描写并非凭空捏造,在现实世界里,人工智能领域的发展早已超出人们的想象。人类目前已创造出各种款式的性爱机器人,有的能读懂人们的脸部表情,有的身上带体温,有的能说话……机器人伦理学家曾对此发出警告,认为性爱机器人会对"男女关系、成人和儿童关系、男男关系和女女关系都造成伤害"。③ 阿特伍德在一次访谈中指出,人类正在进入一个"技术乌托邦","可以制造许多精密灵巧的玩意儿",④与此同时,人性却被计算机和机器人技术步步蚕食,人类陷入了一个又一个无法解决的伦理困境:"设计出这些与未成年人相似的玩具对不对?让它们模拟大活人——在没有得到允许的情况下——是否道德?这种技术是否

---

① 袁霞:《论〈最后死亡的是心脏〉中的监狱意象》,《湖南科技大学学报》2016 年第 3 期,第 47 页。
② 玛格丽特·阿特伍德:《最后死亡的是心脏》,第 271 页。
③ "智能性爱机器人引争议 你需要一个性爱机器人吗?" 2016-01-28. http://elec.it168.com/a2016/0128/1881/000001881563.shtml.
④ Steve Paulson, "What Choice Would You Make?: Margaret Atwood & Steve Paulson Discuss Dystopias, Prostibots & Hope," 14 January 2016. Retrieved 18 January 2016. http://electricliterature.com/what-choice-would-you-make-margaret-atwood-steve-paulson-discuss-dystopias-prostibots-hope/.

有可能过了头,脱离了伦理道德控制下的理性范围?"①在阿特伍德看来,凡事都有正反两方面,科学技术的确能为人类解决诸多问题,但人类同时也会为它所奴役,"科学本身并无害处。正如电那样,它是中性的"。关键在于"人类作为一个物种,是否具备了感情的成熟与智慧来正确使用我们强大的工具"?② 换言之,在科技应用方面,人类必须具有长远的眼光,否则稍有不慎,整个世界将会面临灭顶之灾。

---

① Jon Pressick,"Margaret Atwood's *The Heart Goes Last*:Love,Dystopia and Sex Robots",27 November 2015. Retrieved 12 January 2016. http://futureofsex.net/robots/margaret-atwoods-the-heart-goes-last-love-dystopia-and-sex-robots/.
② 同上。

第九章

跨 界 女 王

一、漫 画 创 作

阿特伍德是一个多产的作家,她在漫长的创作生涯中为读者奉献了无数佳作,然而却鲜少有人知道她的漫画作品。阿特伍德是一名漫画爱好者,很小的时候便开始亲手编写和绘制漫画书。

阿特伍德那一代人是与漫画书共同成长起来的。"我们没有电视,漫画书非常非常普遍。孩子们收集漫画,并互相交换,大量的漫画,周六的时候,你可以一整个上午都和小伙伴们在一起阅读漫画。那时的集体活动就是阅读漫画。然后交换——"根据阿特伍德的叙述,那个年代报纸上的漫画比现在量大得多,其中一些是有趣的连环漫画,另一些是叙事漫画,如同小说一样对主人公进行描写,就连电影院放映之前都要播出几段漫画,

"非常吸引孩子,因此孩子们通常也喜欢练习画漫画"。① 从未受过绘画训练的阿特伍德就是在这样的氛围之下开始了漫画创作,她和哥哥用彩色铅笔作画,随心所欲,各画各的,完成后交换阅读。

进了大学之后,阿特伍德开始为一些文学期刊策划封面和书内插图,并且为戏剧和音乐剧设计丝绢网印花海报,到她出版最初的几部诗集时,她已经积累了丰富的视觉艺术经验。《圆圈游戏》封皮上的拉突雷塞印字和小圆点就是由她自己一手完成的,《苏珊娜·穆迪日志》封面的拼贴画也是她亲手设计的。

20世纪70年代,阿特伍德为报纸副刊《周末杂志》创作了几幅大页面的漫画,包括《发型》和《我的人生故事》,其中一幅名为《一位青年塞弗艺术家的肖像》的漫画自画像戏仿了詹姆斯·乔伊斯的《一位青年艺术家的肖像》。"塞弗"(cipher)的意思是"密码",也指"无足轻重的人",暗含了两层意义:首先,女人是个未解之谜;其次,她是个初入文学界的新手。漫画展现的是1957年的场景,彼时的阿特伍德顶着一头卷发,是多伦多大学一年级新生,个头矮小的她走在布洛尔大街上,周围是林立的公园和饭店,一眼望不到顶;批评大师诺思洛普·弗莱正在自家书房里噼里啪啦地打字;她的老师杰·麦克弗森步履匆匆……阿特伍德以她擅长的自嘲笔触,刻画了一位初出茅庐的小丫头的忐忑心情:在一个个"大"人物以及一栋栋"大"建筑面前,她感受到了自己的渺小和无助。阿特伍德的传记作家纳瑟莉·库克认为,阿

---

① Reingard M. Nischik, *Engendering Genre: The Works of Margaret Atwood*:254.

特伍德在这些漫画中将自己展现为"一位个头矮矮,声音软软,一头卷发乱蓬蓬的女孩……这些漫画或剪贴画人物都是自嘲式的,很有意思,说明阿特伍德对待工作非常认真,但并没有自视甚高"。①

阿特伍德自画像(来自网络)

---

① Nathalie Cooke, "Lions, Tigers, and Pussycats: Margaret Atwood (Auto-)Biographically", Reingard M. Nischik, ed. *Margaret Atwood: Works and Impact*: 22.

其实在《周末杂志》刊登阿特伍德的漫画之前,她在漫画方面的天赋便已受到《这杂志》关注,杂志方面联系到她,希望双方达成合作。阿特伍德曾在访谈中说,要不是《这杂志》,她自己是"断不会想出这主意的"①。那时候,《生存》已经出版,在全国范围引起各种争议,阿特伍德正和吉布森住在阿里斯顿农庄,她欣然接受了杂志社的邀约,着手"加拿大文化漫画"系列作品的创作。

《加拿大文化漫画》署名是巴特·杰拉德,这是19世纪一位加拿大政治讽刺作家的名字,他也是加拿大第一位漫画家。阿特伍德用笔名创作的用意在于这些漫画作品与她的其他作品不同,"具有另一种功能","好比有了另一顶帽子"。② 而拥有笔名的阿特伍德仿佛拥有了"另一种个性"③,能让她驰骋想象,任意发挥。由于20世纪70年代加拿大民族主义盛行,关于身份的争论甚嚣尘上,而《这杂志》是一份加拿大左翼期刊,专注加拿大政治和文化动态,因此,"加拿大文化漫画"系列的主要话题便是这一时期加拿大的政治和文化事务。有意思的是,该漫画系列的标题曾经出现四种不同的拼写版本——Kanadian Kultchur Komix,Kanadian Kultchur Komics,Kanadian Kuultchr Komix,Canadian Kultchur Komix——而且从未拼对过,这种故意出错

---

① Peter Gzowski, "Closet Cartoonist", 1978. *The CBC Digital Archives Website* . http://archives.cbc.ca/.
② Reingard M. Nischik, *Engendering Genre: The Works of Margaret Atwood*:259.
③ 同上,260.

的滑稽拼写方式"只不过是漫画里比比皆是的愚蠢玩笑中的一个"①，或许暗示了加拿大文化的杂交性，因为越来越多的加拿大人并非出生在加拿大，而"多元文化的杂乱是身为加拿大人最令人振奋的一个方面"。②但更有可能的是，它们反映了阿特伍德对加拿大缺乏文化底蕴的嘲讽，以及对加拿大持续不断寻求身份的希冀。

从1975年到1980年，《加拿大文化漫画》总共出版了二十四期，以《幸存女》为名的漫画占了十七期。《幸存女》名字的由来当然和1972年出版的《生存》有着割不断的联系，阿特伍德的想法是创作出一位超级英雄，"跟真正漫画中的超级英雄没什么两样，只不过那将是一位加拿大的超级英雄，因此她实际上并没有什么权力"。③通过"幸存女"系列，阿特伍德不仅宣扬了漫画艺术，而且将性别议题与当时的政治文化议题结合起来。在《幸存女》漫画中，女性人物与男性人物出现的频率一样高，除了女主人公之外，还有"两栖女人""女女人""女士"和"加拿大梦"等，其中"两栖女人"和"女女人"分别出现了三次。以女性人物作为漫画系列主人公，这在20世纪70年代的加拿大可以说颇不寻常。

1975年8月，"幸存女"在《幸存女和魔法词"哈爱梅魁"》中首次亮相，她身穿一件印有字母"S"的T恤（"S"代表"幸存女"的

---

① Peter Gzowski, "Closet Cartoonist".
② Will Ferguson, *How to Be a Canadian*, Vancouver: Douglas and McIntyre, 2003: 26.
③ Reingard M. Nischik, *Engendering Genre: The Works of Margaret Atwood*: 257.

英文单词 survivalwoman），极具讽刺意味的是，这个装扮与美国超人相似（超人衣服上也有字母"S"）。此外，她和超人一样身披斗篷，只不过她的斗篷是印有枫叶的加拿大国旗。她脚蹬雪地靴（即便在盛夏也是如此）——与超人脚上的黑皮鞋形成鲜明对比——表明自己来自北国。她的外形跟阿特伍德很像，个子娇小，拥有和阿特伍德一样的一头卷发。这一"幸存女"形象自第一期开始就再没变过。

"幸存女"可以说是阿特伍德展现自己的媒介，她以自嘲式的幽默和锋利的言辞，对自己的职业以及当时的政治事务进行诙谐的反思。同时，通过与《生存》的关联，阿特伍德以加拿大人特有的自我贬低手段使"幸存女"成为加拿大民族的缩影。在《幸存女和魔法词"哈爱梅魁"》中，"幸存女"别名"飞行的高洁丝（加拿大有限公司）"，高洁丝是一种女性卫生用品，这一取名方式看似恶作剧，实质强调了漫画超级英雄"幸存女"的生物性别。"幸存女"有着典型的加拿大自卑情结，她自问为何如此脚踏实地，为何自己"不能像其他超级女英雄那样飞翔"，但她紧接着便将部分责任推给雪地靴，认为是这种加拿大特产的靴子束缚了她的行动。漫画中的魔法词"哈爱梅魁"来自加拿大不同族群及地名的首字母（"哈"指哈得孙湾、"爱"指爱斯基摩人、"梅"指梅蒂人、"魁"指魁北克）。然而，"幸存女"刚用魔法召唤出这个词，便立刻如泄了气的气球般委顿不见了，她的第一次出场以失败告终。

相对于南邻美国而言，加拿大缺乏宏大叙事，因此急切地想要确立自己的民族象征，1978 年刊登的《幸存女和加拿大梦》探讨的便是这个话题。在这则漫画中,正在思考宇宙问题的"幸存女"接待了一位神秘访客,后者自称受民族团结特别工作组派遣来跟"幸存女"洽谈事务。作为双语国家的官方代表,这位特派员分别用英语和法语向"幸存女"问好。接着他指出,"幸存(女)"作为民族象征"过于前景暗淡",因此需要一个"更加积极乐观的……多一点亮闪闪的……更性感的……更完整的形象"。他指向一块画板,"幸存女"仰起头,看到了一幅极其性感的女性画像,酷似美国漫画女主人公神奇女侠,身着红白条纹紧身上衣和饰满星星的蓝色紧身短裤,脚穿红皮靴。特派员告诉"幸存女",画像上的"超级女人"名叫"加拿大梦",是加拿大民族的新象征。"幸存女"严肃地质疑为何要由美国偶像人物来代表自己的国家:"可那些星星和条纹是什么意思?"特派员却大言不惭道:"不要做目光狭隘的沙文主义者!我们自由主义者才不去操心那种小细节呢……况且,星星和条纹相当自成一体。"显然,这位加拿大政客已经完全将新殖民主体心理内化了,他任由美国流行文化取代加拿大文化和民族象征,却没有意识到这么做会带来诸多问题。阿特伍德画笔下的特派员几乎是"静态的",自始至终都是一副"没脑子"的蠢相:腋下夹着政治文件,咧着嘴大笑,眼睛半闭,茫然不知自己话中的新帝国主义内涵。

在1977年推出的《幸存女遇见两栖女》中,阿特伍德关注的焦点是英裔加拿大人和法裔加拿大人之间的冲突关系。漫画中的"幸存女"代表英裔加拿大人,"两栖女"则代表魁北克人,正如其名字所示,她是女人和青蛙的混合体:鼓眼,凸嘴,蛙腿,穿紧身裙,乳房高耸,长长的睫毛,梳着新发型,叼着烟斗。阿特伍德之所以采用这样一个形象,或许是想暗示魁北克法裔传统在以英语为主要语言的北美大陆的尴尬处境。在第一格漫画里,"幸存女"(英裔加拿大人)对着"两栖女"(魁北克人)感叹两人已"许久"未见,如今的"两栖女"似乎变了个人,姿态鲜明,显得相当高调。"两栖女"则回应说自己已厌倦了"日复一日的奴役——锁链、橡皮服、联邦税、魁省故事"。在第二格漫画里,若有所思的"幸存女"称赞"两栖女"总是比她"老练世故……",一方面或许是在感慨法国文化的深奥微妙,另一方面是在赞叹"两栖女"具有明确的公共认同感,即对魁北克人身份的认同。"两栖女"解释了自己的打算:(和英裔加拿大人)"分裂"(政治上的),"经济独立"(自己创业)。在第三格漫画里,"两栖女"提到自己有了新情人,"一个了不起的男人",并在第四格漫画中透露了情人的名字:主张魁北克独立的政治家瑞内·莱维斯克。可笑的是,对于"两栖女"的成长经历、自我意识的形成、独立自主的姿态以及与瑞内·莱维斯克(象征魁北克民族主义)的相爱,"幸存女"丝毫不感兴趣,她关注的只是外在的(女性气质)东西:"为什么没人爱我?""幸存女"并没有尝试努力发展自己的个性/身份,而是对外貌担忧不已,最后竟求助于浪漫小说,希望从中找到"真爱"。

《幸存女遇见两栖女》反映了20世纪六七十年代加拿大内部的政治图景。阿特伍德曾在访谈中指出,"美国人之于英裔加拿大人,正如英裔加拿大人之于印第安人和魁北克人……他们(法裔加拿大人)对我们(英裔加拿大人)一无所知,正如我们对他们一无所知。一旦出现问题,说英语的区域不去寻找原因,也不去试着理解,反而报以不解和受伤的态度。"①由于区域因素,历史上的法裔加拿大人具有更强烈的身份感,英裔加拿大人却"无视魁北克早已发展出一种不同的、更古老的、根基更为深厚的文化民族主义"②,无法给予讲法语的少数族裔足够的认可,导致20世纪六七十年代魁北克分裂主义运动爆发。瑞内·莱维斯克于1967年退出自由党,并在一年后成立魁北克党,其政策大多跟主权有关,旨在为魁北克争取政治和文化独立,但同时又保持与加拿大的经济联系(所以"两栖女"说他是"上天派来的……让我具备了偿还能力"),瑞内·莱维斯克的分裂主义政策对许多魁北克人而言犹如天籁之音,捍卫了他们内心的政治诉求。在漫画中,一直在为加拿大政治和文化生存战斗的"幸存女"非常嫉妒"两栖女"坚定而热烈的认同感,正如某些评论者所分析的,"与魁北克民族主义不同,(英裔加拿大人的)民族主义对民族或国家社会缺乏清晰的界定"③。瑞内·莱维斯克的政策并未导致分裂,魁北克问题却一度成为举国关注的中心议题。

阿特伍德的第二波漫画创作作品统称为《巡回书展漫画》,描述她参加签名售书时遇到的窘境:要么是采访者自以为是、粗鲁无礼,要么是采访者没读过她的作品。在所有这些漫画里,她无一例外是那个顶着一头卷发的矮个子女人,脚蹬黑靴,身穿黑

---

① Jim Davidson, "Where Were You When I Really Needed You", Earl Ingersoll, ed. *Margaret Atwood: Conversations*: 88、87.
② Ray Conlogue, *Impossible Nation: The Longing for Homeland in Canada and Quebec*, Stratford, Ontario: Mercury, 1996: 16.
③ Kenneth McRoberts, *Misconceiving Canada: The Struggle for National Unity*, Toronto: Oxford University Press, 1997: 116.

衣,头上是一顶夸张的、附庸风雅的黑色帽子,和女巫的帽子有着令人不安的相似。《巡回书展漫画》始于1993年,即《强盗新娘》出版之后。或许是因为这部小说围绕一位迷人的蛇蝎美人展开,阿特伍德在签名售书时遭遇了各种针对她个人的稀奇古怪的问题。阿特伍德以此经历为蓝本,绘成漫画《强盗新娘——巨大成功》,借此讽刺作家的本职已不再是写作,而是投入大量精力帮助出版商售书。漫画中的作家身边摆满旅行箱,她不断地重复一个词"吼叫",来表明自己的极度疲惫和巨大压力。阿特伍德在一次访谈中说这幅漫画是她送给出版商的圣诞礼物,目的是"让他们深感内疚"①。

接下去一期漫画《电台采访》(1994)仍与《强盗新娘》有关。在这则漫画中,阿特伍德坐在桌旁接受一位男子采访。身材娇小的她坐在一张高背椅上,脚离地面还有一大段距离,对面的男子则高大威猛,然而,阿特伍德却以智慧和学识战胜了体格健壮的采访者,后者似乎对文学一窍不通。对于《强盗新娘》究竟是一部小说还是艺术品,他兴致缺缺,只对作品中所谓的自传感兴趣:"告诉我们,阿特伍德女士——《强盗新娘》里哪一个人物是真正的你?"(下划线为原漫画所有)男子的这句话其实是贬低女性想象力的一种方式,他无视作家阿特伍德对艺术的奉献,仅仅将关注点放在她的女性身份上。漫画里的阿特伍德简洁地回复:"泽尼亚。"采访者脑子里立刻浮现出泽尼亚的妖艳形象,显然,小说中泽尼亚那令人无法抵抗的性感给他留下了深刻印象,

---

① Reingard M. Nischik, *Engendering Genre*: *The Works of Margaret Atwood*:261.

而阿特伍德（形象与他想象中的泽尼亚相差十万八千里）的答复令他目瞪口呆。受访者阿特伍德只用寥寥数语便使采访者哑口无言。《强盗新娘》的读者都清楚，泽尼亚是一个神秘人物，所有关于她的故事都是经由别人之口讲述的，她几乎没有为自己辩护的机会。由此可见，漫画中的阿特伍德和泽尼亚的确有着相似之处：阿特伍德本人对公众形象几乎没有控制权；多数时候她只能听凭那些对文学无知的人的摆布，他们往往把过分简化的观点投射到她身上。

2001年，阿特伍德推出漫画《盲刺客》，顾名思义，它与刚刚出版的同名小说有关。第一格漫画显示，女主人公一如往常，拖着沉重的行李踏上了签名售书之旅。与以往的漫画一样，她再次嘲讽了采访者的无知，但更主要的是在讽刺评论者。在北美地区，有些评论者——尤其是来自保守的《国家邮报》的评论者——似乎总在找阿特伍德的碴儿。在这期漫画中，阿特伍德将评论者和出版商描绘成幼稚十足的人物，与自信坚忍的女主人公形成鲜明对比。

女主人公的签名售书本来进展顺利，但一位批评家在《纽约时报》上刊载了不恰当的评论，声称该书让他"嗤之以鼻"，这令出版商异常惊慌。此时，女主人公却展示出了坦然淡定的个性，她心下暗讽，以前曾有人给《使女的尾巴》（即《使女的故事》）①写了篇糟糕的评论，"然后那人便死了。"阿特伍德在这里暗指玛丽·麦卡锡的评论，后者将《使女的故事》称作《使女的尾巴》。

---

① 在英语中，"尾巴"（tail）和"故事"（tale）发音相同。

"尾巴"一词是俚语,与性有关,意为"交媾、女人的阴部、作为性交对象的女人",此处含沙射影,指涉《使女的故事》主题之一是让女人生孩子。来自《国家邮报》的男评论员们一个个就像幸灾乐祸的蠢小子,对诋毁这位加拿大重要作家的评论开心地傻笑:"在加拿大当世界名人有意思极了。"最后几格漫画突出了作家的性别。在小说《盲刺客》获得布克奖之后,两位爱说三道四的男子将奖项名字诬蔑为"卖淫奖"①,致使流言蜚语四起。而采访者照例对小说一无所知或根本不感兴趣,有人甚至将书名误说成是《金发女人宣言》②。快快不乐的女主人公回到书桌旁,又开始了创作,她在作品开头写道"管我叫以实玛利吧",这是赫尔曼·麦尔维尔的小说《白鲸》的开场白,女主人公似乎是希望自己能进入美国经典男作家的行列,获得人们的尊重。漫画中有一个细节,女主人公是在用左手创作。小说《盲刺客》中艾丽丝用"左手写成的书"是对当时男权文化的反抗,漫画《盲刺客》里的女主人公用"左手画成的漫画"表明了一种觉醒的意识:无论外界评价如何,女主人公都要创作出有别于男性传统的作品。

当时间的车轮隆隆驶入 21 世纪的第二个十年,阿特伍德似乎开始怀旧,她要向孩提时代深爱的那些漫画致敬。2016 年,阿特伍德与绘图师约翰尼·克里斯马斯和上色师塔姆拉·邦维兰合作出版长篇漫画小说《猫鸟天使》第一卷,读者得以一睹她在视觉艺术方面的才华。此后,阿特伍德又连续出版了《猫鸟天

---

① 布克奖的英文是 the Booker Prize,两位男子却称之为"the hooker prize"。
② 《盲刺客》的英文书名是 *The Blind Assassin*,而采访者将它说成是 *The Blond Assertion*。

使》第二和第三卷,从而形成"猫鸟天使"系列。

《猫鸟天使》讲述的是基因工程师斯特里格·菲力德斯德的故事,他正在从事基因剪接血清工程,这一项目据称能革新医药工业,挽救无数生命。然而他有所不知,自己的上司正打算利用该计划实现人类变老鼠的邪恶阴谋。故事开始时,斯特里格遭遇车祸变成混合了家猫与猫头鹰基因的杂交人,一个神秘的地下世界由此展现在他眼前,他将与某个古老团体合作,对抗疯狂的老鼠人。《猫鸟天使》采用的是超级英雄主题,又夹杂了超现实主义影像,风格类似于美国 DC 漫画公司早期的塑胶侠,其中充斥着不少人费解的双关语,使整部漫画小说系列充满了黑色幽默和闹剧元素。虽然如此,《猫鸟天使》却有着警示现实的意义。阿特伍德在创作漫画期间与加拿大自然组织的"猫与鸟"项目展开合作,该项目旨在提高人们的思想意识,认识到现代社会中家猫和鸟类等小动物所面临的危险。因此,阿特伍德在《猫鸟天使》的一些页面底端采取黑白色仿真陈述,让读者从故事中短暂抽离,正视现实生活中动物受伤害的事实,比如家猫在外出时会被汽车撞伤,被其他动物所伤,同时也会吃掉许多鸟儿。阿特伍德希望人们能够照顾好家猫,不让它们自由外出伤及鸟类,因为鸟类的生存已经遭受严重威胁,这其中有着多种原因,除了鸟类栖息地减少和农药毒害之外,"一个重要的因素是猫"。阿特伍德创作出一个结合了猫与鸟特征的角色——"他并不是人格分裂,有好的一面和坏的一面,而是说,他有猫的一面,也有鸟的一面,两者之间没有什么好坏之分"——主要目的是想保护人类的生态系统。

尽管阿特伍德从未受过正规的绘画培训，只能算是个自学成才的漫画家，尽管她的视觉艺术无法与该领域的大师们媲美，但她显然懂得这一行的窍门，甚至可以说颇有天赋。她遵从漫画创作的规矩，对于说明文字、言语和思维气泡框、以言语表现声效、特殊的简化语等应用自如。她也维持了图像与词语之间的互动，避开作家在漫画创作时易犯的毛病，即语言优先于图像的毛病。然而，阿特伍德终归只是个"业余的漫画家"，她对自己的创作水平颇有自知之明："我不大愿意称之为'天赋'，因为我知道自己不够出色；更确切地说，我不得不经常使用橡皮擦，就是为了让脑袋看起来一样大小，而且我不大会画侧飞的猫头鹰。"①除了"猫鸟天使"系列之外，她漫画中的所有细节都是手绘而成（包括面板线）的，与商业漫画的标准设计形成对比，这也使得有些漫画里出现部分瑕疵，比如"幸存女"双脚的摆放画得并不专业，言语气泡框的秩序并不总是合乎逻辑……

不管阿特伍德的漫画艺术有没有达到专业水准，她的作品在叙事材料和主题影响方面独具匠心。鉴于美国采用超人作为其主要的漫画人物代表，她推出"幸存女"这个令人难忘的漫画形象，体现了典型的加拿大自贬式讽刺和幽默。她早期的漫画主人公均为女性，这在"女性作为漫画人物比起男性所占比例要小"②的年代具有颠覆性意义。到了《巡回书展漫画》时，性别政

---

① Joyce Carol Oates, "Dancing on the Edge of the Precipice", Earl Ingersoll, ed. *Margaret Atwood: Conversations*: 80.
② See Judith O'Sullivan, *The Great American Comic Strip: One Hundred Years of Cartoon Art*, Boston: Little, Brown, 1990: 123.

治依然是一个重要议题,阿特伍德以自传体的方式传达自己对性别问题的关注。在近期的"猫鸟天使"系列中,阿特伍德表现出对小动物的关怀和爱护,借用基因技术可能对人类产生的影响表达她对人类未来的担忧。虽然阿特伍德的漫画创作长期以来不为读者所重视,但不可否认的是,它们蕴含了阿特伍德式的独特魅力和哲理内涵,展现了一位具有先锋意识的作家的责任和担当。这些漫画令人发笑,但笑着笑着便会让人流泪。

二、科技发明

21世纪初,在经历了一次次疲惫不堪的签名售书之旅后,阿特伍德心力交瘁,她已年过花甲,如此高强度的巡回书展让她有些吃不消。她明白身为作家,尤其是名作家,她不得不考虑出版商和读者的需求,然而,自己的健康也是不容忽视的因素。2004年初,阿特伍德又一次踏上环美售书活动,为《羚羊与秧鸡》进行宣传,她必须"每天凌晨四点起床赶飞机,一天跑两个城市,深夜回到旅馆,趴在地上,累得不想打电话叫客房送餐服务,只能吃点小吧柜里的品客薯片,这时我想,'必须找到更好的办法'"。[①]阿特伍德联想到包裹快递公司使用的签字设备,便打算发明一种远程"长笔"装置,取代现场签字:"我想象着文字能在空中飞

---

① Lloyd Alter, "Margaret Atwood's LongPen: Carbon Free Book Tours", 14 December 2006. Retrieved 10 December 2018. https://www.treehugger.com/sustainable-product-design/margaret-atwoods-longpen-carbon-free-book-tours.html.

翔,突然出现在某个别的地方。"①她和继子马修·吉布森合作,成立了 Unotchit Inc②,雇用了一批技术人员在自家地下室进行研发,致力于将梦想变为现实。

刚开始时,研发人员并未料到工作进展会如此复杂艰难。给书签名看起来简单轻松,实则涉及一系列复杂的动作,需要调动百分之四十的大脑容量才能完成。要复制这些动作,须得精确控制关节角度以及指尖压力。吉布森在接受《工程设计杂志》采访时说道:"人类有些功能是经过自然界长期进化之后得以完善的,我们在复制这些功能时低估了技术困难。"③由于不知道该如何进展下去,研发工作一度陷于停顿。

2006 年,Quanser 公司一位员工偶然间读到了一篇介绍尚处于理论阶段的"长笔"的文章。Quanser 的技术专家们拥有机电一体化创新实验方面的丰富经验,他们一看到报刊上的照片,便知道该机械装置按原来的办法是行不通的,并知道该如何解决问题。Quanser 方联系到马修·吉布森,向他介绍了该公司在为学术界、政府和企业设计研发专业的实时控制系统方面的领军地位。简而言之,Quanser 团队拥有 Unotchit Inc 所需的专业技能。马修·吉布森意识到这是他一直在等待的突破。

远程签字装置"长笔"历经好几次版本修改,终于在大家的共同努力下研制成功。拥有"长笔"之后,作家在世界上任何地

---

① Rebecca Mead,"Margaret Atwood, the Prophet of Dystopia", 17 April 2017, Retrieved 26 January 2019. https://www.newyorker.com/magazine/2017/04/17/margaret-atwood-the-prophet-of-dystopia.
② Unotchit Inc 为公司名,读音是"you no touch it",指"不用触摸"的意思。
③ 转引自 https://www.quanser.com/case_study/unotchit/.

方——只要有平板电脑和互联网——都可签名售书,因而得以从旅途劳顿中解脱出来。"长笔"的操作程序如下:作家用一支特殊的笔在手写板上写下信息,签上姓名。在另一个城市的接收端,一只配备普通笔的机械手臂在书本上签名。在整个过程中,作家和书迷可以通过网络摄像机和电脑屏幕进行交谈。书迷在得到签名之后,支付一小笔费用,这笔费用将捐赠给慈善机构,书迷还能获得一份复制的视频。

在2006年9月的伦敦书展,"长笔"首次亮相,阿特伍德实现了自己的梦想,当场为大西洋彼岸的多伦多书迷举行签名售书活动。书展现场气氛热烈,中间却出了点岔子:技术人员连接了网络摄像机,但远程签名设备无法工作,后经检修发现,是房间内人太多导致的。阿特伍德在《"长笔"之歌》一文中记录了这起事件:"原因非常简单——由于拥挤在四周的人体热量升高,计算机系统暂停了运作。"①

参加伦敦书展的书迷们对"长笔"褒贬不一。有人更倾向于作家和读者之间的面对面交流,而另一些人则觉得这种装置很有意思,虽然没办法和作家握手,可还是有机会通过网络进行交谈,而且能拥有值得珍藏的视频,这是一般的签名售书活动做不到的。

评论界对"长笔"的反馈也是毁誉参半。网络科技杂志《银河日报》推测,"长笔"将有效"保护作家免受疯狂书迷和挥舞着

---

① Margaret Atwood, "The Ballad of LongPen ™", *Guardian* 30 September 2006.

手稿的名人崇拜者骚扰"。①《电脑经销商新闻》在一则报道中指出,"长笔"使得生病的孩子们"不用离开医院就能和他们最喜爱的名人互动"。② 阿特伍德科幻小说(即悬测小说)的关注者则将"长笔"装置视为作家的文本延伸。比尔·克里斯坦森在一家科幻小说网站上指出,阿特伍德创造"长笔"是因为"她不满足于仅仅写科幻小说"③,并认为这项发明的灵感来自雨果·根斯巴克的科幻小说《拉尔夫 124C·41+》(1911);《观察家报》的副主编罗伯特·麦克鲁姆声称"长笔""或许是她最有创意的文学创作"。④ 菲比安·沃尔夫雷姆在关于"长笔"的论文中写道:"它是一系列书面和非书面文本中的一种,探讨自我延伸……方面的主题。"⑤

对"长笔"的批评大多集中在一个方面:有人认为阿特伍德讨厌身体接触,想终结售书旅行,便利用金属制造的机械手臂来替代真实的人体。阿特伍德在自己的网站上公开回应道:"'长笔'为直接的、个人的接触提供了便利,而且不用考虑经费、时

---

① Christos Tsirbas, "The LongPen: From World-Famous Novelist to High-Tech Entrepreneur", *Daily Galaxy* 3 December 2007.

② 转引自 Lorraine York, *Margaret Atwood and the Labour of Literary Celebrity*, Toronto: University of Toronto Press, 2013: 155.

③ Bill Christensen, "LongPen by Unotchit: Margaret Atwood's Telautograph for Book Signing." Retrieved 10 December 2018. http://technovelgy.com/ct/Science-Fiction-News.asp? NewsNum=556.

④ Robert McCrumm, "Go Three Days Without Water and You Don't Have Any Human Rights: An Interview with Margaret Atwood", *The Observer* 28 November 2010.

⑤ PhebeAnn Wolframe, "Invented Intervention: Atwood's Apparatuses of Self-Extension and Celebrity Control", *Margaret Atwood Studies* 2.1 (2008): 15.

间、安全问题以及和旅行相关的碳足迹。"①她还在访谈中强调,身为作家,"你不可能同时出现在十个地方,而且,由于亚马逊之类的玩意儿,英语国家,还有德国,都想同时出版书籍……然后他们都希望你到场,而你做不到。"②此外,对于有些地区的人而言,"根本不是名人到场和远程签名之间的选择,而是远程签名和没有签名之间的选择"。③ 有了"长笔"之后,那些生活在非大城市地区的人也可以享受福利,和作家进行实时交流了。

阿特伍德通过漫画《长笔》(2006)抒发了自己的感受。在前两格漫画中,一位刚刚入行的作家对巡回书展充满了好奇("好极了!我签在哪里?什么是巡回书展?")。多年以后,作家已不再年轻,为了赶赴签名售书活动,不得不深夜赶往机场,她在疲惫不堪中发牢骚:"我在哪里?现在是几点?我为什么要做这个?我受不了了。"接下去的漫画显示了"长笔"诞生的过程:作家如何想到这个念头、她如何与媒体和技术人员打交道、"长笔"发明过程中遇到的挫折(有一次机械设备冒起烟,差点烧着)以及别人的冷言冷语……"长笔"研发终于大功告成,作家不再需要为巡回书展奔波劳累,她可以待在家里为世界各地无数书迷签售书籍,作家和读者之间的联系与交流却并未中断。在最后一格漫画里,作家看起来精神抖擞,兴高采烈,甚至有一些得意扬扬:"就把它当作一支很长的笔,你在一头,你写的字在另一

---

① "Syngrafii". Longpen. com.
② "A Sure Sign of Things to Come", Retrieved 10 December 2018. www. living. scotsman. com/books. cfm? id=365352006.
③ "Syngrafii". Longpen. com.

头。""长笔"的发明展现了阿特伍德的聪明才智,她摆脱了出版商的制约,为自己赢得了一份自由。

由于"长笔"模仿了签署者的实时动作,其签名是独一无二的,它的其他几项潜在功能也逐渐显示出来:能够提高信用卡的安全性能、允许人们在另一个省份签署合同……签署者和接收者之间的视频交流可以刻录在 DVD 上,在使用法律文书时作为证据。不得不说,它拥有巨大的市场潜力。"长笔"诞生之后,阿特伍德将技术成果和市场营销一并交给马修·吉布森管理。2011 年,Unotchit Inc 的市场重心转向商务和法律事务领域,并更名为 Syngrafii,阿特伍德是公司的董事会主席兼首席执行官,也是"长笔"技术相关专利的持有人。天马行空的想象力加上实干精神,使得阿特伍德一举跨入了高科技企业家的行列。

三、网络多面手

2011 年 2 月 11 日,媒体走势网站媒体小酒馆发布了一则消息:"玛格丽特·阿特伍德的推特获得 Klout 影响力打分。"[①] Klout 是一家依据推特使用者在推特空间的影响力进行打分的网站。由于阿特伍德的分数相当可观,Klout 将她归类为"趣味制造者",并在简介中解释道:"你知道自己喜欢什么,你喜欢的东西读者也喜欢。你了解新的动向,可你不只是人云亦云。你

---

① Dianna Dilworth, "Margaret Atwood's Got 'Klout' on Twitter", *Mediabistro* 11 February 2011.

有自己的观点,并赢得了网络用户的尊重。"①彼时,阿特伍德的推特追随者约有二十多万。

阿特伍德于 2009 年左右开始使用推特,当时她正请人为《洪水之年》建立网站:"网站制作人跟我说,'你得有个推特提要',我天真地问,'那是什么?'……还没来得及说'笑死宝宝了',我就像爱丽丝掉入兔子洞,被卷进了推特空间。"②结果表明,这位大作家学得很快。刚开始时,网民们对阿特伍德出现在推特上极为惊讶。在他们看来,社交媒体是年轻人和技术控的玩意儿。使用推特不久后,阿特伍德在《星期日泰晤士报》上撰文道:"到了头发花白的年纪,突然人人都觉得我非常可爱……大家似乎认为我能操控电脑是件了不起的事。人们说道,'哦,多讨人喜欢呀!连她老人家都开始用推特了,难道不可爱吗?'"③阿特伍德掉入"推特洞"或许纯属偶然,但不可否认的是,独有的网红特质使她成为"具有推特谈资的女人"④。截至目前,她已拥有一百五十万推特追随者,《环球邮报》曾称之为加拿大的"国民推特手"⑤。

阿特伍德热衷于使用推特,她一周几次雷打不动地出现在

---

① "Clout Influence Summary: Margaret Atwood", *Klout*. Web. 14 February 2011.
② "Margaret Atwood Interviewed at TOC 2011", *YouTube* 14 February 2011.
③ Margaret Atwood, "Fiction's High Priestess Makes Some Sacrifices to the Green Gods", *Sunday Times* 6 September 2009.
④ J. Kelly Nestruck, "In Big Oil's Shadow, Love and Light", *Globe and Mail* 12 February 2011.
⑤ 同上。

推特上,或是开开玩笑,或是发布自己的最新消息,但她并不狂热,而是将使用时间控制在每天十分钟左右。她在推特中和读者分享自己正在阅读的书籍、新近的发现和去过的地方,使读者颇受教益。由于推特受一百四十个字母限制,阿特伍德并未像其他作家一样利用这个平台发布诗歌。不过,她倒是创作过一则迷你故事:"红足印,白足印。雪地里一把斧子。但空无一人。是有大鸟出没?他挠挠头,做起笔记。"①故事虽短,读来却颇有些神秘小说的意境。

  2011年夏天发生的一件事使阿特伍德的推特广为大家所知。7月21日,阿特伍德带领追随者们在推特上抵制多伦多市政厅做出的图书馆体系削减开支提案:"多伦多图书馆面临私有化的威胁。告诉市政厅公开一切。"②消息发布后,多伦多图书馆工会的服务器一度瘫痪,人们纷纷签名声援,事件持续发酵,引起加拿大公众的密切关注。

  阿特伍德的网络行动使她站在了多伦多保守派市长罗伯·福特及其兄弟、多伦多市政厅厅长道格·福特的对立面。道格·福特在辩护报告中声称,多伦多有太多图书馆分馆,光自己辖下的怡陶碧谷区内,图书馆的数量就超过了提姆·霍顿③甜甜圈店。事实上,道格·福特的统计有误:他辖区共有三十九家

---

① Shannon Evans, "Storytelling In 140 Characters", *Litro* 16 June 2012. Retrieved 9 February 2017. http://www.litro.co.uk/2012/06/tales-on-tweet/.
② 转引自 Lorraine York, *Margaret Atwood and the Labour of Literary Celebrity*, 1.
③ 提姆·霍顿(Tim Horton)是加拿大本土的咖啡连锁店,深受加拿大人喜爱,被称为"国店"。

提姆·霍顿店,公共图书馆仅十三家。多伦多图书馆工会主席莫林·奥赖利嘲弄道:"对某些人来说,她(指阿特伍德)或许不如提姆·霍顿那样受崇拜,可她是个大文豪,她的支持令人惊喜。"①阿特伍德则以她特有的方式回应了福特的辩护:"福特双胞胎市长似乎认为那些(像我一样)吃提姆屑的人不读书,不会算账,而且很蠢,是吗?"②

这场争论至此似乎才只是开了个头。面对阿特伍德的网络呼吁所造成的巨大声势,道格·福特做出了特别鲁莽的公开评论:"好吧,祝玛格丽特·阿特伍德好运。我甚至都不认识她。假如她从我身边走过,我恐怕都不知道她是谁。不在其位不谋其政。告诉她参加下一轮竞选,并通过民选,我们会非常乐意坐下来听听玛格丽特·阿特伍德的高见。"③如此不明智的言论自然吸引了多家媒体的关注,蒙特利尔、纽约以及英国的报纸杂志和电台争相报道了这起事件。大型连锁书店 Chapters-Indigo 通过推特向阿特伍德发出声援,宣称市民只要出示图书证便可享受店内书籍百分之三十的折扣。著名电影制作人诺尔曼·朱伊森在加拿大广播公司的电台采访中对道格·福特提出质疑:"他住在哪儿?——洞里吗?"朱伊森接着说道:"我感觉那样一则声

---

① David Rider, "Margaret Atwood Fights Library Cuts, Crashes Petition Server", *Toronto Star* 22 July 2011.
② "Margaret Atwood Tweets to Save Toronto Libraries", 26 July 2011. Retrieved 28 July 2011. www.ctv.ca.
③ Katie Daubs, "World Is Watching the Fords", *Toronto Star* 29 July 2011.

明使所有加拿大艺术家都遭到了背叛。"①甚至连一向支持福特的政策的《多伦多太阳报》都承认,"或许最好不要和文学巨匠玛格丽特·阿特伍德打口水仗"。② 约翰·巴伯在《环球邮报》上写道:"她用一条推特撼动了市政厅。"③面对一边倒的评论,道格·福特不得不收回原先的声明。阿特伍德在接受《渥太华市民报》采访时指出,福特将艺术家或艺术消费者和普通百姓区分开来的做法极为有害:"所有这些关于知识分子和精英的说法都是胡扯蛋。(图书馆用户)并非有着超高收入的群体。他一开始就试图在喝提姆·霍顿咖啡的人群和使用图书馆的人群之间挑起不和。"④无怪乎阿特伍德的推特能有如此庞大的追随者群体,这都跟她敢于挑战权威,坚持自己的观点有关。

阿特伍德在社交媒体和互动技术领域并非新手,她对新媒体并不陌生。21 世纪初,她的代理办公室建起 O. W. Toad⑤ 网站,后更名为 margaretatwood.ca。作为面向全球公众的一扇门

---

① David Rider, "Margaret Atwood Fights Library Cuts, Crashes Petition Server", *Toronto Star* 22 July 2011.

② Don Peat, "Atwood Fires Back at Doug Ford", *Toronto Sun* 2 August 2011.

③ John Barber, "Should Writers Run for Office, Or Is the Pen Still Mightier?", *Globe and Mail* 5 August 2011.

④ Linda Nguyen, "Author Atwood Leads the Charge to Save Toronto", *The Ottawa Citizen* 7 August 2011.

⑤ O. W. Toad 是回文构词,由阿特伍德的姓变换字母顺序构成。阿特伍德于 1976 年在自家地下室成立办公室,处理日常事务,还煞有其事地挂了个牌子,上书"O. W. Toad 有限公司"。"toad"一词在英文里是"癞蛤蟆,讨厌的家伙"的意思,这里显示出阿特伍德最擅长的"自黑"手法。有意思的是,公司成立后,常有邮递员上门询问:"请问这里是 Toad 先生的家吗?"

户,网站是对外传播阿特伍德声音的重要渠道,同时也是她进行促销活动的媒介。每张网页右边都有一个竖状条带,列出即将举办的朗诵会以及其他公开活动的时间地点等信息。与众多其他网站一样,margaretatwood.ca中有一栏是"喜爱的链接",涉及领域广泛,包括"环境""文学"和"商务",阿特伍德在介绍文字中指出,这些都是她"参与或支持的机构"。通过点击以上所列栏目,用户可以了解阿特伍德在这些领域的成就。

《洪水之年》出版之后,阿特伍德又建立了一个新网站:yearoftheflood.com。阿特伍德解释说,她之所以聘请斯科特·索恩利广告公司设立该网站,主要原因是出版商无法满足她的一些想法:"他们有他们的网站,我想在自己的网站上做一些跟出版无关的事,比如增强公众关于珍稀鸟类易受伤害的意识……以及提高优质咖啡消费(……阿拉比卡咖啡不会杀死鸟类)。"①《洪水之年》的出版恰好给了阿特伍德一个契机,将出版物宣传和环境行动主义结合起来。

网站建成后,阿特伍德的网络实践变得更加复杂。比起margaretatwood.ca,《洪水之年》网站更为关注商品,而非作品。网站销售主题T恤、大手提袋、"上帝园丁"赞美诗音乐下载、铃声等,所有盈利全部捐赠给加拿大、英国和美国的特别事业("环境助手"下的标签栏对这些特别事业做了介绍)。而且,所售商品均为环保材料制作,比如T恤和手提袋是由有机纤维制成。阿特伍德希望通过这一举措提醒访问者,网站商品所募集的资

---

① Margaret Atwood,"I Love It When Old Ladies Blog",*Toronto Star* 17 April 2010.

金是要让非营利的环保组织受益。

阿特伍德的网络销售行为先招致了一些非议,但很快便平息了。2009年9月,约翰·巴伯于十天之内在《环球邮报》上发表了两篇文章,采用了两种截然不同的观点。9月2日的文章针对阿特伍德使用社交媒体推销作品的模式提出了批评和质疑:"谁是那位勇敢的宣传人员,暗示说生活简朴的玛格丽特·阿特伍德不仅像往常一样为其新作《洪水之年》签名售书,还建成了一家互动网站,用推特介绍,用博客推荐,用T恤销售,并且在YouTube上搞起了一场竞赛?事实上,就是作家本人。"[1]言语中对这位文学偶像多有讽刺。十天之后,巴伯对阿特伍德进行了深入采访,这一次,在前一篇文章里被炮轰为销售工具的网站成了令人钦佩的活动媒介:"与此同时,作为活动家的作者正像她笔下那些冒傻气的/神圣的'园丁'一样,以一种直率的精神忙着传播希望。"[2]巴伯只字不提T恤和铃声的事,反而对阿特伍德非常规的销售模式赞誉有加。

《洪水之年》网站整合了多个社交媒体平台,网站主页突出位置是脸书标识,访问者点击之后便可进入阿特伍德的脸书,但该网址主要由阿特伍德的出版商进行维护,用来公布最新的售书旅行、书籍评论以及与作者相关的新闻。尽管脸书网站在很大程度上属于出版商,访问者们还是乐此不疲地在下面留言,或

---

[1] John Barber, "She Blogs, She Flogs, She Tweets", *Globe and Mail* 2 September 2009: R1.

[2] John Barber, "Atwood: 'Have I Ever Eaten Maggots? Perhaps...'", *Globe and Mail* 11 September 2009: R1.

是发表一些表示赞赏的评论,或是希望联系到作者、寻求帮助。另一个与阿特伍德有着更直接关联的网址是她的博客(marg09.wordpress.com),阿特伍德有时会在此答复读者的评论,并记录了《洪水之年》出版后的几次公开露面,还定期上传音频和视频资料。

除了工作网站、推特和博客之外,阿特伍德还对 Wattpad 社交平台很感兴趣。Wattpad 是多伦多一家创业公司于 2006 年创办的自助出版网站,类似于"写作界的 YouTube",是"发现和分享故事的最好场所",也是"通过讲故事的方式将读者和作家联系起来的新型娱乐模式"。① 作者可以从移动设备上即时上传和编辑自己的小说和诗歌,读者也能随时阅读网站上其他人的作品,并直接加以评论。阿特伍德于 2012 年 6 月成为该网站成员,分享了自己的两部作品:组诗《为弗兰肯斯坦博士所做的演讲》和诗集《恐怖套间》。

从 2012 年 10 月开始,阿特伍德与英国作家内奥米·阿尔德曼②合作,以每周更新一章的频率在 Wattpad 上发布连载小说《快乐僵尸日出之家》,到 2013 年 1 月初连载完毕,总共十三章。故事开始时,一场僵尸屠杀刚刚发生,很多亡灵在城里游荡,寻找活人吞食。家住纽约的奥吉是个十几岁的姑娘,有一天回家时发现妈妈苏梅特拉是僵尸,刚刚吃了爸爸,便打电话向多伦多的祖母克利欧求救。克利欧虽然不喜欢苏梅特拉,但还是

---

① 见 wattpad 网站首页:http://www.wattpad.com。
② 英国作家内奥米·阿尔德曼(Naomi Alderman)曾于 2006 年获得橘子新作家奖,并于 2007 年被评为《星期日泰晤士报》年度青年作家。

不顾危险，安排了一辆厢式货车，偷偷穿越美加边境，将奥吉和苏梅特拉接到多伦多，并打算把苏梅特拉送往大西洋对岸的"快乐僵尸日出之家"。然而，当奥吉和苏梅特拉历尽千辛万苦到达多伦多时，飞往英国的航班关闭了。此时，克利欧又有了个惊人的发现，导致僵尸末日世界来临的真正原因是她亡夫所发明的化学药品，一种用来缓减衰老负面影响的血清……小说视角在奥吉和克利欧之间来回转换，悬念丛生。阿特伍德和阿尔德曼每周轮流写一个章节，确保在自己连载的部分结束时给对方留下一团乱麻。在整个写作过程中，阿特伍德"时时保持警觉，但非常快乐"。阿尔德曼则从一开始的"发怵"到后来相当享受这一过程："一旦我设法克服这种情绪……那些有趣的挑战便让人极其开心。"①

在免费的分享故事网站与并非同一级别的年轻作家合作僵尸主题小说，阿特伍德的做法让不少人觉得难以接受。阿特伍德却有着不同的见解，她认为拥有百万用户的 Wattpad 为有志于文学创作的人士打开了一扇门，相当于一台创作孵化器，一方面创作者能在此建立与读者之间的联系，接受反馈，再对作品加以完善，另一方面他们或许能通过这个平台找到出版商，这对作者、读者和出版商而言都是利好。为此，阿特伍德在 Wattpad 上

---

① Calvin Reid, "Atwood, Alderman Team Up to Publish Zombie Serial on Wattpad", *Publishers Weekly* 24 October 2012. Retrieved 6 February 2017. https://www. publishersweekly. com/pw/by-topic/digital-content-and-e-books/article/54488-atwood-alderman-team-up-to-publish-zombie-serial-on-wattpad. html? utm _ source = Publishers＋Weekly％27s＋PW＋Daily&utm_ campaign = 92d295ad4a-UA-15906914-1&utm_medium=email.

多次举办小说和诗歌竞赛,建立起粉丝共同体,鼓励有理想的文学青年投身创作。

　　古稀之年的阿特伍德有着一颗年轻的心,她总在尝试不同的东西,利用推特、博客和各种网络平台弥合传统出版与数字空间之间的罅隙,她的故事也在此过程中成为连接现实和想象世界的桥梁。

四、影 视 合 作

　　阿特伍德与影视界的合作可以说颇有渊源,她的作品素来深受欢迎,其中不少被改编成广播剧、舞台剧以及影视剧。然而,影视创作与撰写小说是两个不同的概念,小说是作家个体将头脑中的想象转变成文字,影视创作则牵涉多方合作,具有很多不可预测性。阿特伍德在为第一部小说《可以吃的女人》编写剧本时便对作家和制片人之间的紧张关系多有感触:"在制作一部电影时,你在很大程度上不得不听凭命运摆布……你得明白制作电影是社会活动。假如你和那些人相处不好,那就够你喝一壶的。假如你和他们相处融洽,场面便会一片乱糟糟。"①《可以吃的女人》曾在制片人手里几经转手,阿特伍德在 1970 至 1971 年间分别与乔治·卡赞德和托尼·理查德森合作,两次改写脚本,甚至与导演敲定将电影拍摄地定在多伦多,但因种种问题最终不了了之。同样的命运发生在《预言夫人》的改编上。制片人

---

① 转引自 John Lorinc, "If You Like to Be in Control, You'd Better Stick to Novels", *The Globe and Mail* 23 March 2000.

玛戈特·基德非常喜欢这本书,抢先购买了小说的电影拍摄权。阿特伍德前后好几次为《预言夫人》写电影脚本,一遍又一遍地修改,投入了大量时间和精力,但基德从来没有满意过,"最后由于剧本原因——以及基德既想写剧本又想当制片人和导演,还想扮演主角的野心——导致计划搁浅。"①《人类以前的生活》《肉体伤害》和《猫眼》等小说的影视创作也都无果而终。

阿特伍德的作品改编成影片最早可追溯到20世纪70年代初。1972年,16毫米黑白电影《苏珊娜·穆迪日志》根据同名诗集摄制而成,时长十五分钟,阿特伍德和玛丽·韦斯伯格合写了剧本。第二部影片基于诗歌《一个拓荒者的渐趋疯狂》,由保罗·奎格利拍摄,时长六分钟。接下去,阿特伍德为加拿大广播公司撰写了两部电视脚本:《女仆》(1974)和《雪鸟》(1981),其中《女仆》是小说《别名格雷斯》的雏形。

20世纪80年代初,阿特伍德的小说第一次走向大银幕。广受好评的魁北克制片人克劳德·朱特拉接手《浮现》的电影制作,然而,由于前一班制作人马留下了一个烂摊子,待朱特拉介入时,一切都已太迟,"既没法修改剧本,也没法重选演员——也就是说,已没有任何余地做点有分量的改进了"。② 更糟的是,朱特拉当时已处在阿尔茨海默病的早期阶段。可想而知,这部电影根本达不到阿特伍德小说的艺术水准。

1987年,阿特伍德与彼得·皮尔逊合作,为加拿大广播公司撰写《人间天堂》的剧本,这是一部关于"巴纳多儿童"的六幕纪

---

① Nathalie Cooke, *Margaret Atwood: A Biography*: 301.
② 同上。

录片,阿特伍德负责最终剧本,纪录片播出后大获好评。2003年,加拿大广播公司将阿特伍德的六个短篇小说(分别来自三部小说集)——《两极》《贝蒂》《来自火星的男子》《死于风景之畔》《黑暗中的伊希斯》和《日出》——改编成六集系列剧《阿特伍德故事》,也获得不少正面评价。

此外,阿特伍德还成功涉足歌剧领域。2004年,她为加拿大歌剧公司撰写《伊南娜之旅》①的脚本;《可以吃的女人》由戴夫·卡利改编成歌剧,在温哥华剧院和多伦多的加拿大剧场上演;短篇小说集《好骨头》于1996年在德国法兰克福首演;2007年6月,英国皇家莎士比亚公司和加拿大国家艺术中心合作,在埃文河畔斯特拉特福首次公演《珀涅罗珀记》改编的戏剧,这是阿特伍德作为戏剧家的职业生涯首秀;2000年3月,由《使女的故事》改编而成的歌剧在丹麦首演;2009年10月,阿特伍德举办了与众不同的"《洪水之年》售书旅行",并为此构思了小说的戏剧版本,售书旅行所到之处的市民有幸观看了长达一小时的演出,由阿特伍德担任解说员,本地演员表演一些小说片段,本地合唱团演唱十四首赞美诗,"《洪水之年》售书旅行"场面火爆,这从一个侧面显示出阿特伍德多变的创造力。

在所有阿特伍德的影视合作中,最著名的当属《使女的故事》。这部出版于20世纪80年代的书籍自问世以来从未从公众视野消失,被多次改编成电影、歌剧、广播剧、芭蕾舞和舞台剧。1986年,阿特伍德在美国为小说进行促销时,制片人丹尼

---

① 伊南娜是古代苏美尔神话里面的"圣女"。

尔·威尔逊与她商谈了电影版权事宜,并建议由哈罗德·品特为影片撰写剧本。阿特伍德认为让品特把关剧本是理想的选择:"品特特别擅长撰写场景与对白相矛盾的剧本,人物所说的与舞台上发生的不一致。这是这部电影非常需要的。他的剧本中有许多沉默,我认为这也是这部电影所必需的。小说中有着那么多的静默。"①在接受杰夫·汉考克采访时,阿特伍德再次对品特表示了信心:"假如要有人来做这件事的话,他是合适的人选。他的一大特点是场景,人物说得不多,却能传达思想。"②

令阿特伍德始料不及的是,品特这一次的剧本却是他所有剧本中最差的。由于制片过程中的一再修改,《使女的故事》剪出来的成片与品特最初的剧本相差太多,以至于他本人都辨认不出了。他很不高兴,试图把名字从演职人员的名单中去掉,但最终还是保留了编剧称号。而品特的剧本之所以被一改再改,主要原因在于导演的更换。威尔逊一开始聘用了时年六十三岁的捷克裔英国导演卡瑞尔·赖斯,赖斯与品特成功合作过电影《法国中尉的女人》(1980),两人在新项目中也配合良好。品特和赖斯多次就剧本进行商谈,第一稿中倾注了赖斯的不少心血。所有主创人员——包括导演、制片人和阿特伍德——都对品特的剧本颇为满意。然而,事情的发展却出乎意料。威尔逊在报告中称:

我们就剧本征求了阿特伍德的意见,她赞不绝

---

① Nathalie Cooke, *Margaret Atwood*: *A Biography*, 302.
② Geoff Hancock, "Tightrope-Walking Over Niagara Falls", Earl Ingersoll, ed. *Margaret Atwood*: *Conversations*: 217.

口……

> 我幼稚地以为,有阿特伍德这样的畅销书作家、品特这样的编剧、赖斯这样的导演强强联手,随便哪一家工作室都会愿意出资……
>
> 嗬,我错了。①

在接下去的两年半时间里,威尔逊拿着品特的剧本前去好莱坞的各家工作室洽谈,却遭遇无数的冷眼和敌视。对于作品中大尺度的性别政治话题——女人沦为生殖工具,仅仅具备生物性别——20世纪80年代的好莱坞显然尚未做好准备。在所有的拒绝理由中,有一点尤其令人印象深刻:"一部为女人写的关于女人的电影……拍成电视更合适。"②

拍摄计划一度陷入停顿,1988年,事情有了一线转机。美国电影明星西格妮·韦弗看到品特的剧本,表示对扮演女主角奥芙弗雷德很感兴趣,纽约一家小电影制作室认为她的加入能带来票房保证,于是同意拍摄。由于此时赖斯有其他工作,无法分身,便退出拍摄计划,由德国导演沃尔克·施伦多夫③接手。一切似乎都在往好的方面发展,然而,当准备工作开始一个月后,韦弗怀孕,在医生建议下,她离开剧组。据称,施伦多夫几乎接触了每一位美国演员,希望有人能接替韦弗的工作,均遭拒绝。

---

① 转引自 Sheldon Teitelbaum, "The Handmaid's Tale", *Cinefantastique* 20.4 (1990): 19.

② 同上。

③ 沃尔克·施伦多夫擅于将文学作品改编成电影,曾于1979年拍摄诺贝尔文学奖得主君特·格拉斯的《铁皮鼓》。

一些女演员觉得这会是一部"实验性的女性主义电影",不愿得罪影迷。① 在历经种种麻烦之后,施伦多夫最终招募到两位英国女演员,由她们扮演影片中的两个角色:娜塔莎·理查德森扮演奥芙弗雷德,维多利亚·坦南特扮演莉迪亚嬷嬷,《使女的故事》终于开机。

施伦多夫是德国新时期的重要导演,对电影概念有着自己的理念,他希望品特修改剧本,品特拒绝了,声称"已经给搞得筋疲力尽"②,并建议施伦多夫去找阿特伍德修改剧本,但阿特伍德仅仅在片场待了一天时间。纳瑟莉·库克指出,阿特伍德不想对电影干涉太多,她只是参加了一些预备性会议、修改了剧本中的个别字句。③ 因此,最有可能是施伦多夫本人在拍片过程中对品特的剧本做了大刀阔斧的修改。影片于1989年2月开镜,历经三个月的艰苦工作,在5月份拍摄完毕。遗憾的是,施伦多夫为了迎合观众口味,将《使女的故事》拍成了一部惊悚片,尤其是好莱坞式的浪漫情节和美满结局"企图减弱悲剧或恐惧"④,使电影失去了原著中的性别政治色彩。

1990年,《使女的故事》在柏林电影节举行首映式,阿特伍德、吉布森和女儿杰丝均出席了电影节。此时的阿特伍德在德

---

① Sheldon Teitelbaum, "The Handmaid's Tale", *Cinefantastique* 20.4 (1990):20.

② Steven H. Gale, *Harold Pinter's Screenplays and the Artistic Process*, Lexingtong:University Press of Kentucky, 2003:319.

③ Nathalie Cooke, *Margaret Atwood:A Biography*, 302.

④ Linda Hutcheon, *A Theory of Adaptation*, New York:Routledge, 2006:37.

国已是家喻户晓的人物,媒体争相报道她要参加电影首映礼的消息。电影播完后,她身穿银色礼服出现在舞台上,观众长时间起立鼓掌。阿特伍德受到了好莱坞明星般的待遇,媒体以能约到她访谈为荣,一家三口参加了各种各样的招待会和新闻发布会。尽管阿特伍德作品首次进军好莱坞的尝试一波三折,而且并不算特别成功,但影片《使女的故事》的公映使她的人气急剧飙升,她的照片不止一次登上杂志封面,身影时不时出现在世界各地的签售现场,她迅速崛起,成为国际知名作家。

在小说出版三十余年之后,《使女的故事》再度迎来了属于它的辉煌。2016年,剧集运作人布鲁斯·米勒联系阿特伍德,希望将小说搬上电视,并将自己刚完成的前两集的剧本寄给她,阿特伍德看过之后欣然同意,认为米勒的剧本保留了原著的核心前提,即现实参照性。阿特伍德出任执行制片之一,甚至在剧里三次出镜,客串了一个小角色——嬷嬷。2017年4月26日,10集电视连续剧《使女的故事》第一季在美国视频网站Hulu播出,一跃成为网络平台上首播观看次数最多的剧集。电视剧与1990版电影最大的不同之处在于增加了人物的抗争性,比如女主人公奥芙弗雷德,其内心独白与表面的顺服构成鲜明对比,因此更加贴近原著的思想内核。电视剧海报上一行醒目的大写字母"WE WILL BEAR NO MORE"似乎是在表达抗争与呐喊:"Bear"做动词时有两种含义——孕育和忍受,在剧中用作双关语,一指女性不愿只是作为生育子女的工具,二指小说人物不愿再忍受违背人权、自由和个人意志的极权统治。

2017年9月,电视剧《使女的故事》横扫第69届艾美奖五大奖项——剧情类最佳剧集、最佳女主角、最佳女配角、最佳导演和最佳编剧奖。2018年1月,该剧又荣获金球奖最佳剧情类剧集和最佳女主角两项大奖。奥芙弗雷德的扮演者伊丽莎白·莫斯在金球奖致辞时向阿特伍德表达了敬意。

> 玛格丽特·阿特伍德说过:"我们不是夹在纸缝间生存的人,我们活在每页纸的黑白之间,文字给了我们自由,我们存在于万千故事中。"这个奖属于玛格丽特·阿特伍德,属于所有和她有着同样精神的女性,她们勇敢无畏,对抗暴力和不公,为平等自由斗争。我们不再存活于每页纸的黑白之间,也不在万千故事之中——我们就是故事本身,故事由自己书写。"①

由于电视剧的上映,《使女的故事》再次名列畅销书排行榜单。阿特伍德认为,无论是电视剧的成功还是小说的再度热销,在某种程度上都要归因于特朗普总统的当选。他在竞选中公开贬低女性,第一天入主白宫便签署了一份行政命令,从提供堕胎服务的海外妇女保健机构撤回联邦资金。特朗普就职典礼②的第二天,华盛顿爆发妇女游行,一位示威者手举标语牌:"玛格丽特·阿特伍德小说再现。"③2017年3月,电视剧《使女的故事》

---

① 转引自《关于阿特伍德,我们问了编辑、媒体、译者、书评人几个问题》。http://www.sohu.com/a/216333043_295306.
② 特朗普总统于美国时间2017年1月20日中午上任。
③ Rebecca Mead, "Margaret Atwood, the Prophet of Dystopia", *The New Yorker* 17 April 2017.

尚未播出,便有一些活动分子身穿标志性的红色衣袍,出现在得克萨斯州议会大厦现场,抗议美国侵犯生育权的反堕胎法案——《得克萨斯参议院法案415》和《得克萨斯参议院法案25》,前者从根本上禁止妊娠中三月的流产,后者给予医生自行决定权,决定是否告诉孕妇胎儿畸形。得克萨斯州的这两项法案与罗马尼亚齐奥塞斯库统治时期的禁止节育政策简直如出一辙,可以说与奴隶政策无异,是在"迫使妇女生下她们养不起的孩子"①,严重违背了女性的生育权。5月4日,美国众议院通过一则法案,取消针对外出工作的女性的诸多保护措施。特朗普大言不惭地认为"让妻子去上班是一件非常危险的事",他还在母亲节当天发表了一则政府公告,声称"我们感谢女性是因为她们带来了生命",这句话看似在歌颂母亲的无私奉献,然而联系他此前发表的不当言论,不由使人联想到《使女的故事》中政府极力宣扬的女性生育价值……米勒在谈到美国大选对电视剧制作的影响时指出:"可悲的是,它(指大选)使我们更容易找到实例,而且更容易找到人们为这种想法辩护的语言。"②

2018年,《使女的故事》拍摄第二季。由于故事情节和角色

---

① Kirsten Acuna,"'*The Handmaid's Tale*' author on anti-abortion legislation in Texas: 'It is really a form of slavery to force women to have children they cannot afford'", *Insider* 4 June 2017. Retrieved 14 September 2018. https://www.thisisinsider.com/margaret-atwood-anti-abortion-slavery-2017-6.

② Constance Grady,"Margaret Atwood and Bruce Miller talk *Handmaid's Tale*, pitch tampon names", 7 June 2017. Retrieved 26 January 2019. https://www.vox.com/culture/2017/6/7/15736998/margaret-atwood-bruce-miller-handmaids-tale.

形象都是"未知的领土"①，需要重新创造，阿特伍德投入了更多精力。在这一季中，怀有身孕的奥芙弗雷德在司机尼克帮助下成功逃脱，躲到一个隐秘的屠宰场，等待地下组织将她送到加拿大自由区。然而，这必定不是件容易的事，她的命运将面临重重波折。4月25日，第二季在Hulu电视网首播，比第一季更受欢迎。

"文学女王"阿特伍德与影视界的合作告诉我们：艺术无边界。她可以是一个出色的作家，却又不仅仅局限于作家的一方天地。她是多维度的，如同一块水晶，每一面都折射出绚丽多彩的光芒。她又是多触角的，能够敏锐感知来自每一个方向的信息，将之消化、吸收、融为己用。跨界的本质是整合和融合，从文学创作到科技发明，从网络营销到影视合作，阿特伍德以独有的方式演绎着属于自己的跨界传奇，而每一次跨界，无不是促使她成长的机遇。

---

① Nicole Sperling, "*The Handmaid's Tale*: Margaret Atwood discusses a possible season 2", 28 April 2017. Retrieved 26 January 2019. https://ew.com/tv/2017/04/28/handmaids-tale-margaret-atwood-relevance-season-2/.

尾声:没有结束的故事

阿特伍德是一个让人参不透的谜,就像她笔下的作品,有着无限丰富的阐释空间。打开她的书,你会为她的文字世界深深着迷。她的作品题材多变,透视当下社会面临的种种问题;她的语言或深邃,或幽默,或机智,透露出对生命的感悟。她以宏大的视野、精妙的意象和细腻的笔触,改写了加拿大文学、北美洲文学乃至世界文学的版图。

阿特伍德是多面的,她在诗歌、小说、散文和文学评论领域均有丰厚的收获,她参与漫画创作,从事科技发明,与影视行业的合作也是如鱼得水,但她骨子里是一位作家。阿特伍德曾指出,一个人刚开始写作时,常常会爱上自己所用的语言,爱上创作行为本身,也部分地爱上自己;但是,如果他/她继续写下去,写作本身会将他/她带到从未想到要去的地方,会让他/她看到在其他情况下不可能看到的东西。[①] 这便是一个真正的作家必

[①] 参见傅俊:《玛格丽特·阿特伍德研究》,第414页。

须拥有的"以多种形式存在的人类想象力"。① 阿特伍德非常清楚文学的想象和实践功能:

> 文学是对人类想象的讲述或揭示。它使思想和情感的朦胧形式——天堂、地狱、魔鬼、天使等一切——进入到光亮处,让我们得以仔细观察,或许得以更好地理解我们是谁、我们需要什么以及那些需要的局限性。对想象的了解不再是一种消遣,而是必需;因为想象得越多,我们可以做的也越多。②

从《双面冥后》开始,阿特伍德凭借天马行空般的想象力,书写着各种各样的故事:支离破碎的资本主义体系、集权社会的恐怖、两性之间的权力游戏、女性的成长故事、加拿大的后殖民经历、老龄化问题、经济危机、环境灾难……在阿特伍德看来,想象和书写是人类文明得以延续的根本,作家应该利用自己丰富的想象力去展现社会中的是非、美丑与善恶,去揭示不公,弘扬正义。

身为作家,阿特伍德不可避免地会去思考人类社会的命运,并在自己的作品中探讨人类的生存状态。然而,即便是在她那些充满灰色基调的后启示录作品中,人们依然能看到希望之光,

---

① Margaret Atwood,"Amnesty International: An Address", *Second Words: Selected Critical Prose*: 397.

② Gina Wisker, *Margaret Atwood: An Introduction to Critical Views of Her Fiction*, Hampshire: Palgrave Macmillan, 2012: 194.

而"希望"正是作家所拥有的另一特征①:《使女的故事》以2195年关于基列国的学术研讨会主旨发言作为结尾,尽管其中的学术双关语糟糕透顶,但不可否认的是,人类文明得以幸存;在"疯癫亚当三部曲"里,人类在历经一场扫荡全球的洪疫之灾后,跨入了后人类时代,从此与基因人、基因动物共同生活在地球上;《最后死亡的是心脏》所描绘的世界虽然肮脏阴暗,但大团圆式的结局让人心存希冀。

身为作家,阿特伍德常常要面对如下问题:"你打算为读者呈现的世界是何种模样?是你所见到的周围的世界?还是你想象中的更好的世界?如果是后者,那你是不切实际的,如果是前者,你的内心则充满绝望。但我们正是通过可以想象的更好的世界才能去评判我们所拥有的世界。假如不再评判这个世界,我们可能很快就会发现自己身处的世界越来越糟。"②希望来自人类的创造能力,希望来自人们发现世界值得去创造,而文学作品就给了作家创造的机会。

充满希望的阿特伍德,日子过得忙碌而充实。

2014年,苏格兰艺术家凯蒂·帕特森构思出概念艺术项目"未来图书馆":在一百年时间里,邀请一百位作家为该项目投稿,书稿内容放入盒子封存,仅向外界透露书名。加入这一项目的作家必须承诺以下三点:第一,不能告诉任何人盒子里是什

---

① Margaret Atwood, "Amnesty International: An Address", *Second Words: Selected Critical Prose*, 397.
② Margaret Atwood, "Witches", *Second Words: Selected Critical Prose*, 333.

么；第二，书稿内容任意，可以是一个单词，一首诗歌，一则故事，一部小说，或者非小说；第三，内容不能是图片，只能是文字。"未来图书馆"具体地址在挪威的奥斯陆，项目启动的同时在离奥斯陆不远处的诺德马卡栽种一千棵松树，到2114年时，利用这些长成的木材制成纸张，印刷这一百本书。

阿特伍德打小就爱把东西装进罐子埋在后院，期待着哪天有人把它们挖出来，她对帕特森的主意极为欣赏，第一个加入了"未来图书馆"计划，并将书稿标题定为《文人月亮》。她提交了一份纸质版稿件，用防腐纸印刷，装进盒内；同时还提交了电子版，目前保存在奥斯陆市档案馆保险柜里。阿特伍德在访谈中指出，"未来图书馆"是一个充满希望的项目："第一，我们假定有一个未来，人类还没有灭亡；第二，我们假定他们能够阅读；第三，我们假定他们仍然想要阅读；第四，我们假定还有森林；最后，我们假定'未来图书馆'不会遭到破坏。"①虽然我们不知道阿特伍德在书中讲述了一个怎样的故事，但这是她留给未来人类的秘密。一百年之后，当我们的后代打开这枚时间胶囊，遥想今天的我们，不知道他们会有何感受。

不管是在哪个年纪，阿特伍德似乎都要比同龄人活得更为通透。20世纪70年代，阿特伍德被文学期刊冠以"加拿大文学女王"称号，她却对此不以为然，认为这是对其他许多加拿大优秀女作家的侮辱②；此外，对作家而言，过早被捧成明星未必是

---

① https://www.youtube.com/watch?v=SCQj7g2vNaY.
② 在这些优秀女作家中，阿特伍德提到了玛丽安·恩格尔、爱丽丝·门罗和玛格丽特·劳伦斯。

件好事,"他/她或许会成为蒸汽",说不定哪天就蒸发得无影无踪。① 四十多年过去,阿特伍德仍然以傲然的姿态,屹立于文学殿堂,奉献了一部又一部经典佳作,我们也早已经习惯了将她称作"加拿大文学女王",而她当年的话却言犹在耳,仿佛是对当今世界的巨大嘲讽。在这个极速发展的时代,价值观速朽,潮流速朽,似乎人人都想跻身流量明星,有些人费尽心机营造个人形象,却不料终有一天人设崩塌。阿特伍德的人生经历告诉我们,即便是再有才华的人都需要脚踏实地。如今的她已是耄耋之年,与《盲刺客》中的艾丽丝一样,阿特伍德还在书写着属于她的传奇故事。

我们期待着她更多的故事。

---

① Joyce Carol Oates,"Dancing on the Edge of the Precipice", Earl Ingersoll, ed. *Margaret Atwood: Conversations*: 80-81.

玛格丽特·阿特伍德著作年表

长篇小说：

1969年 《可以吃的女人》，多伦多：麦克莱兰德和斯图亚特出版社。

1972年 《浮现》，多伦多：麦克莱兰德和斯图亚特出版社。

1976年 《预言夫人》，多伦多：麦克莱兰德和斯图亚特出版社。

1979年 《人类以前的生活》，多伦多：麦克莱兰德和斯图亚特出版社。

1981年 《肉体伤害》，多伦多：麦克莱兰德和斯图亚特出版社。

1985年 《使女的故事》，多伦多：麦克莱兰德和斯图亚特出版社。

1988年 《猫眼》，多伦多：麦克莱兰德和斯图亚特出版社。

1993 年 《强盗新娘》，多伦多：麦克莱兰德和斯图亚特出版社。

1996 年 《别名格雷斯》，多伦多：麦克莱兰德和斯图亚特出版社。

2000 年 《盲刺客》，伦敦：布卢姆斯伯里出版社。

2003 年 《羚羊与秧鸡》，多伦多：麦克莱兰德和斯图亚特出版社。

2005 年 《珀涅罗珀记》，爱丁堡：坎农格特出版社。

2009 年 《洪水之年》，纽约：南·A. 泰利斯出版社。

2013 年 《疯癫亚当》，多伦多：麦克莱兰德和斯图亚特出版社。

2014 年 《文人月亮》，列入"未来图书馆计划"，预计于 2114 年出版。

2015 年 《最后死亡的是心脏》，纽约：兰登书屋。

2016 年 《女巫的子孙》，纽约：霍加斯出版社。

2019 年 《证词》，纽约：南·A. 泰利斯出版社。

短篇小说集：

1977 年 《跳舞的女孩们》，多伦多：麦克莱兰德和斯图亚特出版社。

1983 年 《黑暗中的谋杀》，多伦多：齐科屋出版社。

《蓝胡子的蛋》，多伦多：麦克莱兰德和斯图亚特出版社。

1991 年 《荒野警示故事》，纽约：达伯代出版社。

1992年 《好骨头》,多伦多:齐科屋出版社。

1994年 《好骨头和简单的谋杀》,纽约:南·A.泰利斯出版社,达伯代出版社。

1996年 《拉布拉多的惨败》,伦敦:布鲁姆斯伯里出版公司。

2006年 《帐篷》,纽约:O.W.托德出版社。

《道德困境》,纽约:O.W.托德出版社。

2014年 《石床垫》,纽约:南·A.泰利斯出版社。

诗集:

1961年 《双面冥后》,多伦多:豪克斯海德出版社。

1964年 《圆圈游戏》,密歇根州:伊利诺伊布鲁姆菲尔德·黑尔斯出版社。

1966年 《为弗兰肯斯坦博士所做的演讲》,密歇根州:克兰布鲁克艺术学院。

1968年 《彼国动物》,多伦多:牛津大学出版社。

1970年 《地下的程序》,多伦多:牛津大学出版社。

《苏珊娜·穆迪日志》,多伦多:牛津大学出版社。

1971年 《强权政治》,多伦多:安南西出版社。

1974年 《你很幸福》,多伦多:牛津大学出版社。

1976年 《精选诗集》,多伦多:牛津大学出版社。

1978年 《双头诗集》,多伦多:牛津大学出版社。

1981年 《真实的故事》,多伦多:牛津大学出版社。

1983年 《蛇诗诗歌集》,多伦多:萨拉曼德出版公司。

1984年 《新残月交替》,多伦多:牛津大学出版社。

1987年 《精选诗集Ⅱ:1976—1986》,波士顿:豪顿·密夫林出版社。

1990年 《精选诗集:1966—1984》,多伦多:牛津大学出版社。

1995年 《早晨在烧毁的房子里》,多伦多:麦克莱兰德和斯图亚特出版社。

1998年 《吃火:诗选,1965—1995》,伦敦:维拉哥出版社。

2007年 《门》,多伦多:麦克莱兰德和斯图亚特出版社。

2020年 《亲爱的》,伦敦:查托与温德斯出版社。

非虚构性作品:

1972年 《生存:加拿大文学主题指南》,多伦多:安南西出版社。

1976年 《反叛者的日子,1815—1840》,多伦多:加拿大自然科学出版社。

1982年 《次要的话:散文评论选集》,多伦多:安南西出版社。

1995年 《奇景:加拿大文学中的严酷北方》,牛津:克莱伦顿出版社。

2002年 《与死者协商:一位作家论创作》,剑桥:剑桥大学出版社。

2004年 《移动的靶子:有意图地写作,1982—2004》,多伦多:安南西出版社。

2005年 《有意图地写作：随笔、评论、个人散文：1983—2005》，纽约：凯罗尔和格拉夫出版社。

《好奇的追寻：偶尔为之的写作1970—2005》，伦敦：维拉哥出版社。

2008年 《偿还：债务与财富的阴暗面》，多伦多：安南西出版社。

2011年 《在其他世界：科幻和人类的想象力》，纽约：南·A.泰利斯出版社。

主编文集：

1982年 《牛津加拿大英语诗歌选》，多伦多：牛津大学出版社。

1987年 《加拿大食品文学大全》，多伦多：图腾出版社。

1988年 《牛津加拿大短篇小说集》，多伦多：牛津大学出版社。

1989年 《美国最佳短篇小说1989》，波士顿：米夫林出版公司。

1995年 《新牛津加拿大短篇小说集》，多伦多：牛津大学出版社。

童书：

1978年 《在树上》，多伦多：麦克莱兰德和斯图亚特出版社。

1980年 《安娜的宠物》，多伦多：麦克莱兰德和斯图亚特出版社。

1990年 《为了鸟类》,多伦多:道格拉斯和麦克因泰亚出版社。

1995年 《公主普茹涅拉和紫色花生》,多伦多:凯·波特出版社。

2003年 《粗鲁的拉姆齐和长势喜人的萝卜》,伦敦:布卢姆斯伯里出版社。

2006年 《害羞的鲍勃和忧愁的多琳达》,伦敦:布卢姆斯伯里出版社。

2011年 《流浪的文达和寡妇维洛普的地下洗涤间》,多伦多:麦克阿瑟公司。

网络小说:

2012年 《我渴望你》

《索套项圈》

《抹去我》

2013年 《最后死亡的是心脏》

以上均在文学网站 Byliner.com 上刊载。

2012年 《快乐僵尸日出之家》(与内奥米·阿尔德曼合作),在 Wattpad 社交平台上连载。

电视剧本:

1974年 《女仆》

1981年 《雪鸟》

1987年　《人间天堂》

歌剧剧本：

1964年　《夏天的号角》

2004年　《弗兰肯斯坦怪物之歌》

2014年　《波林》

绘本小说：

2016年　《猫鸟天使1》，维多利亚（加拿大）：黑马书屋。

2017年　《猫鸟天使2：向卡图拉城堡出发》，维多利亚（加拿大）：黑马书屋。

　　　　《猫鸟天使3：猫鸟之吼》，维多利亚（加拿大）：黑马书屋。

后记

一

2018年3月底，我刚刚在英国西约克郡首府利兹安顿下来，开始为期六个月的访学工作，便接到了前辈杨莉馨教授的信息，她告诉我，华中科技大学出版社准备出版一套著名女作家和思想家的丛书，并询问我是否愿意承接加拿大女作家玛格丽特·阿特伍德的传记写作。

我第一次接触阿特伍德的作品是在20世纪90年代末，那时的我二十多岁，对世界的看法简单幼稚。在读完《使女的故事》之后，小说灰暗的画面、沉重的基调、女主人公叵测的命运令我深深震撼。此后的岁月里，阿特伍德的作品便一直陪伴着我，从翻译小说《羚羊与秧鸡》到博士论文的撰写，再到承担国家社科基金项目"玛格丽特·阿特伍德的伦理思想研究"，阿特伍德仿佛渐渐融入了我的骨血，成为我生命的一分子。

对于华中科技大学出版社的邀约,我怦然心动,却又心有忐忑。虽说国内迄今为止尚无阿特伍德的传记出版,国外也仅有麦吉尔大学英语系教授纳塔莉·库克(Nathalie Cooke)的《玛格丽特·阿特伍德传》(*Margaret Atwood: A Biography*, 1998)和多伦多大学英语系教授罗斯玛丽·沙利文(Rosemary Sullivan)的《红鞋子:玛格丽特·阿特伍德起步》(*The Red Shoes: Margaret Atwood Starting Out*, 1998),但正如库克教授所言,"传记写作是一项艰深的事业"[①],我如何才能在阿特伍德灿如星辰的文字世界里,探索她作为作家和社会活动家的人生轨迹? 毕竟,读懂一部作品不容易,读懂一个作家更不容易,作为读者和评论者的我所能做的只是寻幽探微,走进文本深处,感受作家涌动的生命激情。

于是,在英伦的绵绵细雨中,我着手准备传记的书写工作。学院街的 Brotherton 图书馆是我驻足最多的地方,借书、还书成了我的日常,生活变得异常规律,虽然少了许多闲暇光景,内心却变得无比充盈快乐。六个月倏忽而过,回国之后,我继续未完的写作,并于 2019 年 8 月将书稿交予出版社。

二

正如我在本书尾声中所写的,阿特伍德从未停止过前进的步伐,在我交稿不久之后的 9 月 10 日,《使女的故事》的续作《证

---

① Nathalie Cooke, *Margaret Atwood: A Biography* , Toronto: ECW Press, 1998: 335.

词》(The Testaments)便发行上市。我之所以没能在本书中提及它,是因为在此之前,有关这部小说的一切均属于商业机密。阿特伍德身边有个核心小组,总共六人,包括出版商经理、主编、文字编辑和文学代理人等。为了保密,他们甚至都不用电子邮件传送文件,而是将资料上传至专门的网站,使用口头设置的密码登录。为防止黑客入侵,阿特伍德的名字从不出现。阿特伍德的文学代理人卡罗琳娜·萨顿(Karolina Sutton)将这戏称为"冷战时期的间谍工作……有自己的秘密系统,有许多密码和交战规则"。①

也正因为如此,我觉得有必要在后记中给予这部作品一定的位置。

《使女的故事》出版之后,时常有人问阿特伍德:小说中的基列国政权到底发生了什么?女主人公奥芙弗雷德最后命运如何……对于创作《证词》的心路历程,阿特伍德坦言:"很多年来,人们总在鼓动我写续集,我一直没有答应,因为我知道他们的真正意思是以奥芙弗雷德为中心的续集。我不可能那样做。"②然而,随着美国总统特朗普上台,历史发生了转折。自从 2016 年开始,这个世界似乎正朝着《使女的故事》所描述的方向靠近,阿特伍德萌生了写续集的想法。基列国终结了,但《使女的故事》并未告知读者它是如何终结的。极权主义的崩溃有多种形式,阿

---

① "Peak Atwood", *Globe and Mail* 22 December, 2019.
② Brian Bethune, "Margaret Atwood's Urgent New Tale of Gilead," *Maclean's* 6 September, 2019. https://www.macleans.ca/culture/books/margaret-atwoods-urgent-new-tale-of-gilead/.

特伍德考虑的是它该以何种形式崩溃。《证词》动笔于2018年，阿特伍德按照约定在当年圣诞节前夕将初稿交付加拿大、英国和美国的出版商。之后，她根据核心小组提出的意见，进行第一轮修改润色。2019年春天，阅读手稿的小圈子稍微扩大了些，项目的关键人物也参与进来。阿特伍德夜以继日地工作，无论是在酒店里还是在航班上，她一刻不停手中的笔。她的团队则分散在世界的各个角落，无时无刻不在支持着她。

终于到了正式发行之日，《证词》在英国受到的礼遇甚至超过了《哈利·波特》。欧洲最大的书店、皮卡迪利大街的伦敦水石书店于午夜开放，推出《证词》，粉丝们纷纷赶去连夜排队购书。英国国家大剧院大楼外部墙上有小说封面的巨幅投影（凡在泰晤士河边漫步者都能欣赏到），大楼内部则安排了多项阅读和讨论活动。为了让每一位参与者都能在现场看到阿特伍德并听到她讲话，主办方将人数限定在四百名，每人发一条腕带，标明参加活动的时间和地点。与此同时，全球约一千三百家影院对此进行直播。阿特伍德为与会者朗诵了小说的部分章节，另一位朗诵者是电视剧《使女的故事》中莉迪亚嬷嬷的扮演者安·多德（Ann Dowd），当她一下切入角色，用莉迪亚嬷嬷的嗓音朗读第一章时，现场观众一片沸腾。

《证词》将故事发生的时间设定在《使女的故事》结束十五年之后，小说通过三位女性的视角继续探索基列国，其中包括读者所熟知的莉迪亚嬷嬷以及基列政权统治下的第二代——生活在基列国的艾格尼丝以及生活在加拿大的黛西。莉迪亚嬷嬷是基列国政变的受害者，但她凭借高超的手腕，站稳脚跟，并在三次

《证词》发行当晚,英国国家大剧院外楼的巨幅投影

大清洗中幸存下来。她如今已七十有余,早已洞穿一切。她清楚死亡离自己不远了,能自然死去当然是件好事,但她嗅到了第四次大清洗的气息,深感运气即将耗尽,便极其冷静地策划了一场"赈救、净化和复兴基列国"①的行动。随着小说情节的展开,读者发现,艾格尼丝是奥芙弗雷德的大女儿,在奥芙弗雷德和丈夫逃往加拿大的途中被抓获,此后艾格尼丝一直在大主教家中长大,从小受到嬷嬷们教育,见证了基列国政权对人性的种种压制。黛西则是艾格尼丝同母异父的妹妹,奥芙弗雷德生下她不

---

① Margaret Atwood, *The Testaments*, New York: Nan A. Talese/Doubleday, 2019: 379.

久之后，便通过地下交通网逃往加拿大，把她托付给"五月天"成员抚养。黛西身份特殊，在基列国被称作"妮可儿宝贝"，这个名字已成为基列在国际社会受到不公待遇的象征。黛西在莉迪亚嬷嬷的安排下进入基列国，以外来者的视角窥探这个神秘而可怕的国度。三位女性最终联起手来，在"五月天"的协助下，共同推翻了基列政权。

《证词》延续了《使女的故事》的创作背景：美国20世纪七八十年代兴起的基要主义运动，新英格兰清教社会严苛的神权统治在社会动荡时期的死灰复燃，女性所受的偏见和歧视，高墙铁幕，种族隔离……虽然21世纪的第二个十年已近尾声，阿特伍德描述的这一切仿佛都是正在我们身边发生的事。《证词》一出版便打入了《星期日报》畅销书排行榜第一位，被提名该年度的布克奖和吉勒文学奖，并与尼日利亚裔英国女作家伯娜丁·埃瓦里斯托（Bernardine Evaristo）同获布克奖。布克奖评委会主席彼得·弗洛伦斯（Peter Florence）指出，《证词》是一部"书写暴力却不失优美的小说，它以独特的信念和力量向当今生活在世界各地的人们讲述故事"。[①]《证词》不仅被看作一本书，它更是一起事件、一种现象。它与《使女的故事》一起，影响了我们看待世界的方式，尤其是在当今特殊的全球视域下，它们焕发出无穷的魅力，吸引人们去发掘，去一探究竟。

[①] "*The Testaments* by Margaret Atwood". https://www.penguin.com.au/books/the-testaments-9781784742324.

三

在获得布克奖的当月,阿特伍德因在文学上的突出成就被英国女王授予"荣誉勋爵"封号,在温莎城堡参加了授勋仪式。除此之外,她还获得了加拿大"年度艺术家"称号以及加拿大皇家学会在多伦多颁发的洛恩·皮尔斯勋章,并在纽约林肯中心举行的年度魅力女性颁奖典礼上获终身成就奖。2019年可谓"阿特伍德峰年"①,然而,这也是她永失所爱的一年。

阿特伍德和吉布森相濡以沫,携手走过了将近半个世纪的岁月。他们一起讨论作品、一起旅行、一起观鸟,度过了很多快乐的时光。吉布森晚年患有失智症,阿特伍德是他全方位的看护人。她始终把照看吉布森排在首位,在照顾的间隙抽时间写作。不管参加什么重大活动,阿特伍德都会将吉布森带在身边,而不是把他留在家里由保姆临时看管。在写《证词》期间,阿特伍德有一次要出去参加访谈,此时吉布森病情已相当严重,不能外出,而她又不想丢下他一人在家。于是,在访谈节目开始前,她不停地给人打电话,最后安排妹妹去陪护吉布森。

在完成《证词》初稿后,阿特伍德带吉布森乘船去了澳大利亚,重温他童年的澳大利亚之旅。她会趁吉布森下午打盹时或夜里睡觉后进行写作。在海上的二十一天时间里,阿特伍德完成了对《证词》的第一次修改。

---

① "Peak Atwood", *Globe and Mail* 22 December, 2019.

阿特伍德在发布会上朗诵

在《证词》首发期间，吉布森的病情愈发严重，但他仍坚持陪同阿特伍德参加新书的巡回宣传活动。发布会后，吉布森突发中风，于9月18日在伦敦的医院去世。几天之内，从一场史无前例的新书全球发布会，到痛失几十年的灵魂伴侣，阿特伍德承受了太多太多，仿佛是剧情高潮之后的悲剧突降。阿特伍德在悲痛之余却颇感欣慰，她认为，吉布森参与了心爱之人的新书发布会，应该是无比自豪地离开人世的："我们知道这是迟早的事，只是不知道确切的时间……这是预料之中的事，是有心理准备的。如果说有人对他们的死亡方式有所安排，格雷姆得算一个。他清楚地知道他想怎样去死，什么时候去死，这些当然都在他的目标范围之内……这对他来说是幸事。对我们来说相当残酷，

阿特伍德和埃瓦里斯托同获布克奖

但我们并非没有准备。"①

吉布森去世后,阿特伍德开始了北美十五个城市的巡回书展,与读者见面、参加各类媒体活动,一如往常,温和、平静、坚强。

11月24日,上百人参加了吉布森的追悼会。他生前的好友、同事以及读者纷纷以独特的方式悼念这位"有智慧、有道德、有责任心"②的伟大作家。在同一个月,南希·朗(Nancy Lang)和彼得·雷蒙特(Peter Raymont)拍摄的关于阿特伍德的纪录

---

① "Peak Atwood", *Globe and Mail* 22 December, 2019.
② 同上。

片《词语背后的背后的词语是力量》(A Word after a Word after a Word Is Power)首映。在雷蒙特看来,这部影片讲述的是一个爱情故事,因为阿特伍德知道吉布森时日不多,所以希望他们俩能共同出现在镜头中。《词语背后的背后的词语是力量》记录了吉布森生命的最后一年,见证了他和阿特伍德对彼此的爱,他们对彼此的温柔和支持。

四

2019年11月18日,阿特伍德八十大寿。

八十岁本该是含饴弄孙、颐养天年的年纪,但阿特伍德似乎没有闲下来的时候。

这个里程碑式的生日恰逢加拿大丰业银行资助的吉勒文学奖庆典。阿特伍德的《证词》进入了该奖项的长名单(未入短名单),她因此也在受邀之列。跟往届典礼一样,女作家们齐聚在简·厄克哈特(Jane Urquhart)①的酒店房间内,请专业化妆师上妆。大家买了个生日蛋糕,上书"佩吉,你让我们为八十岁感到骄傲",颇有点女生宿舍派对的味道。当天在房里的人都已超过七十岁,大家笑谈流逝的光阴,说着祝酒词,唱起生日歌,然后画着迷人的妆容鱼贯前往楼下的典仪现场。路易丝·丹尼斯(Louise Dennys)主编与阿特伍德相交多年,她感叹道:"即便已是八十岁,你丝毫看不出(阿特伍德)有停下的意思。她是我们

---

① 加拿大著名女作家。

这个时代的试金石。"①

据称,丹尼斯正在编辑阿特伍德的新诗集,该诗集有望很快出版。

阿特伍德真是个永远能给人惊喜的作家,无愧于"加拿大文学女王"的称号。

袁　霞

2020 年 6 月于南京城市假日

---

① Brian Bethune, "Margaret Atwood's Urgent New Tale of Gilead".